Par le créateur de la chaîne
UNE BIÈRE ET JIVAY

Illustrations de Alice Mazel

LE HOUBLONOMICON

TOUT CE QU'ON NE VOUS A JAMAIS DIT
SUR LA BIÈRE

Michel Lafon

L'auteur :
JIVAY

Biérologue par définition et biérosophe par conviction,
Jivay est un amoureux de LA bière, une passion qu'il partage
avec un dynamisme et une bonne humeur communicatifs
sur sa chaîne Youtube « Une bière et Jivay ».

L'illustratrice :
MZL

Crépitante de créativité, MZL, *a.k.a* Alice Mazel,
est une illustratrice au style épatant.
Affiches de festivals, concept art, étiquettes,
vous retrouverez également sa *touch* sur différentes chaînes YouTube
et lors d'expositions ponctuelles en France ou à l'étranger.
Et, bien entendu, tout au long de ce livre !

Et Gourou aussi, un peu.

Force et houblon !
Bienvenue dans ce carnet d'exploration des légendes
et étrangetés en tout genre sur la bière et ses mystères :

LE HOUBLONOMICON

Au travers d'histoires juteuses, de personnages captivants
ou de bizarreries déconcertantes, vos yeux (et vos papilles) s'écarquilleront,
réalisant tout ce qu'on ne vous a jamais dit sur la boisson
qui nous accompagne depuis 20 millénaires !

Oui, la bière, on en a bu, et elle en a vu.
Zigzaguant au cœur des millions de « potions » servies dans le monde,
chaque bulle porte en elle une histoire, un secret.
Venez donc savourer ces murmures pétillants
qu'elle remonte depuis les tréfonds de l'inconnu !

Avant de commencer votre dégustation

C'EST QUOI, LA BIÈRE, COMMENT ÇA MARCHE ?

Les ingrédients

Aujourd'hui, une bière, c'est très simple à faire, mais diablement compliqué à réussir. Eau, malt, houblon et levures. Tout repose sur l'utilisation de ces 4 ingrédients, dont l'harmonie dépendra de nombreux paramètres, tels que le PH, la température ou le temps.

L'EAU apporte la base liquide (sans déconner), mais aussi les minéraux ainsi qu'un certain PH. Elle représente bien 90% du produit fini.

LE MALT est une céréale germée puis chauffée, qui apporte les sucres, les enzymes et les protéines, mais aussi la couleur.

LE HOUBLON diffuse son amertume et ses arômes tout en protégeant la bière des micro-organismes indésirables.

LES LEVURES transforment les sucres en alcool et génèrent du gaz carbonique qui fait pétiller la bière. Lors de ce processus, la fermentation, elles donnent également du goût à la bière !

Les 3 grandes familles

Il existe 3 grandes familles de bières qui dépendent du type de levure utilisé :

LES LAGERS Bières dites de fermentation à température basse, elles représentent la plus grande partie des bières que vous trouvez à la surface du globe.

LES ALES Bières dites de fermentation à température haute, elles sont plus rapides à produire et pleines de caractère.

LES SOURS Bières dites de fermentation sauvage ou spontanée, elles étonnent par leurs flaveurs animales et leur touche d'acidité.

Il existe aussi des bières mixtes :
un mélange de différentes souches de levures pour une création originale !

Le processus

Pour brasser une bière, sans rentrer dans les détails, le procédé habituel consiste à mélanger de l'eau chaude et du malt pour en faire une « soupe de céréales sucrée ». Ensuite, on filtre ces céréales de façon à conserver uniquement la partie liquide de cette soupe, que l'on va faire bouillir en y ajoutant du houblon. Une fois refroidie, on y ajoute les levures qui se chargeront de la fermentation.

Tous les ingrédients (oui, même l'eau) contribuent au goût de la bière et constituent autant de leviers à actionner pour que le brasseur exprime sa créativité.

Plutôt légère avec moins de céréales ?

Animale et puissante en jouant sur les souches de levures ?

Spéciale, traditionnelle ou historique avec les branches de sapin, les fruits ou d'autres ingrédients plus farfelus ?

Amère avec une eau dure et plus de houblon ?

La bière est une boisson aux possibilités infinies qui ne se résume pas au demi de blonde du café du coin ! Malheureux !

LE PETIT LEXIQUE INDISPENSABLE PRATICO-COOL

Ale : famille de bières dites de fermentation haute.

Aqueuse / Flotteuse : l'inverse de la rondeur, se dit d'une bière trop limpide.

Beer geek : amateur de bière pointilleux.

Beer snob : extrémiste persuadé d'avoir le monopole du bon goût.

Big Beers : terme anglais désignant les bières dites « industrielles ».

Brassam : brassage amateur.

Brassin : c'est une « fournée », ou le contenu d'une cuve de fermentation.

Brett : diminutif de brettanomyces, des levures sauvages qui communiquent un côté dit « funky » détonant !

Carbonatation : CO_2 dissous dans la bière et responsable des bulles.

Cask : petit tonneau traditionnel des authentiques ales anglaises.

Dense : se dit d'une bière riche, qui a du corps, de la rondeur.

Dry / sèche : se dit d'une bière contenant peu de sucres résiduels.

Dry hopping : ajout de houblon priorisant les arômes à l'amertume, en fin de fermentation. Se dit aussi houblonnage à cru ou à froid.

Empâtage : étape de mélange de l'eau chaude avec les céréales pour obtenir une soupe sucrée.

Fermentation alcoolique : transformation des sucres en alcool et en gaz carbonique par les levures.

Flaveur : un terme qui ne fait pas l'unanimité pour désigner le ressenti cumulé des 3 sens permettant d'apprécier une bière : le goût (saveur), l'odorat (arômes) et le toucher (texture).

Fourquet : grande spatule spécifique aux brasseurs, utilisée pour bien mélanger l'eau et les céréales lors de l'empâtage.

Growler : bouteille refermable destinée à recevoir de la bière pression de manière à pouvoir en emporter chez soi OKLM.

Gush : se dit lorsqu'une bière mousse de façon excessive lors de l'ouverture.

Gypsy brewer : brasseur itinérant.

Hazy : se dit d'une bière trouble, souvent du fait de l'utilisation de lactose, de blé ou en l'absence de filtration.

Hoppy : « houblonné » en anglais.

IBU : Internationnal Bitterness Unit. Indique l'amertume d'une bière.

Inoculation : c'est l'ajout des levures qui va permettre de lancer la fermentation.

Kräusen : à ne pas confondre avec le kraken ! C'est une mousse monstrueuse et vigoureuse qui se forme en début de fermentation. Elle reste souvent collée sur les parois du fermenteur.

Lager : famille de bières de fermentation basse.

Lie : dépôt de levures au fond de la bouteille.

Lupuline : c'est l'« or du houblon », une poudre jaune orangé qui contient entre autres les acides et les huiles responsables de l'amertume et des arômes.

Mout : c'est la bière qui n'a pas encore fermenté.

Pasteurisation : procédé visant à stabiliser la bière aux dépens de sa vitalité et de toute possibilité d'évolution.

Pétrole : surnom donné à certaines bières noires denses et fortes.

Refermentation : les bières non pasteurisées et non filtrées peuvent refermenter en bouteille, elles évoluent avec le temps et selon les conditions de stockage. On parle de bière sur lie.

Reinheitsgebot : loi allemande de pureté de la bière, limitant sa composition à eau, malt et houblon.

Rye : seigle.

Session : bière plus légère en alcool.

SMASH : Single Malt And Single Hop. Ce sont des bières pour lesquelles on n'utilise qu'un seul type de malt et de houblon.

TTO : Tap Take Over, ou « prise de bec ». Lorsqu'une brasserie occupe toutes les tireuses d'un bar avec les bières qu'elle produit.

SOMMAIRE

LA BIÈRE À TRAVERS LES ÂGES :

LES STYLES :

LES BIÉROPORTRAITS

BEER GRYLLS

Moustache volontaire, regard vif, posture aguerrie, Beer Grylls est un vrai bourlingueur, l'aventurier parfait.

Enfin... si on lui pardonne son machisme extravagant et un franc-parler qui danse maladroitement sur le fil de la vulgarité.

Mais ne vous laissez pas rebuter par ses traits de personnalité tortueux ! Beer Grylls, c'est surtout un grand amoureux de la nature, un philanthrope brassicole qui souhaite faire découvrir à la Terre entière les bières les plus « extraordinesquissimes ».

Pour y parvenir, il farfouille le monde à la recherche de levures rares, exotiques, disséminées sur des territoires hostiles et – souvent – dans des environnements dangereux.

C'est son mode de vie, sa religion, son oxygène. La quête de l'ultime levure.

Ou pour rester fidèle à ses paroles : « la grosse chasse à la leuleu ».

LE CHEVALIER DE LA BIÈRE

Si nul ne sait d'où - ou de quand - il vient, ses intentions sont, quant à elles, on ne peut plus claires : préserver la grandeur et la noblesse de la bière, boisson multimillénaire qui a vu naître la civilisation et l'accompagnera dans les crises et voyages à venir.

Juge et bourreau impartial, il punit de son épée les hérétiques et remet dans le droit chemin les égarés.

Chevalier de l'ordre du poing houblonné, c'est avec vaillance, ferveur et austérité qu'il mène une croisade contre les démons des temps modernes et leurs émissaires : les 4 cavaliers de l'apocalypse brassicole.

Pour la sainte potion, force et houblon !

BIÈRE ET CIVILISATION

Avant la roue ?

OK. Revenons un peu (beaucoup) en arrière.
Que ce soit aujourd'hui, la semaine dernière ou il y a 60 millions d'années, c'est un fait, les fruits mûrs finissent par tomber plus ou moins lamentablement au sol : « splof ! » Abîmés par leur chute, leur jus sucré se mélange aux levures sauvages présentes sur leur peau, dans l'air ou sur la truffe de la première bestiole qui passe.
C'est là que la magie opère :
sucre + levures = fermentation = alcool.
En mangeant ces shooters de Dame Nature, certains animaux (dont nos ancêtres) découvrent alors une sensation chaude, étrange et agréable : ils sont pompettes !
Ainsi commence l'histoire de la civilisation !

LE PLUS GRAND HÉROS DE TOUS LES TEMPS

L'ère glaciaire touche à sa fin ! Comme au printemps d'un millénaire, la végétation peut enfin s'en donner à cœur joie. Nos ancêtres, vigoureux chasseurs-cueilleurs au monosourcil pare-soleil, font leurs courses dans le grand marché de la nature. Ainsi va la vie, jusqu'au jour où un héros méconnu – appelons-le Robert – range des céréales dans un contenant quelconque. Distrait, il les oublie dans un coin. Il suffira d'un peu de pluie, de beau temps et de quelques jours pour que la magie de la fermentation opère.

1. En retrouvant le contenant, Robert s'étonne du contenu.

2. Pragmatique mais téméraire, il décide d'y goûter.

3. Robert est tout chose ! Il apprécie cette découverte et la partage avec sa communauté, qui rentre alors dans l'« âge de bière ».

Cet heureux accident serait peut-être même à l'origine d'un enchaînement de découvertes et d'inventions plus ou moins utiles, comme l'agriculture, l'irrigation, le four et même la roue !

La plus ancienne preuve de brassage retrouvée à ce jour remonte à plus de 13 000 ans, dans la grotte de Raqefet en Israël, même si on supposé qu'on en consommait déjà avant.

-11.000 ans : lors de fouilles en Anatolie, à Göbekli, découverte d'outils destinés au broyage de grains, pour la confection de boissons fermentées.

-3.500 ans : découverte de fours qui auraient servi à brasser de la bière (sécher le malt, par exemple) sur le site de Kissonerga-Skalia, à l'ouest de Chypre.

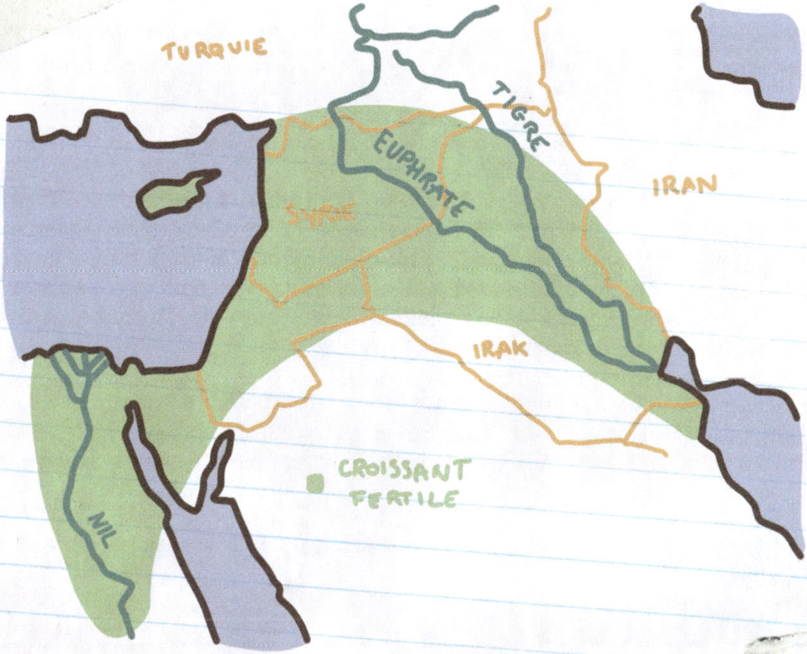

> *Fermentation et civilisation sont indissociables.*
> **John Ciardi**

L'arrivée de la poterie facilite le stockage, et comme le grain se conserve mieux que les fruits, on construit des silos. La bière crée des liens entre les gens, alors on construit sa hutte pas trop loin de son voisin. Puis la communauté devient un village, et une ville ! La vie nomade, c'était sympa, mais maintenant, la mode, c'est la sédentarisation. Dans le Croissant fertile, entre le Tigre et l'Euphrate, mais aussi en Chine, l'humanité a soif et ouvre le grand chapitre de la civilisation.

> *La fermentation a probablement été une plus grande découverte que le feu.*
> **David Rains Wallace**

On a longtemps pensé que le développement de l'agriculture et les solutions de stockage étaient motivés par la faim, mais, depuis plusieurs dizaines d'années, beaucoup d'indices confirment que la soif était la première vraie motivation, comme le théorise Solomon H. Katz.

C'EST CHOUETTE, TON TRUC, IL T'EN RESTE ?

Ce cher Patrick McGovern, un archéologue spécialisé dans la bière (*best job ever*), affirme que l'alcool a joué un rôle clé dans le développement de nos civilisations, au point de vouloir renommer l'*Homo erectus* en *Homo imbibens* ! Désinhibante, sensationnelle, stimulante, la bière va bousculer les idées et les codes sociaux. Elle débride les esprits comme jaja, constituant peut-être l'étincelle à l'origine de l'écriture, de l'art, de la philosophie. Ou du stand-up.

La civilisation mésopotamienne de Sumer en est la parfaite illustration. Fêtes, commerce, économie, politique, la bière est omniprésente. Consommée par tous, elle est au cœur du quotidien. Comme le raconte le poème de la Création, même les dieux boivent de la bière, jusqu'à ce que *leur corps et leur cœur soient emplis de joie*.

Une stèle découverte par le mari d'Agatha Christie, Max Mallowan, raconte la fête de l'achèvement du palais d'Assurnazirpal II à Nimrud. Elle dura dix jours, réunissant 70 000 personnes et 10 000 cruches de bière, dont 100 de bière « raffinée ».

Avec l'invention de l'écriture cunéiforme sur les tablettes d'argile, la bière devient l'un des symboles les plus souvent retrouvés dans les histoires, les recettes (évidemment) ou dans divers registres (comme ceux des villes de Mari ou Girsu).

Dans les premiers "dictionnaires", entre 150 et 200 mots sont dédiés ou liés à la bière.

BLOCKBUSTER ANTIQUE

La bière va jusqu'à occuper un rôle symbolique dans le plus ancien conte écrit de l'histoire de l'humanité : *L'Épopée de Gilgamesh*. Pour calmer ce puissant roi de la cité d'Uruk, les dieux créent une entité pure, Enkidu, au beau milieu de nulle part dans le désert. D'abord en osmose avec les bêtes sur lesquelles il calque son comportement, il finit par délaisser cet état animal et embrasse totalement sa nature humaine lorsqu'on lui propose de manger du pain et de boire de la bière.

En sumérien dans le texte : "Que son visage s'éclaira !"

PAIN LIQUIDE OU BIÈRE SOLIDE

La bière de Sumer s'appelle *sikaru*, littéralement « pain liquide ». Les ingrédients utilisés par le brasseur et le boulanger étant très proches, la technique de brassage consiste à émietter du pain cuit dans de l'eau, alors qu'il est encore chaud. Le brasseur peut alors, selon les 20 différentes recettes retrouvées, ajouter herbes, fruits, épices, miel [insérer ici un ingrédient qui vous fait envie] à sa convenance ou selon ses moyens.

Plutôt trouble, plate, acidulée, la sikaru est une bière très nourrissante qui ne ressemble en rien à ce que l'on a l'habitude de boire aujourd'hui.

À vrai dire, ça se rapprocherait plus d'une soupe, et ce n'est pas pour rien qu'on parle de repas liquide ! On la consomme à plusieurs et à même la jarre, grâce à une paille en roseau, ou plus élaborée, comme le montre une stèle retrouvée sur le site de Tepe Gawra.

Si la plupart des pailles sont en roseau, des modèles en cuivre, en argent, ou même en or serti de pierres bleues ont été retrouvés. Elles auraient été inventées dans l'unique but de boire de la bière !

Ninkasi

En découvrant l'une des plus vieilles preuves d'écriture sur une tablette datant de plus de 3700 ans, certains voient un poème, d'autre un hymne ou une chanson. Mais en réalité, c'est un peu plus que ça !

L'écriture cunéiforme à peine inventée, il fallait graver l'essentiel ! C'est ainsi qu'est née l'*Ode à Ninkasi* : une recette de bière adressée à la déesse Sumérienne de la bière.

Si l'Anchor Brewing Company s'est amusée à brasser une bière d'après une traduction de la tablette, Ninkasi est aussi le nom de plusieurs brasseries et d'un morceau de punk hardcore (voir p.228)

Aussi connue comme la « Dame qui remplit la bouche », elle est la fille des dieux Enki (l'Eau) et Ninhursag (la terre). Elle vit pépouse sur le mont Sabù, une montagne imaginaire dont le nom signifie plus ou moins « la Taverne ». Jusque-là, tout est raccord.
Ses neuf enfants portent tous, à la manière des chiens de G. Washington (voir p.188), des noms de boissons enivrantes ou des comportements qui en découlent (Bagarre, Vantard, etc.).

La bière est une boisson spirituellement liée à la fertilité, au nourrissage, à la maternité. À Sumer, la plupart des brasseurs étaient en fait des brasseuses !

LA LOI, C'EST MOI !

On ne change pas une équipe qui gagne ! Les Babyloniens perpétuent et perfectionnent les bases brassicoles cristallisées par les Sumériens. Là encore, la bière est partout. Ça ne lui suffit pas d'être gravée dans les premiers récits de l'histoire de l'écriture et de l'humanité, alors elle s'incruste dans le tout premier texte de loi : le code de Hammourabi. Un roi qui n'était pas connu pour sa demi-mesure. Sur 282 lois, les 108 à 111 concernent la bière. Un *achievement* de haute volée.

Si une prêtresse ose entrer dans une taverne : brûlée vive.
Si une tenancière ne dénonce pas des voyous qu'elle surprend à conspirer dans son établissement : exécutée.

GANDALF, WILDE ET DICKENS ENTRENT DANS UN BAR

À Londres, dans le quartier de Limehouse, se trouve l'un des plus vieux pubs de la ville. Depuis 1583, au 76 Narrow Street, juché sur pilotis, le Grapes a déployé ses racines sous les galets de la Tamise pour accueillir des dockers jour et nuit, sans broncher. On ne rentre pas dans le vieux Bunch of Grapes, on y est aspiré pour un voyage où résonne l'écho du temps. Où des explorateurs du Nouveau Monde ont jeté l'ancre, où des auteurs prestigieux ont noyé leurs tourments et où des artistes ont trouvé l'inspiration.

Au début du XIXe siècle, il fascine même un jeune homme, Charles Dickens, qui lui trouvera un rôle dans le premier chapitre de son quatorzième roman, *L'Ami commun*. Ses apparitions seront nombreuses parmi les œuvres de ceux qu'il a subjugués au fil des siècles : *Dorian Gray*, d'Oscar Wilde, ou *Sherlock Holmes*, d'Arthur Conan Doyle.

Outre les personnages historiques réels ou fictifs que cette vieille bâtisse a pu accueillir, ses propriétaires n'ont pas à en rougir. Il s'agit, ni plus ni moins, du réalisateur Sean Mathias, de l'éditeur et journaliste Evgeny Lebedev, et de l'acteur (sir) Ian McKellen ! On pourra même y voir certains accessoires de films comme le bâton de Gandalf issu de la trilogie du *Seigneur des anneaux* de Peter Jackson.

CITATIONS
PARTIE 1

Voici 12 citations ! Certaines sont tout à fait vraies, d'autres sont complètement fausses ! Mais lesquelles ?

1 La bière, ça a le même goût à l'aller et au retour.
JCVD

2 *You can't hold my beer if you don't see me coming.*
John Cena

3 *I have respect for beer !*
Russell Crowe

4 *I work until beer o'clock.*
Stephen King

5 Beer is perfection from outer space.
Tom Cruise

6 *Beer. It's the best damn drink in the world.*
Jack Nicholson

7 Une bière ça va, trois bières ça va, ça va, ça va.
Illustre inconnu

8 Je crois que j'ai pas bu assez de bière pour comprendre ça.
Terry Pratchett

9 *De la sueur de l'homme et de l'amour de Dieu, la bière est venue au monde.*
Saint Arnould de Metz

10 La bière, oui, mais jamais après la ciboulette.
Maïté

11 Bien vides seraient les cieux si la bière se brassait aux enfers.
Paul Eluard

12 *La différence entre une bière et un chasseur, c'est que la bière, ils la font sans alcool...*
Laurent Ruquier

Réponses : 1F, 2F, 3V, 4V, 5F, 6V, 7V, 8V, 9V, 10F, 11F, 12V

CES BONS VIEUX SOUS-BOCKS

Sous-bock, *beermat*, *beer coaster*, *bierdeckel* : rien qu'à son nom, on sait qu'il s'agit d'un objet dédié aux potions. À la différence de simples dessous de verre qui se contentent de protéger la table et d'absorber la condensation, le sous-bock a des fonctions signalétiques, publicitaires, et même divertissantes !

À la fin du XIXe siècle, les Allemands se sont dit qu'il était temps de créer un objet qui leur éviterait d'avoir à utiliser le bout de leur manche ou de vieux torchons abritant des colonies de bactéries douteuses pour protéger leurs tables ou leurs chopes. C'est ainsi qu'apparaît l'ancêtre du sous-bock : une petite soucoupe cartonnée, mais aussi parfois en étain, faïence ou porcelaine.

Le modèle est amélioré et se voit doté d'un compteur de consommations bien pratique, de variations de matériaux comme de la mousse ou du caoutchouc. C'est toujours en Allemagne, en 1900, que sera produit le premier modèle de sous-bock multicolore. L'objet s'écoule vite et, avec une production de presque 2 milliards d'unités par an dès 1930, il va rapidement devenir une surface publicitaire prisée !

Si un tégestophile est une personne qui collectionne des objets liés à la bière, un cervalobélophile est spécialisé dans les étiquettes ou les sous-bocks !

Aujourd'hui, un sous-bock posé sur une bière est le signe universel pour *I'll be back* dans 5 minutes.

Alors comme ça, on a peur de tacher sa petite table Ikea de sédentaire ? Pathétique...

Les deux jeux les plus populaires sont le frizbock (le frizbee, quoi) et le flipbock. Ce dernier consiste à poser un ou plusieurs sous-bocks au bord d'une table, à les envoyer en l'air en les frappant par en dessous du bout des doigts, puis les rattraper après une ou plusieurs rotations avant qu'ils ne retombent.

Le jus de houblon

IPA

En bref : les Indian Pale Ale (IPA) sont des potions légèrement plus fortes que la moyenne et portées sur l'amertume du houblon.

IPA par-ci, « ipéa » par-là, ces bières sont devenues les véritables ambassadrices du mouvement Craft Beer américain. Mais que ce soit dans le temps ou dans l'espace, elles viennent de beaucoup plus loin !

Leur histoire remonte au tout début du XVIIIe siècle, époque ou l'Angleterre ravitaillait en bière les expatriés assoiffés dans ses colonies, dont l'Inde.

Certaines brasseries, comme la Bow Brewery des Hodgson, ont tiré profit d'un emplacement stratégique à proximité des docks des East Indiamen. Elles proposaient aux capitaines des tarifs intéressants sur leurs bières « préparées pour l'Inde ».

Aujourd'hui, IPA ne veut plus dire grand-chose. Elles ne sont pas forcément « pale », et ont encore moins voyagé vers l'Inde ! Le nom est tout simplement devenu un style, par la force des choses (et de l'amertume).

On raconte que, selon les recommandations des bonnes pratiques de l'époque, du houblon était ajouté en plus grandes quantités afin que les bières puissent survivre aux quatre mois du voyage. En réalité, les porters, qui étaient exportés en bien plus grandes quantités, tenaient déjà très bien le coup, et plus longtemps. Mais, dans le doute, on en ajoutait quand même ! Puis, peu à peu, le style sombra dans l'oubli…

… jusqu'aux années 1970 ! Aux États-Unis, avec la légalisation toute fraîche du brassage amateur, des curieux plongent corps et âme (et papilles) dans ce nouveau hobby. « Quoi ? On peut faire de la bière comme ça ? Mais c'est trop bon !!! » C'est exactement ce que se sont dit les pionniers du mouvement Craft Beer, habitués aux lagers insipides comme Coors, Bud et autres Heineken qui monopolisent le marché et le bon goût depuis des lustres. De nouvelles variétés de houblon et de nouvelles techniques, comme le *dry hopping,* sont utilisées pour créer de véritables petites bombes d'arômes, des tornades d'IBU savoureuses, juteuses, résineuses : les premières IPA du XXIe siècle sont là ! Et ce n'est qu'un début.

Non, IPA ne veut pas dire j'Irai Pisser Après…

BREW LIKE AN EGYPTIAN

Connaissez-vous Menkaourê ?
C'était un roi de la IVe dynastie d'Égypte.
Un jour, un oracle lui annonça qu'il ne vivrait pas plus de six ans. Bien loin de se lamenter, il eut alors une bonne raison de festoyer jusqu'à l'aube le soir même, et toutes les nuits suivantes… Il vécut douze ans de plus.
Voilà une belle illustration de l'état d'esprit des Égyptiens vis-à-vis de la bière !

BOÎTE TEMPORELLE

C'est grâce à des gars comme Hérodote, Dioscoride, Athénée, Pline l'Ancien ou Zosime qu'on a pu appréhender une bonne partie de la culture égyptienne et de ses excès !

L'Égypte ancienne est un territoire qui s'étend à perte de vue dans l'espace comme dans le temps. Soucieux du détail et du travail bien fait, les Égyptiens ont laissé de nombreux indices évoquant leur quotidien. Les témoignages quant à leur fonctionnement sociétal bien huilé – et bien malté – ne manquent pas : fresques de palais, prières, contenants, outils, papyrus médicaux ou registres ensevelis sous les sables mystérieux. Ils ont magistralement maîtrisé et amélioré les acquis brassicoles de leurs potos mésopotamiens ou babyloniens, et la bière s'invite à tous les niveaux, du sommet des pyramides jusqu'au fond des temples.

Dans la logique religieuse singulière de l'Égypte antique, la vie servait à préparer la mort, qui servait à accéder à la vie éternelle. Pourquoi faire simple quand on peut faire compliqué ? Mais, quelle que soit la situation, il fallait de la bière pas loin.

Ici, la mort est un voyage « temporaire » pour lequel il vaut mieux ne pas partir les mains vides. Une fois sur place, on ne sait pas ce qu'il peut arriver, alors pas de temps pour la désinvolture, il ne faut manquer de rien, et surtout pas de bière !

C'est pourquoi étaient déposés dans les tombeaux des objets « bagages pour l'au-delà », en particulier des jarres de bière accompagnées d'ingrédients, de recettes et de récits. Véritable aubaine pour les archéologues, et bien pratiques pour comprendre leur relation privilégiée avec la binouze !

T'INQUIÈTE PAS, ON SABITU

Si aujourd'hui on l'appelle *bouza,* les Égyptiens de l'Antiquité avaient de nombreuses techniques de brassage, et un sacré paquet de recettes selon les occasions.

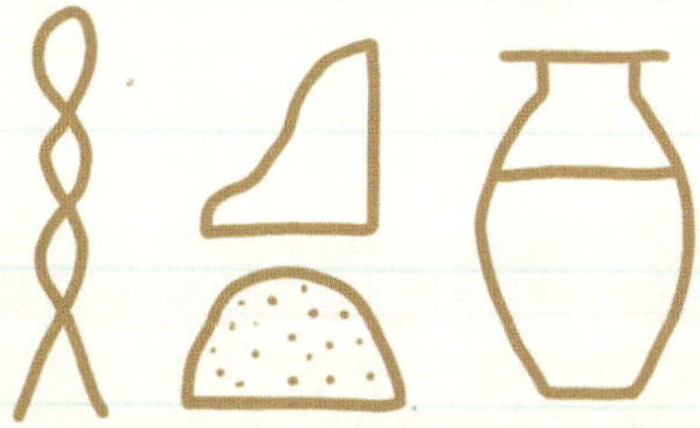

La bière sombre, la bière de fer, celle qui ne devient pas acide, la douce, l'épaisse (pour faire passer les remèdes), la bière du protecteur, la bière des amis, et même la « bière de la vérité » que buvaient les dieux chargés de garder le tombeau d'Osiris.

D'un simple mélange de pain et d'eau fermentée, les Égyptiens passent à la vitesse supérieure et développent un savoir-faire qui inclut maltage, filtration ou même refermentation en jarre ! Pratique pour l'export et le commerce, même si la bière se buvait plutôt rapidement. Qui dit plusieurs bières dit plusieurs noms : *tenemu, kha-ahmet, zythum*, mais c'est l'*Hqt*, plus communément écrit *heneket* ou *henqet*, qui est la plus répandue.

Cette bière, c'est la norme pour un mortel moyen, celle qu'on vous servirait aujourd'hui si vous rentriez dans un bar en demandant un demi.

Ce sont majoritairement les femmes qui s'occupent du brassage, à la maison comme dans les établissements dont elles sont généralement les tenancières, et qui ne servent pas qu'à se rincer le gosier !

Chez soi ou au bar, enfants ou vieillards, il faut de la bière tout le temps, partout et pour tout le monde. Aaaah, je vous avais prévenus ! Comme il n'y en a jamais assez, des établissements spécialisés appelés *sabitu*, ancêtres des bars et autres tavernes, en proposent à tour de bras. Ces hauts lieux de convivialité, de jeux (et de débauche) sont fréquentés par les classes exclues des grands festins royaux, comme les riches mais pas trop, les classes moyennes et pas mal d'étudiants.

Chez DogFish Head, ils ont brassé la Heneket d'après une méthode ancienne traditionnelle. Pour ça, ils ont capturé des levures typiques au Caire en 2010 !

La bouche d'un homme heureux est pleine de bière.
Proverbe égyptien.

DU PAIN ET D'LA BIÈRE, NOM DE DIEU !

Vous l'aurez compris, quand on parle de bière, trop n'est pas assez pour les amis d'Amonbofis. En plus du foyer et des tavernes, chaque cité brille par les spécialités, le rendement ou la technicité de ses brasseries d'État.

Un diorama de brasserie-boulangerie a été retrouvé dans une partie cachée du tombeau de Méketrê, un chancelier de la XIIe dynastie. Il montre à quel point bière et pain sont liés, par leurs ingrédients ou leur fabrication.

Chapeautées par un maître brasseur (fonction très respectée, comme le montre le magnifique tombeau de Khonso EmHeb), ces brasseries se chargent de fournir à la jet-set de quoi se sustenter à toute heure et toute occasion, du banquet à la simple collation.

Les installations comme celle d'Hiérakonpolis, le QG du dieu Horus (vous savez, la tête de faucon), permettent de brasser l'équivalent de 600 pintes par jour, des plus simples aux plus raffinées.

D'un point de vue plus diplomatique, on offre aux invités, émissaires et autres représentants divers un cru correspondant au niveau de considération ou au prestige qu'on leur associe. Une bière dense sucrée et rouge comme le sang, ça va, mais un verre d'eau, je donne pas cher de votre peau.

ALORS, ON FAIT DES HEURES SUP ?

Si dans les hautes strates on s'envoie des bières et du vin derrière la cravate, un peu plus bas, ce n'est pas le cas. L'*heneket*, bière du quotidien, sert principalement à prendre l'autoroute de l'ébriété, mais elle a aussi de nombreuses autres fonctions, comme celle de « salaire liquide ». La ration salariale quotidienne que percevaient les ouvriers sur le chantier de la pyramide de Gizeh était de 4 litres. Paradoxalement, les gardes royaux voient leur « vigilance » récompensée par un salaire journalier de plusieurs jarres d'une bière aux dattes dont ils sont friands, et on les comprend.

De quoi faire se retourner Alain Savary dans sa tombe (voir p. 31).

Dans l'*Enseignement d'Ani*, un recueil de proverbes et de recommandations de bonne conduite, on peut lire : « Ta mère t'a envoyé à l'école quand tu étais prêt à apprendre l'écriture, et elle t'attendait tous les jours à la maison avec du pain et de la bière. »

BEER RELIGION

Amon, Amon… amon dieu la gueule de bois, ouais !

Un papyrus de Ramsès III au VIIe siècle avant J-C indique que les offrandes pour le temple d'Amon doivent s'élever à environ 1 200 000 litres de bière.

Isis, déesse de l'orge, Osiris, patron des brasseurs, et Hathor (que nous découvrirons juste après) sont les principales divinités égyptiennes en rapport avec la bière.

Tenenet, dont le nom découle de *tenemu* (« bière »), est une déesse qui lui est aussi souvent associée. Je ne vous embourberai pas davantage dans les sables de la mythologie de l'Égypte antique, où les dieux (quand ils ne sont pas des pharaons divinisés aux noms à l'orthographe variable) ont des histoires qui se croisent au point de faire des gosses avec leurs propres filles…

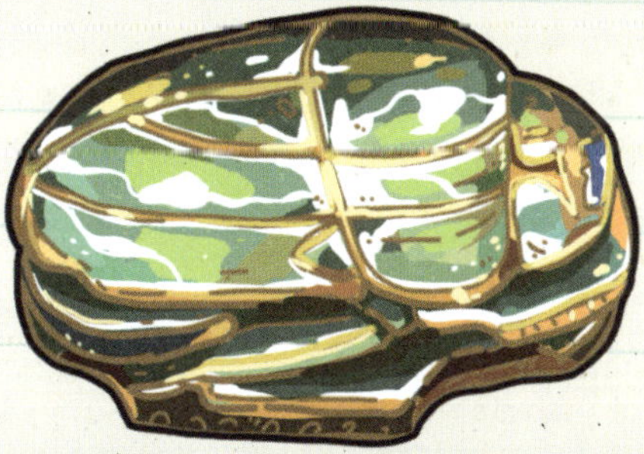

D'après le *Livre des rêves* de l'Égypte antique, la bière est un bon présage. En revanche, un nain ou un concombre… ne dormez que d'un œil.

En fait, tout ce que vous avez besoin de savoir, c'est que, pour les Égyptiens, la bière est d'origine divine. C'est un nectar qui permet de se rapprocher des dieux et de l'au-delà, grâce aux effets qu'induit sa consommation. Autrement dit, il s'agit d'une connexion éthylique céleste : plus vous êtes ivre, plus vous êtes proche des dieux. C'est la meilleure excuse pour picoler qu'on ait jamais trouvée.

BOIRE HATHOR ET À TRAVERS

Les Égyptiens assument leur penchant pour la ~~biture~~ « transe divine » au point de célébrer leurs excès chaque année lors de l'équivalent d'un gros festoche au nom sans équivoque : la fête de l'Ivresse ! Tout comme l'épopée de Gilgamesh ferait un tabac avec Dwayne Johnson à l'affiche, l'histoire derrière cette petite sauterie pourrait servir de base à un futur blockbuster.

Hathor est une douce déesse polyvalente, représentée le plus souvent avec une tête – on ne se moque pas – de vache. Ses spécialités sont la fertilité, la joie, la musique ou même l'amour… Mais elle n'a pas toujours été aussi cool. Un jour, Rê, déçu par les querelles et le nombrilisme dans lequel s'enfonçaient les hommes, décide d'envoyer Hathor donner quelques coups de griffes. Histoire de montrer qui c'est l'papa. Pour cela, elle se change en une créature dangereuse à tête de lionne, Sekhmet. Problème : elle prend sa mission… un peu trop à cœur. Dans son sillage, elle massacre la population, anéantit les cités. Si personne ne stoppe sa furie sanguinaire, elle détruira l'humanité tout entière. Pour mettre fin au carnage, Rê décide de lui tendre un piège : il demande à Tenenet de brasser une quantité démesurée de bière rouge et forte, qu'il déverse sur le passage de la bête furieuse. En pleine folie meurtrière, Sekhmet est dupée par la couleur, et dans sa soif de sang elle engloutit le brassin tout entier. S'ensuit le coma éthylique le plus monumental, toutes mythologies confondues. Même si ce n'est pas précisé sur les fresques ou dans les papyrus, on devine ce petit filet de bave au coin des lèvres que l'on a tous connu. (Faites pas les innocents.) À son réveil, la Sekhmet enragée était redevenue la bienveillante Hathor.

Hathor venant alors d'ajouter l'ébriété à ses casquettes divines, la fête de l'Ivresse était née ! Son but ? Boire jusqu'à – comme Sekhmet – en perdre conscience. Plus de doute, les Égyptiens sont des saoulards. Et c'est pas fini !

Plutôt bluffante, cette fête se célèbre à la fin du mois d'août, période durant laquelle le Nil entre en crue et peut se teinter de rouge, lorsque l'alumine présente dans le limon ou l'ocre rouge d'éléphantine se diffuse au gré des remous.

Lorsqu'ils se côtoyaient, les Sumériens, Akkadiens ou Babyloniens considéraient les Égyptiens d'un œil perplexe. Ils ne pouvaient retenir une montée de condescendance face à leur absence de retenue dans leurs prouesses éthyliques, et leur quasi-fierté à les transcrire sur du papyrus.

MANGER, C'EST TRICHER

Dans l'ancienne civilisation égyptienne, la consommation de bière n'est pas simplement tolérée, elle est *encouragée*.

Plus de doute, je m'suis planté d'époque.

Il est tout à fait normal d'être ivre en public, mais, en ce qui concerne les fêtes et les banquets, cela va beaucoup plus loin, puisque, attention, y être sobre, c'est plutôt mal vu ! À l'opposé, régurgiter était un signe de réussite. D'où l'expression « vomir, c'est réussir ». Je vous laisse relire ce paragraphe.

Sur une fresque murale de la nécropole de Thèbes, on peut voir une servante aider une femme qui vomit très proprement. Comme une petite fontaine. C'est tellement charmant…

Alors que les plus aisés pouvaient se faire ramener des tavernes en hamac par leurs esclaves, certaines peintures murales comme celle de la nécropole de Beni Hassan représentent des sorties de banquet « à l'horizontale » : c'est un succès.

Ces célébrations n'ont rien à envier aux orgies romaines, comme en témoigne cette inscription retrouvée sur une urne : « Buvons et baisons face aux dieux. »

« Pas d'enfants sans sexe, pas d'ivresse sans bière ! » Proverbe égyptien.

Il y a aussi cette histoire où le roi Ahmôsis II aurait décalé une réunion importante pour se livrer à un duel de descente de bière.

MATIN, MIDI ET SOIR

Patatras, c'est le drame ! Mal au crâne, blessure, entorse, peu importe. Vous allez voir le médecin ? Devinez quoi, il vous prescrit une bière ! Franchement, c'était mieux avant.

Il n'existe point de mal auquel la sainte potion ne puisse remédier.

En Égypte antique, la médecine est réputée au point d'attirer les foules de contrées lointaines, venues se soumettre aux incantations et aux soins de son immense pharmacopée. Bien trop souvent pour que ce soit anecdotique, la prescription consiste à allonger ou mélanger un ingrédient aux propriétés curatives avec de la bière dense et nourrissante.

Le papyrus Ebers indique que le jus de racine de grenadier est efficace contre les vers intestinaux, alors que la lie des fonds de cruches est utilisée pour soigner les plaies, plus généralement en dermatologie ou même en gynécologie. La mousse, quant à elle, est destinée à l'ophtalmologie. Et je ne vous parle pas des lavements à la bière pour les maladies intestinales et autres soucis de popotin.

En fait, sans même le savoir, les Égyptiens consommaient déjà des antibiotiques. En ingurgitant des litres de bière quotidiennement, ils assimilaient une quantité conséquente de tétracycline. Cette molécule est produite par une bactérie qui se trouve sur les grains des céréales et augmente de façon brutale lors de la fermentation. Fixée sur les os depuis des milliers d'années, elle était toujours là lorsque ont été analysés des os… de momies.

À l'Abramson Cancer Center de l'université de Pennsylvanie, Patrick McGovern (encore lui) a trouvé des traces de sauge et de thym préservées dans des jarres. Ces deux ingrédients contiennent respectivement de la lutéoline et de l'acide ursolique, connus pour leurs propriétés anticancéreuses.

Médicament, mais pas seulement, la bière servait aussi à neutraliser les serpents, qui tolèrent assez mal l'ivresse !

LES MEILLEURES CHOSES ONT UNE FIN

Le déclin de cette longue période d'excès s'amorce avec le règne de Ramsès le « Rabat-joie », ou encore Cléopâtre qui met en place la toute première taxe sur la bière de l'histoire ! Elle explique que c'est pour « limiter la débauche et l'ivresse », alors qu'en réalité cette taxe sert à financer sa p'tite guerre contre Rome, ce qui lui vaut un bon gros tollé et la dégringolade de sa cote de popularité.

DE LA BIÈRE À LA CANTINE ?

Dans le sillage de Pierre Mendès France sifflent encore les vents de l'abstinence : dès 1956, les enfants de moins de 14 ans n'ont plus le droit de boire de vin ou de bière à la cantine. C'est sous l'impulsion d'Alain Savary que la rentrée 1981 sera marquée par l'interdiction de servir de l'alcool, même coupé d'eau, dans les cantines françaises. Pourtant, persuadés des vertus sanitaires de notre bon jaja, certains parents s'insurgent : « Mon fils ne partira pas à l'école sans un bon remontant pour garder la forme et la santé ! » disaient-ils en pinçant les joues roses de leur petit Jean-Kévin, histoire qu'elles soient raccord avec son tarin. Une habitude que l'on peine à éradiquer, malgré des élèves pompettes qui ont du mal à se concentrer, voire s'assoupissent en pleine classe. Et encore, pour ceux qui ne se trompaient pas d'école…

Côté belge, les cantines continuent de proposer de la bière de table (légère) jusque dans les années 1980. Certains se souviendront de la Piedbœuf, avec ses capsules bleues ou orangées, considérée comme moins nocive pour la santé des petits chérubins que ces vilains sodas américains.

GOSE

Une bonne Gose de faite

En bref : des potions historiques qui dansent sur des notes minérales avec une touche de coriandre.

Une Gose, c'est non seulement un style qui permet d'envoyer 15 jeux de mots à la minute, mais aussi qui chope votre palais avec un goût aussi surprenant que son histoire ! Ce qui frappe, c'est sa fraîcheur, son effervescence, mais ce qui va clairement la différencier du reste, c'est son aspect minéral. C'est une bière salée, avec une touche de coriandre, très peu de houblon et une belle robe jaune paille trouble, caractéristique des bières de blé.

C'est un style qui s'est particulièrement fait connaître au XVIIIe siècle à Leipzig. Pour sa création, en revanche, ça se passe plus tôt et plus au sud dans le massif du Hartz, à Goslar. Et à Goslar, il y a une rivière, qui s'appelle… la Gose ! (Oui, pour le nom, ça a été vite réglé.)

C'est une région connue pour sa richesse minérale, exploitée grâce à de nombreuses mines d'argent, de cuivre ou de sel installées le long de la rivière. L'eau de la Gose était donc naturellement enrichie en minéraux, chargée en sel, et comme elle était utilisée pour le brassage, ça a engendré sa typicité gustative. Ajoutez un peu de coriandre, et vous obtenez une Gose !

C'est un style rare, remis au goût du jour par un professeur à Leipzig, qui s'est chauffé pour réouvrir une vieille taverne en 1986 : la Gosenschenke, « taverne de la Gose ». Comme pour d'autres bières anciennes disparues et ressuscitées, plusieurs mythes gravitent autour de son style (chacun y va de son petit grain de sel !!!). On raconte que les bouteilles de Gose avaient un long col fin spécialement conçu pour piéger les levures et clarifier la bière, ou qu'une poudre secrète était ajoutée pendant le brassage…

Aujourd'hui, la plupart des brasseurs n'ayant pas accès à une eau naturellement aussi salée ou minérale redoublent d'inventivité pour rendre hommage à ce style bien singulier !

6 RECORDS INSOLITES
PARTIE 1

La plus grosse descente

Quand on parle de vitesse, Steven Petrosino est le champion du monde de la descente de bière ! Il est capable de faire disparaître 1 litre de bière en seulement 1,3 seconde, un record avalé le 22 juin 1977. Tadaaaaa !

La plus vieille brasserie

La brasserie de l'abbaye de Weihenstephan (Bayerische Staatsbrauerei Weihenstephan), située sur la colline de Weihenstephan à Freising, en Bavière, est la plus vieille du monde encore en activité ! Elle date de 1040.

Le plus grand nombre de bières portées

Vous, je ne sais pas, mais je n'aimerais pas recevoir une beigne de Michael Sturm, capable de porter 26 put*** de chopes en verre de 1 litre (1,5 kg) remplies de bière (+ 1 kg) en un seul trajet de 40 mètres. La légende raconte qu'il ne fait ses courses qu'une fois par trimestre, en portant tout sur un seul trajet.

La bière la plus amère

Si vous aimez l'amertume au point d'en perdre la vue, rapprochez-vous de Peter Fowler et sa Pitstop Brewery. Avec sa The Hop et ses 323 IBU, vous êtes sûr d'atteindre le nirvana du houblon (mais pas vos papilles et leur seuil de perception).

Bière en monocycle

Oui. Ce record existe. La plus longue distance parcourue à l'aide d'un monocycle en équilibre sur un chemin de bières alignées est détenue par l'Allemand Lutz Eichholz, qui a tenu 7,99 mètres ! En revanche, en 2015, Chen Zhong Qin a réussi à tenir 8,5 mètres de la même façon, mais... à reculons !

Conduire sur des bouteilles

Boire ou conduire, il faut rouler sur des bouteilles !
C'est exactement ce qu'a décidé de faire Li Guiwen, un pilote de l'armée chinoise, à la suite d'un pari avec des amis autour... d'une bière. L'exercice requérant une grande précision, il lui aura fallu pas moins de 8 minutes et 28 secondes pour franchir 1 798 bouteilles, soit « deux rails de bières » sur 60,19 mètres.

ARTISANAL, INDUSTRIEL, LOCAL

Au cas où cela vous aurait échappé, dans le dur monde de la bière, il existe une rivalité brûlante entre les bières artisanales (Craft Beers, les gentilles) et industrielles (Big Beers, les méchantes). Mais la frontière entre le bien et le mal est poreuse… Plutôt que dans la taille, l'opposition se trouve davantage dans la philosophie, l'état d'esprit, les revendications, le choix des ingrédients ou du procédé. De tout cela découlent des avantages et des inconvénients.

« INDUSTRIEL » + 200 000 HL PAR AN

+

- **Prix : en pack ou en canette, très abordable.**
- **Stabilité : la bière est aseptisée, mais stable.**
- **Disponibilité : disponible partout et tout le temps.**
- **Présentation : le fait d'être filtrée, claire et sans dépôt peut plaire.**

−

- **Ingrédients : ajout de colorants, d'arômes de synthèse, de sirop de glucose, etc.**
- **Process : brassage en haute densité, une seule bière forte peut être utilisée comme base et diluée en plusieurs sous-marques.**
- **Philosophie : centrée sur les bénéfices et la quantité au détriment de la qualité.**
- **Moins de diversité, goûts standardisés.**
- **Du CO_2 alimentaire est rajouté pour une effervescence artificielle.**

Le local et le circuit court sont des arguments dans le marketing d'une bière artisanale. Pourtant, c'est une notion galvaudée. Si le brassage est local, les ingrédients ne le sont pas pour autant (houblons américains, levures produites en laboratoire, etc.).

La limite des 200 000 hl est hasardeuse. Elle met dans le même panier des mastodontes à 180 000 hl et de véritables micro-brasseries produisant 2 800 hl (4 brassins de 10 hl par semaine) ou moins !

« ARTISANAL » - 200 000 HL PAR AN

- Belle diversité, même si la plupart des bières sont de fermentation haute.
- Petits volumes, brassés régulièrement, les levures sont moins soumises au stress.
- Non filtrées, non pasteurisées, les bières sont riches en goût mais aussi en vitamines et minéraux.
- Crée un emploi tous les 280 hl en moyenne.
- Distribué plutôt localement.
- Pas d'économies d'échelle sur les ingrédients.
- Peu d'ajouts d'agents extérieurs (chimie de l'eau, irish moss).
- Forte innovation.
- Forte saisonnalité.
- Ingrédients authentiques, pas ou peu d'arômes de synthèse.
- Collaborations.

- Une brasserie artisanale n'a d'artisanal que le nom, qui peut être utilisé uniquement pour sa valeur commerciale, comme le « fait maison ».
- Artisanal n'est pas automatiquement synonyme de qualité.
- Même si c'est totalement justifié, le prix est généralement plus élevé.
- La disponibilité n'est pas assurée tout au long de l'année.
- La constance : une bière peut légèrement varier d'un brassin à un autre.
- Coût environnemental à étudier (rejets produits chimiques, utilisation d'eau).
- Stabilité : infections plus courantes.

6 RECORDS INSOLITES
PARTIE 2

Record de bières servies

Il se passe des trucs, à Oberhausen. Vous ne savez probablement pas où c'est, et moi non plus, mais, en juillet 2009, Philip Traber y a servi des bières avec une telle célérité qu'il a établi un record ! Avec 200 pils servies en seulement 4 minutes 55 secondes, je sais pas s'il était *furious*, mais le moins qu'on puisse dire, c'est qu'il était *fast*, le bougre.

Le record du beer mile

Le beer mile, c'est une course de 4 x 400 mètres où il faut boire de la bière à chaque tour ! Le record de 4 minutes 33 secondes et 6 centièmes est détenu par le Canadien Corey Bellemore (voir p. 43).

Le plus grand beer snake du monde

Un beer snake, c'est un monstre rare qui n'apparaît que lorsque certaines conditions sont réunies. Il est constitué de grands gobelets en plastique empilés les uns dans les autres, et ses dernières manifestations remontent à 2007 (WACA Ground de Perth en Australie) ou 2013 (Sydney Cricket Ground de Sydney, toujours en Australie). Mais, en 2020, un beer anaconda est apparu durant un match de la XFL, cumulant plus de 1 200 gobelets grand format de spectateurs au stade Audi de Washington. Belle bête.

Le plus grand nombre de bières en équilibre sur la tête

En juin 2010, John Evans arrive à garder en équilibre 237 bouteilles de bière réparties en plusieurs étages et posées... sur sa tête. Le gentleman a également réussi à garder 11 kegs de la même manière pendant plus de 10 secondes.

Le plus grand nombre de tireuses !

Bonjour, vous avez quoi en pression ? C'est la question qui fera sourire les barmen du Raleigh Beer Garden ! Situé à Raleigh, en Caroline du Nord, ce bar propose non pas 1, non pas 2, non pas 300, mais 366 bières pression ! Je ne sais pas où ils rangent tous ces fûts, ni le niveau de *cable management* requis pour gérer tout ça. En tout cas, même en goûtant une bière par jour, vous n'aurez pas fait le tour en un an ! *Recordception,* c'est aussi dans ce bar qu'a eu lieu le plus grand *tap take over*, avec 177 becs occupés par la même brasserie : Wicked Weed !

Le plus grand verre à bière

Pas plus d'un verre par jour, hein ? C'est ça, la blague des grands humoristes ? Ben, figurez-vous que, en Angleterre, Angus Wood et Ed Dupuy, de la Stod Fold Brewing Company, ont décidé de pousser un peu la surenchère. Pour célébrer le passage du Tour de France, ils se sont servi un verre de 2,23 x 1,12 mètres avec l'équivalent de 3 664 pintes (2 082 litres), soit une pour chaque kilomètre !

L'ANTIQUITÉ SANS PITIÉ

Si la bière est le carburant des civilisations mésopotamiennes et égyptiennes, qu'elle accompagne sur plusieurs millénaires, les Grecs puis les Romains sont plutôt dubitatifs à son égard. De fait, ils peinent à simuler ne serait-ce qu'un semblant d'intérêt envers cette étrange mixture. Grands consommateurs de vin, qu'ils considèrent comme supérieur, ils vont mener la vie dure à la boisson du peuple, des rois et des dieux. Dramaturges, médecins, philosophes, tout le monde y va de son petit grain de sel dans la déconstruction du breuvage de Ninkasi.

CHOC CULTUREL

Nombreux sont les enseignements que les Égyptiens ont passés à leurs voisins gréco-romains, les merveilles de la bière et du brassage y compris, bien entendu. Sauf qu'ils s'en foutent royalement. Pour tout vous dire, la bière est si insignifiante à leurs yeux que pendant un temps ils ne daignent même pas lui donner de nom... Tel Yohji Yamamoto pointant un survêt Lacoste, les Grecs se contentent de lever mollement la main pour désigner cette étrange *boisson d'orge qui rend ivre*. Il faut attendre un véritable effort de considération à contrecœur, de la part de certains auteurs comme Théophraste qui, dans un sursaut d'orgueil involontaire, la baptise *zythos* (littéralement « vin d'orge »).On retrouve de nombreux écrits témoignant de la pauvre considération dont font preuve les Grecs et les Romains envers elle.

Athénée de Naucratis, dans son Banquet des sophistes, la situe clairement – et sans grande surprise – en dessous du vin.

Sophocle et **Théophraste** la dépeignent comme une boisson dénaturée issue du pourrissement des céréales.

Tacite, lorsqu'il côtoie les Teutons, la qualifie « d'horrible boisson fermentée très éloignée du vin ».

Convaincu de son impureté, **l'empereur Flavius Claudius Julianus** la cite même dans un chant, lorsqu'il compare le vin et son doux parfum à la bière et ses relents de... ben de chèvre.

Dioscoride, médecin grec du Ier siècle, va jusqu'à dire que la bière rend les gens lépreux !

LA SCIENCE S'EMMÊLE

Très tôt dans la Grèce antique (dès 500 av. J.-C.), les dramaturges traînent la bière dans la poussière. Ils contribuent grandement à la dégradation de son image et précipitent sa chute.

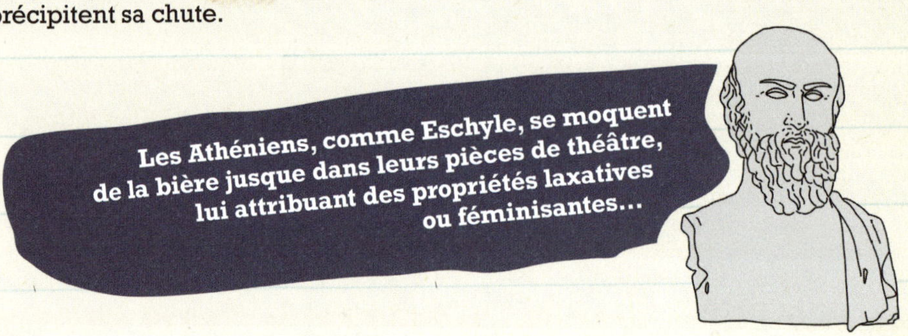

Ces accusations ne sont pas fondées que sur du vent. Ces influenceurs ancestraux se sont inspirés d'un autre « art » en plein essor : la médecine.

En fait, il n'existe même pas de mot pour l'alcool ! On se contente de dire d'une boisson qu'elle est « intoxicante » lorsqu'elle induit un effet, lorsqu'elle modifie la perception et le comportement :

En ce temps où tout est à construire, les fondements microbiologiques de la fermentation demeurent un mystère aussi épais qu'au début d'un épisode de Scooby-Doo. La bonne nouvelle, c'est que ce flou médico-artistique est un terreau fertile au développement d'interprétations lumineuses ou farfelues !

Hmmm... farfelues ? Vous savez manier l'euphémisme. Ni les Grecs ni les Romains n'ont pu saisir l'essence de la Sainte Potion.

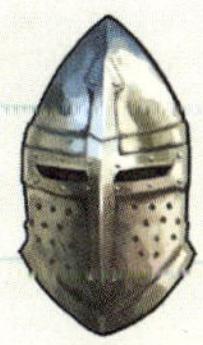

Plus de 400 ans avant notre ère, c'est ce cher Hippocrate qui plante les graines du monde médical tel qu'on le connaît aujourd'hui. Avant même que ses enseignements soient considérés comme des classiques, il avait découpé aliments et personnalités en quatre catégories : chaud, humide, sec et froid. Si le vin est considéré comme chaud, ce n'est pas le cas de la bière, boisson plutôt froide. Pour lui, la transformation des céréales pendant le brassage n'altère pas leur nature froide.

J'imagine que ça vous fait une belle jambe, alors dites-vous que, selon le courant hippocratique, les hommes ont plutôt tendance à être chauds et secs, alors que les femmes sont froides et humides.

Automatiquement, les aliments chauds sont associés aux hommes, alors que les aliments froids sont associés aux femmes. Dès lors, si le vin est une boisson virile, la bière est tout l'inverse.

HERE COMES A NEW CHALLENGER

Si les nombreuses statues d'Aristote sont faites à partir des plâtres que ses théories ont essuyés, il n'en demeure pas moins une véritable force de proposition, un grand curieux à qui aucune discipline n'échappe ! Selon lui, il existe deux grandes catégories de substances dites « intoxicantes » au sens qu'elles vont produire un effet sur votre corps et/ou votre esprit.

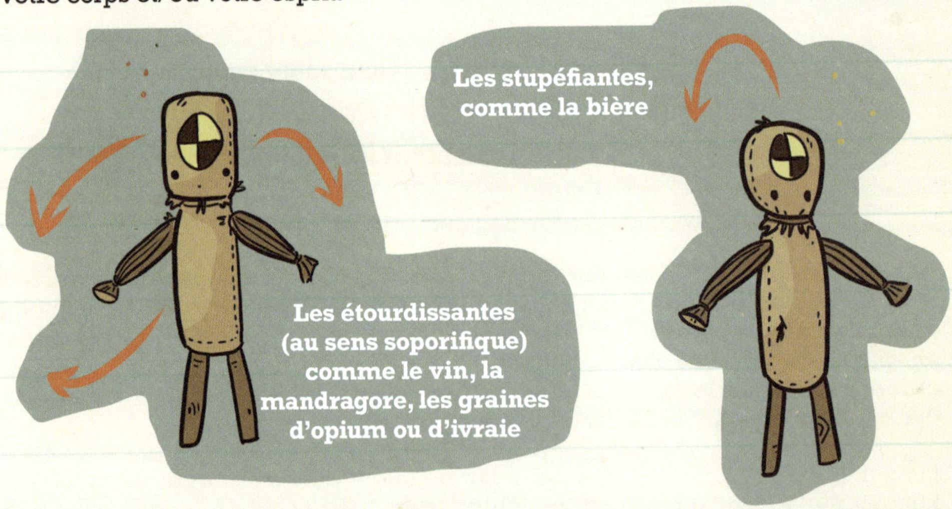

L'alcool qui les relie n'étant pas encore chimiquement connu, bière et vin ne sont même pas dans la même catégorie ! Cette distinction bien intentionnée, mais maladroitement fondée, se poursuit dans des détails qui n'ont pas échappé à l'œil aiguisé du disciple de Platon : les consommateurs de vin peuvent tomber de tous les côtés, MAIS les buveurs de bière ne tombent qu'en arrière et « restent allongés sur le sol ».

NOBODY FUCKS WITH THE JESUS

Nous sommes à peine au début du IVe siècle, et ~~un joyeux bordel~~ une belle diversité religieuse règne dans le Bassin méditerranéen. Ce qui doit se faire se fait sous le règne de Constantin Ier : à la suite de l'édit de Thessalonique, l'Empire romain va progressivement s'uniformiser sous l'étendard d'une seule et unique religion monothéiste, le christianisme. Et, manque de bol, la boisson phare du christianisme, c'est le vin.

Après le passage des Grecs, la bière, qui est déjà en mauvaise posture, se retrouve propulsée sur le ring face au sang du Christ. Il va résulter de tout cela une discrimination non seulement spirituelle, mais aussi spiritueuse, qui commence par une absence totale de la bière dans le Nouveau Testament. Niveau de considération zéro.

La bière est déchue, désacralisée, délaissée (prononcer avec hargne, dédain et postillons) aux païens, aux Barbares et autres paumés. Elle n'a définitivement plus aucun rapport avec le divin d'aucune manière. Sa fonction rituelle, symbolique, est maintenant l'apanage exclusif du vin et de la vigne.

Lorsque Alexandre le Grand roule sur l'Égypte, et que la dynastie lagide prend la relève, ils régulent immédiatement la production de bière en imposant des quotas et des taxes aux brasseries d'État.

Bref, la fin de l'Antiquité, c'est clairement pas la bonne période pour miser sur la bière... Mais, comme on le verra plus tard, la ténacité culturelle des peuples européens, l'éloignement des troupes ou le climat inadapté à la culture de la vigne risquent de changer la donne !

PARADOXE

Il reste un paradoxe : les grands consommateurs de bière ne sont plus là pour raconter les subtilités de son élaboration, de sa diversité, de son mysticisme.

Comme on ne prend pas vraiment la peine de s'encombrer des coutumes et des – rares – écrits des vaincus, tout ce que l'on sait d'elle provient finalement de récits écrits par ceux qui n'en buvaient pas... Du moins, c'était compter sans nos amis archéologues.

L'étude de la bière, c'est la zythologie, qui vient du mot zythos, employé par Diodore de Sicile avant le premier millénaire, pour désigner cet "étrange breuvage à base d'orge".

BEER HERO

La ville de Numance est l'équivalent hispanique d'un célèbre village d'irréductibles Gaulois. Situés au nord de l'Espagne, ses habitants ont résisté pendant une bonne vingtaine d'années à la conquête romaine. Puis le sénat décide d'envoyer (prenez une grande inspiration) Publius Cornelius Scipio Æmilianus Africanus Minor. « Scipion Émilien », pour les intimes. Aussi fourbe que malin, celui-ci assiège la ville pendant quinze longs mois, jusqu'à ce que les Numanciens n'aient plus rien à se mettre sous la dent.

Famine 1 – Numance 0.

Le dernier jour, pour se donner du courage et tenter le tout pour le tout, ils boivent de la bière et s'élancent frénétiquement hors de l'enceinte de la ville, décidés à en découdre. C'est en tout cas ce que raconte Paul Orose, qui s'est intéressé à leur boisson, la *caelia*, et à son élaboration (en particulier le fait qu'ils savaient malter, donc faire germer, puis sécher le grain).

LE BEER MILE

Vous aimez les vrais challenges, la course à pied et la bière ? Le beer mile est fait pour vous ! Mais kézako ? Le seul sport où, en plus des muscles et du mental, il faut avoir de bons reins ! Sur une course de 4 x 400 mètres, soit 1 mile (ou 1,6 km), le sportif doit engloutir aussi rapidement que possible une canette ou bouteille de bière à chaque tour !

Apparue à la fin des années 1970, la discipline fait toujours plus d'adeptes à travers le monde, au point qu'un site officiel répertoriant les meilleurs chronos a vu le jour. On y retrouve de nombreux détails sur la nationalité du coureur ou les bières le plus souvent utilisées ! Sport fun, mais encadré par 10 règles strictes, il est même précisé que, si le coureur vomit, il doit effectuer un cinquième tour de pénalité.

Au jour d'aujourd'hui (20 février 2020), c'est le Canadien Corey Bellemore qui détient le record du monde, avec un temps spectaculaire de 4' 33" 78. Une belle performance à la suite de sa précédente disqualification où le fait de feinter en ne buvant que la moitié de ses canettes n'avait pas trop plu aux juges…

BEER FACTS BEER

Il en découle d'ailleurs une morale applicable à toute discipline : si l'envie vous prend de tricher, ne vous laissez pas tenter, vous risqueriez d'en garder un arrière-goût AMER.

DÉCAPSULER TA BIÈRE COMME BRUCE LEE

Décapsuleur : outil permettant d'ouvrir une bière aux dépens de toute forme d'héroïsme.

Avec un rayon de roue de vélo ou une planche de skate : un nouveau trick à maîtriser.

Avec une tronçonneuse : stylé, mais, même en douceur, le choc est inévitable et la bière est gâchée. Ne faites pas ça chez vous… ni nulle part, d'ailleurs.

Avec les dents : c'est la pire idée, même pour faire le malin, vraiment.

Avec un briquet, une pièce de monnaie, des clefs : réfléchissez-y à deux fois si ce sont vos clefs de bagnole.

Avec un papier ou billet : après quelques pliages, il est suffisamment solide pour s'en servir comme d'un mini-levier !

Avec sa boucle de ceinture : attention aux éclaboussures, les taches humides seront difficiles à expliquer.

Avec un pistolet : *USA only*.

Avec ses parties intimes : non. Et ne cherchez pas ça sur Internet non plus…

Avec un dossier de chaise, un comptoir, un plan de travail : pratique et durable.

Avec votre imagination : l'environnement est votre ami, observez-le attentivement !

CITATIONS
PARTIE 2

Voici 12 citations ! Certaines sont tout à fait vraies, d'autres sont complètement fausses ! Mais lesquelles ?

1 *Avant, on refaisait le monde autour d'une bière. Maintenant, on refait la bière autour du monde.*
Orelsan

2 *Je vais fêter mes 60 ans avec une bonne canette de bière.*
Tom Hanks

3 *La bière, ça stimule l'intelligence des uns ou la connerie des autres. C'est comme un test de personnalité.*
Daniel Cohn-Bendit

4 *L'autre fois, j'avais tellement envie d'une bière que j'suis allé au stade de foot et j'ai léché le sol sous les tribunes.*
Homer Simpson

5 *Le lait, c'est pour les bébés. Quand tu deviens grand, tu bois des bières.*
Arnold Schwarzenegger

6 *Moi, mon truc, c'est de rajouter une petite goutte de bière quand j'ai battu les œufs…*
François Pignon

7 *D'habitude, je viens ici pour balancer des corps par le fond. Pas des bouteilles de bière comme un gros dégueulasse.*
Dexter

8 *Bière plus café : créativité.*
David Guetta

9 *On va au Winchester, on boit une bonne bière en attendant que les choses se calment.*
Shaun Of The Dead

10 *Je suis un buveur occasionnel, le genre de type qui sort boire une bière et qui se réveille à Singapour avec une barbe.*
Raymond Chandler

11 *Je bois à l'occasion et parfois aussi quand il n'y a pas d'occasion.*
Miguel de Cervantes

12 *La meilleure bière, c'est celle que tu reprends quand tu sais plus combien t'en as bu avant.*
Benoît Poelvoorde

Réponses : 1F, 2V, 3F, 4V, 5V, 6V, 7V, 8F, 9V, 10V, 11V, 12F

LES 10 BIÈRES LES PLUS FORTES

10 — 28° Utopias

Boston Brewing Company (É-U)

C'est la bière la plus forte du monde, obtenue par fermentation naturelle ! Des levures surentraînées, capables de résister à une concentration alcoolique fatale en temps normal, continuent de travailler, lentement mais sûrement, durant deux ans de maturation en fûts de spiritueux !

9 — 32° Tactical nuclear pinguin

Brewdog (Écosse)

Battre d'un degré le record détenu par Schorschbräu… Ainsi commence la grande course aux bières les plus fortes ! Pour le process, un « petit » imperial stout à 10° aura subi un double vieillissement en fûts de whisky (île d'Arran puis d'Islay) avant d'être stocké à –20° pendant 3 semaines ! Seulement 500 bouteilles furent produites. Noot noot.

8 — 39° Black Damnation VI - Messy

De Struise (Belgique)

Noire comme l'anus de Satan, c'est la plus forte de la gamme Black Damnation ! La brasserie De Struise utilise de la Black Albert comme base pour de nombreuses fantaisies, dont cette version Messy !

7 — 40° Esprit de Noël

Birrificio Le Baladin (Italie)

Guidé par ses émotions, Matterino Teo Musso est un brasseur italien bien singulier. Cet onctueux Esprit de Noël est le résultat d'un long travail de maturation en fûts de chêne, qui vous fera ronfler devant la cheminée en attendant le grand barbu !

6 — 41° Sink the Bismarck

Brewdog (Écosse)

Après une mini-« Watt Dickie » à 35° proposée dans un mini-flacon de sirop pour la toux, Brewdog ne lâche pas l'affaire. Cette fois-ci, ils débarquent avec une quadruple IPA : quatre fois plus de houblon, d'amertume, et congelée quatre fois !

5

43°
Schorschbräu 43
Schorschbräu (Allemagne)

Toujours dans la course, toujours avec le procédé d'Eisbock, la Kleinbrauerei Schorschbräu propose sa nouvelle potion dans une fiole de seulement 20 cl (pas besoin d'en avoir plus) ornée d'une étiquette « world strongest beers » pour asseoir sa suprématie !

4

45°
Obilix
Koelschip (Pays-Bas)

Here comes a new challenger ! Avec une étiquette vraiment pétée probablement réalisée par un octogénaire découvrant Photoshop, Koelschip entre dans la course !

3

55°
End of History
Brewdog (Écosse)

Un coup l'un, un coup l'autre, Brewdog revient avec une bière à 55°, certes, mais présentée dans des taxidermies d'écureuils récupérés sur le bord des routes écossaises.

2

57°
Schorschbock 57
Schorschbräu (Allemagne)

Le roulement continue avec l'ultime effort de la part de Schorschbräu. Avec cette bière (si on peut encore appeler ça une bière...), ils confessent qu'à leur connaissance 57°, en poussant l'Eisbock au maximum et en arrondissant au supérieur le meilleur relevé alcoométrique du brassin, c'est vraiment la limite !

1ER

60°
Start the future
Koelschip (Pays-Bas)

Nope, comme sur la ligne d'arrivée d'un Mario Kart, Koelschip déboule à toute berzingue pour poser ses 60° sur la table.

C'est qui, l'papa ?

Non, les bières Armageddon et Snake Venom ne sont pas considérées comme les plus fortes du monde. Les tests alcoolémiques effectués par la brasserie Brewmeister et des laboratoires extérieurs ne correspondent pas. Ils sont même loin du degré annoncé, quand les brasseurs ne rajoutent pas de l'éthanol pour se rattraper... La *Mystery of beer*, à 70°, fait également partie de cette catégorie.

LE GOÛT DE LA CHOSE

Euuuh… tu le sens, le pamplemousse, dans cette bière ? Parce que moi, non… Pas de panique ! Le goût et les flaveurs sont des appréciations subjectives sur lesquelles personne ne peut avoir le dernier mot. Tout comme l'odorat, ce sont des ressentis intimement liés à notre histoire de vie.

La petite Laura, qui, dans sa jeunesse, a passé tous ses étés à cueillir des mandarines, sera beaucoup plus sensible aux notes d'agrumes communiquées par les huiles essentielles de certains houblons aromatiques. Donnez la même bière à Kévin, élevé par des loups dans une grotte au fin fond de l'Oural, et il passera totalement à côté.

Sur leur chemin depuis les récepteurs, les flaveurs se chargent de sémantique, de fragments mnésiques, de culture, c'est pourquoi il est amusant de déguster une bière à plusieurs et de dépoussiérer sa bibliothèque personnelle de goûts, de saveurs et de souvenirs ! Une vraie binouze de Proust, en somme. Même si cela ne correspond pas à ce qui est inscrit sur l'étiquette, c'est votre appréciation qui compte !

Les 5 grandes saveurs

Au-delà de cet aspect cognitif, chaque personne dispose d'une flore unique, d'un microbiote dans sa petite bouche. Équilibré ou déséquilibré (on est tombé malade ou on vient de s'envoyer un bon gros café), il aura une influence sur notre perception générale !

ÉTAPES DE LA DÉGUSTATION

1

Observation

Que ce soit l'étiquette ou la bière versée dans un verre, cette première étape active la salivation, votre imaginaire, et des prévisions gustatives selon sa couleur, son effervescence et sa température.

2

Olfaction

C'est la rencontre avec les molécules aromatiques qui s'échappent de votre potion. En venant titiller les cils du bulbe olfactif, cette étape confirmera – ou pas – vos pronostics visuels.

3

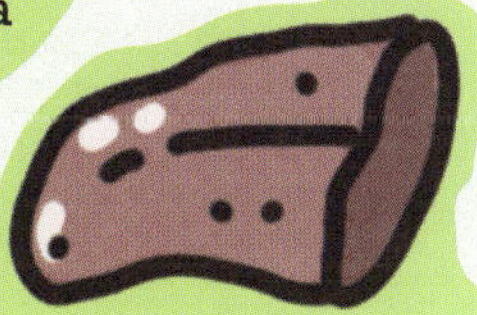

Attaque

Chaaargez ! La première gorgée va révéler les arômes les plus vigoureux. Emportés dans un torrent d'effervescence, les composés volatiles *via* la rétro-olfaction vont permettre de goûter différemment.

4

Rétro-olfaction

Contrairement au vin que l'on recrache, la bière est pleine de petites bulles et de composés qui remontent jusqu'au bulbe olfactif, permettant de « goûter par l'odeur ».

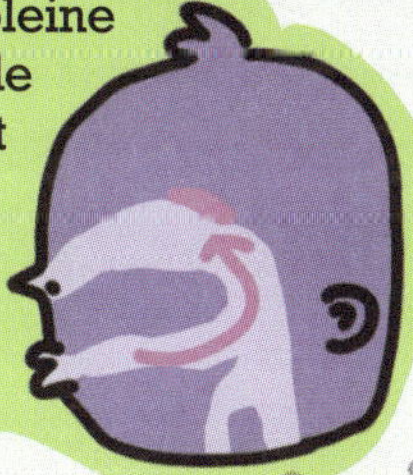

5

Finale

Après les premières turbulences, le calme s'installe de nouveau et permet de saisir les notes les plus tenaces. On parle de la longueur en bouche, des notes finales, que les amateurs d'IPA connaissent bien.

Ne vous prenez pas la tête ! À moins de vouloir devenir un véritable pro ou de participer à des concours internationaux, demandez-vous si la maîtrise de la dégustation peut vous apporter autant de plaisir et de satisfaction que sa découverte.

6 RECORDS INSOLITES PARTIE 3

Le lancer de capsule

En 1999, le Sud-Africain Paul van der Merwe a réussi à lancer une capsule de bière à près de 70 mètres (69,9 exactement) ! Y a plus qu'à lui proposer une partie de cap's ! On est loin du prix Nobel de la paix, mais c'est le genre de truc qui doit attirer l'œil sur un CV.

La plus grande construction en capsules

Si les pyramides ont été construites en partie grâce à la bière, des écoliers polonais ont revisité l'histoire. Il leur faudra un peu plus d'une semaine et 308 945 capsules pour construire leur propre version des grandes merveilles égyptiennes !

La plus grande collection de bières

Il y a deux types de jeunes dans ce monde. Ceux qui collectionnent les cartes à jouer et ceux qui collectionnent les bouteilles de bière. Ron Werner, un Américain, fait partie de la seconde catégorie, avec plus de 26 000 quilles. Une p'tite collec qu'il a commencée en 1982, alors qu'il n'avait que 14 ans ! Drôle de hobby pour un jeune ado.

Canettes écrasées avec un œuf dans la main

Le Chinois Huang Linhai a réussi à pulvériser 45 canettes (pleines) d'une seule main, tout en tenant un œuf, et sans l'écraser. Non, non, non, ne cherchez pas à comprendre, le record est établi, c'est tout ce que vous avez besoin de savoir.

Nombre de pintes en équilibre sur le menton

Vous imaginez porter 40 kilos sur le bout de votre menton ? C'est ce qu'à fait Ashrita Furman, un Jamaïcain qui a réussi à maintenir en équilibre 81 pintes (vides, hein) pendant 12 secondes 10 centièmes sur son beau menton. En revanche, la mention « aucun verre n'a été blessé lors de l'établissement de ce record » n'apparaît nulle part…

Le plus haut lancer de beer keg

Imaginez un immense Viking pousser un hurlement viril en se redressant, comme s'il venait de s'assoir sur un porc-épic. C'est plus ou moins l'image que nous a offert Thor Bjornson lorsqu'il a expédié un keg de 12,33 kilos à 8,05 mètres de haut. La stratosphère n'a qu'à bien se tenir.

Trois fois plus de bullshit !

TRIPLE

Eh ! Vous allez pas me la faire à l'envers. Une triple, c'est forcément mieux qu'une double ! Mais c'est quoi qui « triple », exactement ? L'alcool ? Le prix ? La gueule de bois du lendemain ?

Aujourd'hui, une bière peut être appelée triple pour des raisons qui n'ont comme limite que l'imaginaire du pôle marketing. Le plus souvent, cela fait référence à une méthode historique qui remonte au temps de Charlemagne et des premières brasseries monacales. Consommation perso, devoir d'hospitalité, personnalités de passage… une stratégie de production s'impose pour satisfaire tout le monde ! Les moines brassaient donc trois bières différentes, mais en réutilisant les mêmes céréales, exactement comme si vous réutilisiez trois fois votre capsule Nespresso. Il en ressortait une première bière forte (pour les gens importants), une deuxième bière moyenne (pour les repas) et une troisième légère (pour les visiteurs). Sans outil de mesure de densité, on considérait la première comme étant trois fois plus forte que la dernière. Pour s'y retrouver, on remplissait des tonneaux marqués X, XX ou XXX en fonction de la force de la bière. Ainsi, un triple X indiquait une bière forte.

Avec la Révolution française, les abbayes et les monastères se font malmener. Ils seront petit à petit réinvestis avec l'indépendance de la Belgique, ce qui nous téléporte dans les années 1930. Chez Westmalle et avec l'aide de M. Verlinden, un nouveau style apparaît pour concurrencer les blondes européennes, la belgian tripel, ou triple belge, en référence à l'ancienne méthode monastique.

Le succès rencontré attire la convoitise : d'autres marques en profitent et rajoutent TRIPLE sur des bières qui n'ont rien à voir avec le style ou la tradition. On se retrouve alors dans un joyeux bordel, avec des triples qui font en réalité référence à l'utilisation de trois malts, de trois houblons, ou même qui soulignent le fait d'avoir subi une triple fermentation ! Ce genre de bières profitent juste de la valeur du mot « triple » dans l'inconscient collectif pour attirer l'œil du consommateur – qu'elles prennent, en revanche, pour une triple buse.

Primaire, secondaire, en bouteille. S'il y a bien trois phases de fermentation pour les bières ni filtrées ni pasteurisées, la plupart des bières dites à « triple fermentation » de grande distribution ne refermentent pas en bouteille… Elles n'ont en réalité que deux phases, qui font au final partie d'une seule et même fermentation. Ne vous laissez pas berner !

Si on vous a raconté qu'une triple contient trois fois plus de matières premières qu'une simple, on vous a bien eus !

PLINE L'ANCIEN (23 av. J.-C.-79)

Gaius Plinius Secundus de son p'tit nom latin, c'est le genre de mec qui ne se balade jamais sans son carnet. Avec tout ce qu'il a bourlingué, il a eu le temps de prendre suffisamment de notes pour faire grimper le cours du papyrus. Que ce soit sur le lancer de javelot à cheval ou sur la grammaire, en passant par les cailloux ou les animaux, rien ne lui échappe.

À une époque où le Bic n'existait pas encore, il aura tout de même griffonné de quoi remplir 20 livres sur les guerres de Germanie, 8 sur la grammaire, et bien d'autres encore. Pline le Jeune, son neveu adoptif, raconte qu'en dehors du bain et les tâches quotidiennes, tout le temps qui n'était pas dédié à l'étude était considéré comme gâché.

Toutes ses notes, lectures, observations, conversations et expériences, il les compilera dans une immense encyclopédie, L'*Historia naturalis*. Dans les 37 livres qui composent cette référence incontournable de son époque, il mentionnera à de multiples reprises la bière, les céréales et même le houblon. Toujours dans la description, jamais dans le jugement. Une véritable mine d'or d'informations sur leur traitement, leur utilisation et plus globalement leur considération à son époque.

Sans le vouloir ni le savoir, Pline a donné son nom à une double IPA de la brasserie Russian River Brewing : la Pliny the Elder.

À propos du houblon, il le range dans le chapitre 50 du livre XI, avec les « plantes qui poussent spontanément et l'utilisation qui en a été faite par les différents peuples ». On apprendra grâce à lui que les Romains le nommaient « loup du saule », à cause de sa façon de s'accrocher aux branches et de tirer les arbres vers le bas, tel un loup traînant sa proie. Ils le consommaient principalement comme une sorte d'asperge, à l'apparition des premières pousses du printemps.

Dans le chapitre 11 du livre XVIII, il passe en revue toutes les céréales existantes, mentionnant par exemple que les Gaulois disposent d'une sorte d'épeautre d'une blancheur remarquable, appelé *brace* (dont découlera le terme « brasser »).

Malheureusement, avec plus de 22 chapitres dédiés, son cœur allait davantage au vin qu'à la bière. En accord avec son époque, les informations sur la bière restent vagues. C'est la curiosité et le stoïcisme qui auront raison de ce cher Pliny, qui périra en « contemplant » l'éruption du Vésuve.

Depuis 2014, Pline a même droit à son propre manga… !

BIÈRE EN AMAZONIE

La bière en Amazonie est légère, abondante et synonyme de fête. C'est aussi le produit d'une étroite collaboration impliquant des mouches et beaucoup de salive. On la boit en quantités astronomiques jusqu'à devenir « espadon ». On peut même la régurgiter sur les enfants, pour les aider à grandir. Les tribus éparpillées dans les jungles denses d'Amérique du Sud se sont approprié la fermentation à leur manière : après la fermentation sauvage, voici la fermentation très sauvage ! Enfilez vos habits d'explorateur pour découvrir les étranges pratiques, rituels et autres secrets de la bière en Amazonie ! *Welcome to the jungle !*

L'ALCOOL, C'EST PAS DE L'EAU

Avec nos 3 litres de bière par an et par habitant, on fait doucement rigoler les Amahuca d'Amazonie péruvienne qui, eux, boivent presque *exclusivement* de la bière.

C'est vrai. L'eau, c'est en dernier recours, en cas de nécessité absolue.

La raison ? Elle est spirituelle. Certaines tribus distinguent l'eau céleste et pure (la pluie) de l'eau terrestre impure (rivières, étangs, etc.) qui sert plutôt à se laver, voire à poser sa pêche au petit matin, lorsque Dame Nature darde ses rayons d'argent.

Boire cette eau impure telle qu'elle est, ce serait sale, se rabaisser à l'animal et indigne de l'homme. Hors de question.

Problème ?		**Solution !**
Il faut boire pour s'hydrater, et accessoirement rester en vie.	→	**Il faut transformer cette eau impure en bière pour pouvoir la boire !**

La binche, c'est la solution à tous les problèmes.

NOT SO DESPERATE HOUSEWIVES

Comme on a pu le voir, dans la plupart des civilisations, le brassage était une activité faisant écho à la fertilité, traditionnellement réservée aux femmes. Si, dans nos contrées occidentales, cette spécialisation n'a pas survécu à la capitalisation masculine et à l'objectivation publicitaire, l'étanchéité moite de la jungle a su préserver ce lien mystique unissant naturellement les femmes aux activités brassicoles.

Il en résulte des microsociétés très genrées, où les hommes chassent et les femmes brassent, chaque activité étant aussi importante que l'autre. Une femme qui brasse bien est donc l'équivalent d'un homme qui chasse bien, et *vice versa*.

Jean de Léry, un aventurier français, raconte à ce propos qu'un homme qui brasse serait vu chez nous comme un paysan qui fait de la couture !

C'est quoi, la différence entre un bon brasseur et un mauvais brasseur ?

Mais pourquoi se faire tatouer la bouche ? Souvent, le même matériau est utilisé pour l'arc du chasseur et le bâton de la brasseuse. Si les chasseurs se tatouent les bras pour tenir plus fermement leur arc, les brasseuses se font tatouer la bouche pour que leur bière ait meilleur goût !

CRACHE LE MORCEAU

En France, pour faire du vin, on piétinait le raisin avec nos gros pieds disgracieux. En Amazonie, le brassage se résume en deux mots, mâcher et cracher !

Mâchouiller longuement des racines (manioc), des céréales (maïs) ou des fruits (fruits de palmier).

Recracher (avec panache) dans un grand bac rempli d'eau.

Relever la tête, arborer son plus grand sourire et recommencer.

La ptyaline, une enzyme présente dans la salive, va convertir une partie de l'amidon des racines en sucres fermentescibles.

Qui dit sucres fermentescibles dit fermentation par les levures naturellement présentes dans ce riche environnement qu'est la jungle.

Après quelques jours, la bière est prête !

Attention, le manioc peut être mortel s'il a une haute teneur en cyanides (HCN).

Crever en mâchant une patate, c'est pas super glorieux.

La bière de manioc est destinée aux enfants, car sa couleur évoque le lait.

Celle aux fruits du palmier, qui sont les plus longs à mûrir, pour la maturité.

La bière de maïs pour l'adolescence, car elle arrive rapidement à maturité.

WE HAVE FUNNY GAMES

Dans la jungle, c'est un fait, on aime bien faire la fête (et ce ne sont pas les raisons qui manquent). Elles durent plusieurs jours (et nuits) d'affilée sans forcer, jusqu'à ce qu'il n'y ait plus de bière à consommer !

Généralement, la bière produite par les tribus amazoniennes est plutôt légère, voire très légère (rarement plus de 3°). Ils peuvent donc en consommer davantage et ne s'en privent pas ! En moyenne, on table sur 3 à 6 litres par jour pour les femmes, alors que ces messieurs peuvent monter jusqu'à plus de 10 litres par jour !

Faut croire qu'ils aiment aller pisser.

Avec les festivités qui s'éternisent, et au regard de la quantité de litres qui passent derrière les colliers, ce qui doit arriver finit par arriver : les dents du fond sonnent l'alerte, il faut régurgiter le trop-plein. Mais pas comme vous l'imaginez.

Les Amahuaca d'Amazonie péruvienne ont leur logique à eux. Comme la bière de maïs est associée au développement, on peut parfois en vomir sur les enfants pour les inciter à grandir. Et comme c'est à peu près dans le même état à l'aller qu'au retour, c'est même pas désagréable. C'est juste un peu plus… « chaud et intime ».

Chez les Wayapi, en vue d'une fête importante, ils répètent même l'acte de régurgiter avec élégance. Il faut vomir avec panache, avec classe, comme un prince.

Les Taïnos vont même jusqu'à utiliser des spatules très élégantes et prestigieuses pour se faire vomir.

T'ES TROP SARDINE

L'ivresse est un état qui peut s'auto-estimer grâce à une belle palette d'adjectifs. Jovial, pompette, éméché, arraché, pilo, bien, torché, fait comme un jambon, etc. C'est pareil dans la jungle, à deux détails près.

1. C'est un état plutôt bien perçu, ce qui leur fait un point commun avec les Égyptiens de l'Antiquité.

2. Son échelle de mesure s'exprime dans une unité bien à eux : le poisson.

L'usage durant une fête veut que l'on demande à quelqu'un : « Quel poisson as-tu pêché ? », ce qui pourrait se traduire par : « À quel point es-tu bourré ? » Si l'on répond par la négative, c'est (vraiment) le drame. Sinon, c'est la taille du poisson que vous allez évoquer qui définit votre état !

Mais alors, c'est quoi, exactement, le rapport avec le poisson dans cette histoire ? En fait, pour pêcher, beaucoup de tribus d'Amazonie utilisent des lianes ichtyotoxiques, dont le suc produit sur les poissons le même état que l'ivresse chez l'homme ! Non, c'est pas de la triche, c'est de l'observation. Pas la peine de s'encombrer de cannes et d'hameçons, il suffit de se baisser pour « cueillir le repas qui flotte le bide en l'air en battant de la nageoire ».

C'est une technique qui s'appelle la « pêche à la nivrée », dérivée de « pêche à l'enivré ».

BELZEBUTH BREW CO

Dans les villages, d'autres résidentes investissent les huttes et maisonnettes des tribus d'Amérique du Sud. Minuscules mais envahissantes, leur présence est presque primordiale : les mouches. Les *melukawa*, ou « mouches buveuses de bière », sont plutôt appréciées, ou du moins tolérées dans les villages. La règle numéro un du brasseur, à savoir la propreté, n'est pas vraiment respectée dans la jungle. Les bassines et autres marmites à bière ne sont jamais complètement lavées, et encore moins stérilisées ! Ça suffit à faire le plus grand bonheur des petites drosophiles, qui s'empressent de finir les restes et de s'en badijoner les patounes.

Avec 90 % de gènes en commun avec l'homme, c'est normal qu'elles aiment aussi la bière !

De repas en repas, de bassine en bassine, elles colportent les levures des différents brassins pour ensemencer les nouveaux. Comme une abeille se charge de pollen, elles permettent le bon déroulement de la fermentation des brassins suivants. Lors de l'ouverture d'un nouveau village, on leur prépare même le premier brassin pour les inviter à élire domicile !

Cornet simple SMASH

En bref : des potions très variées, réunies en un style par une contrainte dans la recette.

Rien à voir avec du beachvolley ni avec un gros bonhomme tout vert et énervé, il s'agit simplement d'un acronyme pour Single Malt And Single Hop. En français dans le texte, ça nous donne « Un seul malt et un seul houblon »

On aurait pu dire mono malt and mono hop, mais ça aurait donné des MMAMH, et c'est pas ouf…

Sans surprise et comme leur nom l'indique, ce sont donc des bières brassées avec un seul type de malt et un seul type de houblon. Les SMASH, c'est l'idéal pour se familiariser avec un profil de malt et de houblon que l'on saura reconnaître plus facilement par la suite. Par exemple une SMASH Rye Simcoe vous aidera à identifier les notes épicées du seigle (rye) et les arômes du houblon Simcoe. Cela permettra d'isoler les saveurs, de développer votre palais et d'orienter vos choix pour de futures dégustations !

LES BIÈRES POUR ANIMAUX

Tout comme le chocolat, l'alcool est à proscrire pour la bonne santé de nos amis canins. Et pourtant, figurez-vous que certains entrepreneurs aux dents qui rayent le parquet ont vu dans ce marché de niche un bon filon à exploiter. Alors que certaines grandes marques pensent que pour attirer l'attention et le pouvoir d'achat des femmes, il suffit de tout mettre en rose, d'autres ciblent plutôt les maîtres et maîtresses prêts à tout pour assurer le bien-être de leur Youki. C'est ainsi que plusieurs marques de bière telles que Brewdog et sa Subwoofer, la Bottom Sniffer (« renifleur de derrière ») ou la Kwispelbier, « bière qui fait remuer la queue », ont vu le jour. Sans alcool ni gaz carbonique, elles sont présentées comme des friandises « riches » en minéraux, vitamines et antioxydants. Vous pouvez même les boire, si vous êtes prêts à dépasser les arômes de bœuf ou de poulet. Si personne n'est dispo pour l'apéro, vous pourrez compter sur votre fidèle compagnon. Il ne reste plus qu'à lui apprendre à trinquer !

Oh, et pour les possesseurs de chats, figurez-vous qu'ils ne sont pas en reste ! En 2013, une firme japonaise a créé le Nyan Nyan Nouveau, un vin pour chats à base de jus de raisin.

LES BEER MONSTERS

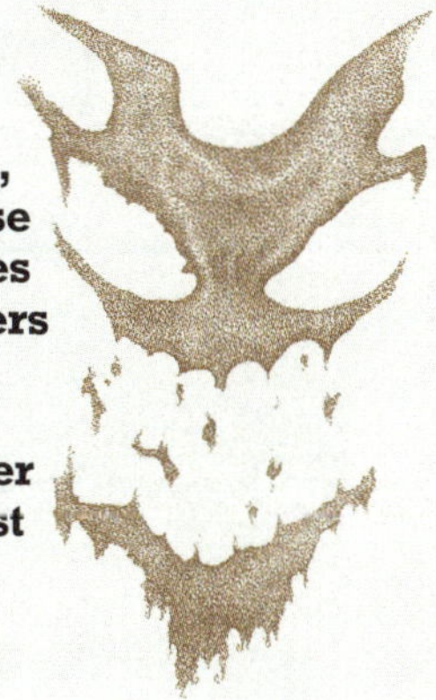

Si l'imagination de certains fait naître des formes dans les nuages, Élise Speicher dessine les monstres qu'elle retrouve dans la mousse des bières ! Petits ou grands, mignons ou terrifiants, elle réalise ces Beer Monsters en « dot art » : beaucoup de patience et des milliers de petits points.

Mon tout premier Beer Monster, trouvé dans une pinte de Paulaner à l'Oktoberfest, en 2012, a même été réalisé par ses soins, et il est plutôt badass !

BEER FACTS BEER FACTS BEER

LA GRANDE DÉPRESSION ET LES PILS AMÉRICAINES

En 1933, c'est avec un sourire jusqu'aux oreilles que les Américains s'extirpent – enfin – de la prohibition ! Un soulagement de courte durée, puisque d'autres bouleversements les attendent au coin de la rue. Matraque à la main, le Dust Bowl et la Grande Dépression vont frapper fort : bienvenue dans les *Dirty Thirties*.

Un courroux de sécheresse et de tempêtes de poussière s'abat sur le sud des États-Unis. Face à ce désastre écologique, agricole et donc économique, le grenier des Yankees peine à assurer son rôle de garde-manger. Désemparés, les agriculteurs abandonnent leurs terres pour tenter leur chance ailleurs. C'est la merde. Et c'est pas fini.

Qui dit pénurie dit augmentation des prix, comme celui des céréales, et en particulier de l'orge, qui grimpe comme un Parisien sur un Escalator. Les brasseurs doivent s'y adapter. On trouve des alternatives, des solutions, on bricole ses recettes avec des matières premières moins coûteuses, comme le riz ou le maïs. La densité de ces nouvelles bières moins expressives que l'orge peine à suivre, mais pas la quantité. En période de guerre, ou d'après-guerre, l'Amérique a soif. Les Américains ont soif. Tout de suite, maintenant, partout. Peu de brasseurs arrivent à joindre les deux bouts et beaucoup disparaissent. Les géants restants s'emparent de la quasi-totalité du marché. On assiste alors à la naissance d'un nouveau standard, d'une future hégémonie et d'une grande tristesse gustative au nom du rafraîchissement immédiat : l'ère des bières light américaines.

5 RECORDS AVEC DES SOUS-BOCKS !

Ça, c'est de la collec

En Autriche, Leo Pisker possède une collection de plus de 153 000 sous-bocks en provenance de presque 200 pays !

Château de cartes de luxe

La détermination, c'est important. Encore faut-il la dédier à une cause qui en vaille la peine. Ce n'est pas le cas de Sven Goebel, qui a mis sa patience à rude épreuve au service de l'art, dira-t-on, pour construire la plus grande structure en sous-bocks. Elle mesure 3 mètres sur 5 et en comprend plus de 70 000. Par la suite, Sven construira une maison avec plus de 300 000 sous-bocks. Elle sera détruite pour prouver qu'aucun adhésif n'a été utilisé. Si la structure est éphémère, le temps perdu, lui, est définitif.

Flip it up

Vous connaissez ce petit jeu qui consiste à poser un sous-bock au bord du bar, à le faire sauter puis le rattraper après un tour sur lui-même ? Pas facile, n'est-ce pas ? Eh bien, en 2001, Mat Hand (qui porte bien son nom) a réussi avec une pile de 112 sous-bocks. *You mad* ?

La poigne

Dean Gould, un Anglais, a réussi à attraper une colonne de 2 390 sous-bocks dans une seule main ! Ils étaient placés en équilibre sur son avant-bras, ce qui lui a permis de se les « auto-lancer ».

Toujours plus grand

C'est qui qu'a le plus gros ? C'est Carlsberg ! Ce n'est plus un sous-bock, mais une bonne grosse table que nous propose la marque danoise, avec son dessous de verre épais de 6 centimètres et de 15 mètres de diamètre ! De quoi faire atterrir un hélicoptère.

LE PANTHÉON DES INGRÉDIENTS CHELOUS

HILMA

Au cœur même de la hype pour la bière artisanale se trouve celle des accords mets-bière. Connus pour leur force de proposition et soucieux de maintenir l'innovation du secteur à un niveau enviable, les brasseurs itinérants d'Omnipollo ont décidé de surfer sur cette *hypeception* à leur façon. Ainsi, sur la fine frontière séparant le créatif de l'absurde est née Hilma. Si son nom rappelle celui d'un ouragan, c'est sans doute parce que l'annonce des ingrédients a provoqué de petites bourrasques dans le monde du craft. Bière pour les uns, blague pour les autres, cette « fun beer » plutôt réussie est en fait une *Vanilla Burger Bun Crispy Fries India Pale Ale*. Une bière à la vanille, au pain à burger et aux frites croustillantes. Oui. Reste à voir si vous préférez que ces ingrédients soient mélangés avant ou après être arrivés dans votre estomac.

DURIAN DURIAN

Connaissez-vous le durian ? Ce n'est pas un parasite qui vit dans vos draps ni le nom d'une affection épidermique, juste celui d'un fruit exotique répandu sous les latitudes asiatiques. Oh, et qui pue la mort. Vraiment. Au point d'être banni de certains hôtels et aéroports. Dans un élan de témérité fondé sur une logique discutable, les gars de la brasserie australienne Foreigner Brewing décident d'en faire l'ingrédient spécial de leur nouvelle bière. Je n'ai jamais eu l'occasion d'en goûter, mais si vous êtes d'humeur aventurière, il semblerait que, une fois l'odeur écartée, la saveur sucrée du fruit soit un atout pour l'équilibre de cette saison sèche et épicée !

SESSION

Vous pouvez en abuser avec modération.

En bref : des potions plus légères en alcool, mais riches en goût !

Que ce soit pour accueillir les pèlerins dans les monastères ou sur les tables de cantines belges, les bières légères sont présentes sous bien des formes.

Pour la minute historique, on rembobine jusque dans les années 1920, époque durant laquelle les États-Unis sont en pleine prohibition. Il est interdit de fabriquer, transporter, vendre, importer et exporter de l'alcool… ce qui plonge les brasseurs dans une m**** noire. Si certains se la jouent renégats dans les *speakeasy* (les bars secrets), d'autres tentent des pirouettes plus légales pour empêcher leur chiffre d'affaires de s'éclater au sol. C'est le cas de Budweiser qui, dans la panique, se met à faire des glaces (*why not*) et une pseudo-bière nommé Bevo. Cette dernière titille timidement les 0,5 % d'alcool, et passe donc sous les radars du Volstead Act.

Récemment, ils ont même sorti une version sans alcool de leur Budweiser classique : la Prohibition Brew, en souvenir de cette époque… nulle.

Burk !!!

C'était la première apparition de ce qu'on appelle aujourd'hui les NABLABs, les No Alcool Beer-Low Alcool Beer, dont découle une variante plus contemporaine, la bière « session ». Née de l'intersection entre un mode de vie *healthy* et l'amour pour la bonne bière, session désigne la version plus légère d'un style. On retrouve donc des sessions IPA, session Pale Ale, session porter, desert sessions (ah ! non, c'est autre chose…).

Il ne faut pas les confondre avec ce qu'on appelle des « bières de soif », dont le seul intérêt est d'être très bon marché et… physiquement liquide. Les sessions sont un art à part entière : il faut savoir élaborer une recette spécifique en tenant compte de la quantité réduite d'alcool, qui joue un rôle important dans l'équilibre global. Ce genre de potions conservent une richesse gustative qui permet de boire à sa soif en mettant davantage l'accent sur l'appréciation que sur la biture !

CHEZ LES GAULOIS

Le plus irréductible, chez les Gaulois, c'est bien la bière ! Comme le vin, elle était présente en Gaule longtemps avant l'arrivée – ou même l'existence – de l'Empire romain. Au cours des siècles, les chrétiens qui venaient frapper à leur porte ont compris que déloger la boisson des fêtes, des traditions et du quotidien ne serait pas si facile ! Du tonneau de chêne jusqu'aux chaudrons, en passant par les cornes à boire, on retrouve la véritable potion magique sous toutes ses formes !

CERVOISE

La véritable potion magique !

En bref : l'ancêtre de la bière, à base de céréales et d'un mélange d'herbes et d'épices.

S'il y a bien un stéréotype historique qui vient à l'esprit lorsque l'on parle des gaugau… des gaulois, c'est la cervoise ! C'est cool mais… c'est quoi ?

Pas trop portés sur l'écriture, presque tout ce que l'on sait de la cervoise gauloise provient de sites archéologiques* et des écrits** Greco-romains. Si c'est de Monsieur Pline qu'on en sait le plus, il reste peu loquace. Pour lui, la bière est l'œuvre du « génie du vice ». Vous vous rendez compte, ces gros barbares patauds sont allés jusqu'à rendre l'eau enivrante ?!

Posidonios d'Apamée, fin observateur Grec, apporte sa bière à l'édifice avec une vision Marxiste d'avant l'heure : il explique que si le vin s'est invité comme produit de luxe chez les plus riches, les classes moyennes doivent se contenter d'une bière de blé aromatisée au miel appelée parfois *purinos*, ou plus souvent *cervesia*. Composé de Cérès (déesse des céréales à l'origine de la boisson) et *vis* (force), on pourrait traduire cervisia par « la boisson de Cérès qui donne la force ».

Et c'est ce qu'elle est.

Pour ceux qui étaient à la dèche, il fallait se contenter d'un breuvage plus basique, la Kourmi (ou *curmi*, ou *korma*), à base d'orge que Denys d'Halicarnasse qualifie joyeusement de « nauséabonde ». Il faut dire que, avant l'arrivée de la fermentation basse tchèque au XVIIIe ou des procédés de filtration avancés, les bières anciennes, plates, avaient la couleur et la texture d'un jus de chaussettes et un goût probablement légèrement acide ! *Cheers* !

Le mot « brassage » viendrait du gaulois *brace*, qui vient du latin *bracium*, désignant le malt.

Comme dans les anciennes civilisations, c'était principalement une affaire de femme. La bière de l'époque était brassée en fonction des compétences en herboristerie et selon les plantes disponibles pour l'assaisonnement. On retrouvait en majorité le myrte des marais ou la bruyère, mais aussi des styles locaux ! La cervoise est donc simplement un ancêtre de la bière. Une boisson qui utilise bien des céréales comme base, mais qui y ajoute d'autres herbes et épices que le houblon qui n'était pas très connu.

La cervesia de Massilia (Cervoise de Marseille) sentait bon la lavande, le thym ou l'anis.

Pline raconte aussi comment les Gaulois conservaient la lie (les levures qui stagnent au fond des jarres), sous forme liquide ou séchée, pour lancer de nouvelles fermentations, un peu comme une braise que l'on utiliserait pour allumer un autre feu.

* La villa de Winningen, les canabae legionis de Vindolanda, Regensburg

** Marcellus (médecin Gaulois), dioscorides, Pline l'ancien

Chez les Gaulois, le dieu de la bière, c'est Sucellos. Son nom signifierait « bonne frappe », et il est représenté avec un grand marteau et un chaudron.

Un bon gars.

Pline (encore lui) a rapporté que les femmes des Gaules utilisent le *krausen* (mousse de fermentation) comme produit de beauté ! Maintenant, vous connaissez le secret de Falbala.

Les Gaulois sont très organisés en ce qui concerne le brassage, et de nombreux sites ont été retrouvés avec des aires spécialisées pour le maltage (souvent dans les villages) et le brassage (dans les villes).

Comme le raconte César dans *La Guerre des Gaules*, certains Romains craignaient que la bière, comme d'autres le vin, ne les ramollisse !

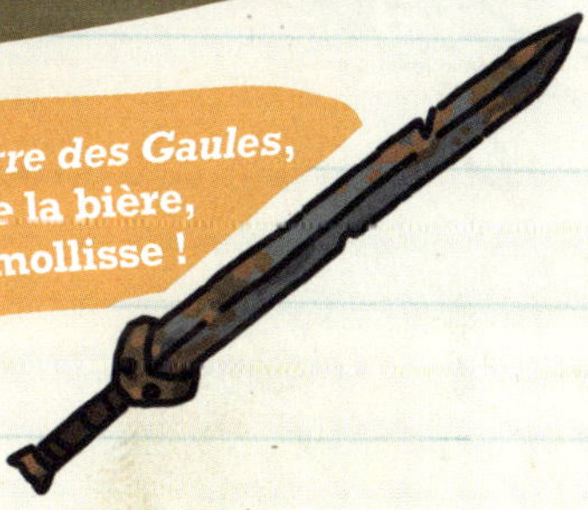

JARRE JARRE DRINKS

Modération, vous dites ?

Dans les vestiges d'anciennes brasseries ou au détour de fouilles sur les terres de l'ancienne Gaule, plusieurs récipients et plats ont été retrouvés. Rien d'extraordinaire, me direz-vous, sauf que, en y regardant de plus près, on découvre des illustrations et inscriptions intéressantes.

Sur une coupe en argile de Mayence, datée du IVe siècle, on peut voir un homme menaçant une panthère de sa lance, avec l'inscription : « Serveuse, remplissez le pot de bonne bière de blé ! » D'autres inscriptions ont été retrouvées, comme « Belle fille, bonne bière », ou ces deux plats découverts du côté de Millau, datant du Ier siècle et appartenant à un Gaulois qui buvait tant que son surnom était « Cervesa »...

Les tombeaux disséminés dans toute l'Europe celtique sont également une bonne source de découvertes brassicoles ! Des récipients divers et variés comme des chaudrons, des coupes ou des cornes font souvent partie du package « sépulture de riche Gaulois ». Sans parler de cette importante tombe celtique datant du VIe siècle av. J.-C. qui a été découverte du côté de Hochdorf, en Allemagne, avec son lot de babioles et d'offrandes, dont un chaudron de 500 litres avec des traces de bière, de miel, et 9 cornes à boire cerclées d'or !

Les fûts en chêne ont été inventés par les Gaulois très tôt, plus de 1 000 ans avant notre ère, pour transporter divers ingrédients et nourritures, dont la bière !

Le très célèbre mulet des 80's (1780)

IOLO LE BARDE

Edward Williams, plus connu sous le pseudonyme de Iolo Morganwg, était un barde du pays de Galles. Il fige dans les vers de ses *Iolo Manuscripts* une réinterprétation de connaissances folkloriques agrémentée d'une touche de mysticisme. Ainsi, il nous renseigne sur certaines traditions celtes et met en lumière des personnages hauts en couleur que l'on retrouve dans ses récits, les *Mabinogion*, comme Ceraint Veddw, dit « l'Ivrogne ». C'était le fils du roi Berwyn, et il était considéré comme le premier brasseur. Problème : il aimait tellement boire qu'il en mourut !

Achievement unlocked
Mort éthylique

LE SANGLIER ALCOOLIQUE

Un sanglier, ça peut être dangereux ! Un alcoolique aussi. Alors imaginez un sanglier alcoolique ! Si vous décidez d'aller camper en forêt, restez vigilants, car c'est justement la rencontre improbable qu'a faite un groupe de campeurs en Australie. Ils ont été réveillés en pleine nuit par un sanglier sans pitié... pour leurs 18 canettes de bière qu'il a sauvagement descendues. Sous l'emprise de l'ivresse, la bête s'est montrée agressive en cherchant frénétiquement de la nourriture, jusqu'à ce que son regard tombe sur une vache. L'animal en état d'ébriété s'est donc mis à lui courir après, avant d'aller s'écrouler au pied d'un arbre, histoire de se préparer pour sa future gueule de bois.

BEER FACTS

10 INVENTIONS AUSSI GÉNIALES QU'INUTILES

Un faux bide à bière pour y planquer… de la vraie bière ! Existe aussi en version bébé…

Le décapsuleur compteur.

Le Polar CellPhone Nullifier brouille les connexions, idéal pour ceux qui n'arrivent pas à lâcher leur portable.

Le décapsuleur lance-capsules : à chaque tir, une nouvelle chance de finir aux urgences !

La cravate range-bière : idéale pour un entretien.

Une fausse barbe pour y dissimuler sa bière.

Le Flying Bar, un présentoir capable de maintenir une bouteille en lévitation.

Le Sonic Foamer, censé amplifier les arômes en faisant mousser la bière…

L'arkeg : une borne d'arcade avec tireuse intégrée !

Le biberon bouteille de bière, pour acquérir les bons réflexes dès le berceau. Une invention américaine, bien entendu.

LE PANTHÉON DES INGRÉDIENTS CHELOUS

MEAT STOUT

Si Guinness a longtemps vanté les répercussions de son stout sur votre potentiel de virilité ou ses avantages lors de l'allaitement, ce n'est rien comparé à la Meat Stout de Mercer. Idéale pour le cerveau, les os et le sang, cette bière initialement brassée en Angleterre peu avant la Première Guerre mondiale et jusqu'au milieu du XXe siècle contenait *vraiment* de la viande. Elle était même « hautement recommandée pour les invalides » ! Plus que jamais, ce stout représentait un véritable « repas servi dans un verre » !

MANGALISTA PIG PORTER

En 2016, les brasseurs de chez Right Brain Brewing remplissent un grand sac stérile de brassage avec des ingrédients dignes d'un véritable film d'horreur. Au bout de quelques jours sera révélée leur nouvelle création : la Mangalista Pig Porter, qui incarne leur esprit tordu. Le contenu ? Eau, malt, houblon, levures... et têtes de porcs... Celles-ci sont placées à la fin d'une longue phase d'ébullition dans un souci de stérilisation, et pour être sûr qu'elles puissent diffuser un maximum de leurs arômes. Oui, on parle bien des arômes de têtes de porcs. Médaillée au Great American Beer Festival de Denver dans le Colorado, ce n'est donc pas du malt que ce porter tire son petit goût fumé !

CRYSTAL-AGED PALE ALE

La bière vous fait vibrer, mais qu'est-ce qui fait vibrer la bière ? Dans le cas de la brasserie Spangalang de Denver, il s'agit d'un cristal assez spécial utilisé pour une nouvelle création brassicole. Accrochez-vous : les levures de cette *New England Crystal-Aged Pale Ale* ont la particularité de bénéficier des vibrations qu'un cristal de quartz, pleinement chargé par la dernière pleine lune, libère durant la fermentation. On savait déjà que les propriétés piézoélectriques de ce minéral singulier en faisaient un composant clé pour beaucoup d'outils numériques et électroniques. Maintenant, on sait qu'on peut s'en servir pour rythmer le travail des p'tites leuleu !

AU NORD, DES GARS SÛRS

Tout au long du premier millénaire,
l'Europe est en proie à un raz de marée vino-chrétien.
Mais la bière est dans le sang, le corps et le cœur des Celtes
et autres Germains. Païens, barbares et fiers de l'être,
héritiers presque exclusifs de l'Europe romaine,
ils ne s'en détacheront pas de sitôt !

Pour lui, la bière est déjà prête…
(Expression viking signifiant qu'un guerrier va au casse-pipe.)

POTION DE RÉSISTANCE AU VIN

Les gars du Nord, y z'ont pas le temps : pour eux, la bière, ce n'est pas une boisson, c'est un mode de vie. Déjà, au cours du premier millénaire avant notre ère, ils brassent de la bière, qu'ils appellent *øl* (ce qui deviendra *bier* pour les Germains, puis les Francs, etc.) Cœur liquide de la société, l'importance de la bière est telle qu'on la retrouve comme suffixe dans quasiment toutes les fêtes, rituels et célébrations : *barnsöl*, *kirkiogansöl*, *frelsiöl*, etc. La bière va même jusqu'à enivrer le vocabulaire comme avec *laga drykkjo*, qui veut dire à la fois préparer la fête ET la bière. Pas le temps de niaiser. Imaginez les éclats de rire des peuples nordiques quand des Romains viennent leur expliquer que la bière, c'est bien gentil, mais que maintenant il va falloir passer au vin et prier un dieu unique !

La bière fut un vrai problème, une potion de résistance à la christianisation, et beaucoup de rites ont dû être pimpés sur du long terme pour que la transition se fasse en douceur… Peu à peu, les premiers rois christianisés comme Olaf Tryggvason se sont adaptés à la nouvelle religion dominante, mais pas question que la bière disparaisse. Oooooh non, Gaston.

Le toast, par exemple, a été drainé de toute sa signification et de son essence religieuse, intolérable pour la nouvelle Église. Ce moment clé de toutes les célébrations est progressivement passé…

de la corne d'auroch qui vacille à bout de bras

au *skal*, une coupe toute propre de petit chrétien, bénie par un prêtre rabat-joie.

Aujourd'hui, il n'en reste plus qu'un simple geste de courtoisie…

Autre exemple : l'*erfiöl*, une bière assez spéciale, puisqu'elle est consommée dans un contexte funéraire pour que le défunt puisse reposer en paix, alors que son héritier prend sa place (oui, ils avaient une bière pour tout). D'ailleurs, pendant longtemps, les fermiers norvégiens s'assuraient d'avoir de quoi brasser chez eux jusqu'à leur dernier souffle, histoire que de la bière puisse être servie à leur enterrement.

En Norvège, au XIIe siècle, il était convenu de brasser la bière de Noël. Convenu, au point que la loi punisse ceux qui ne la brassaient pas ! En cas de manquement à cette obligation, la punition pouvait aller jusqu'à la confiscation de toutes leurs richesses par le roi et l'évêque, et/ou l'exil.

LES COCHONS DE BIÈRE

Mythe ou pratique, la petite *touch* qu'on retrouve dans les mythologies nordiques et celtes, c'est la présence d'animaux porcins, notamment du sanglier. Ils sont omniprésents et souvent associés à la bière, que ce soit lors de sa création originelle ou simplement en guise d'accompagnement culinaire. Rien d'étonnant, puisque les amis de Pumbaa sont souvent liés à la terre et aux céréales, dans les rites et les légendes divines.

Comme chaque soir dans le Valhalla, les dieux et les guerriers festoient. L'hydromel et la bière coulent à flots des mamelles de la chèvre géante Heidrun, et ils mordent à pleines dents dans les cuissots du grand sanglier Sæhrímnir, qui reconstitue sa chair chaque soir. Un sanglier mythique, probablement masochiste.

On retrouve aussi le sanglier chez les anciens Estoniens, qui associaient le Krausen (la montée de mousse au début de la fermentation) au fait que Noé aurait fait fermenter la toute première bière de l'histoire avec de la bonne grosse bave tiède et bien bulleuse de sanglier !

On peut apprendre des tas de choses sur la culture et la mythologie galloises, grâce aux *Triades*, des récits anciens qui présentent des personnages par brochettes de trois (d'où triade, *cqfd*). Une histoire en particulier raconte que la truie Henwen, dite la « vieille blanche », en accouchant à différents endroits de tout un tas de choses (chat, aigle, abeille, loup, une vraie brocante), aurait également donné naissance à un grain d'orge et à un grain de blé. C'est à elle que l'on attribue l'apparition des céréales – et de la bière – au pays de Galles.

Le *Mabinogion* est un recueil de textes antiques sur la mythologie celtique. Le conte des frères Lludd et Lleuelys raconte comment Lludd, roi de Bretagne, vint à bout de trois fléaux. C'est le deuxième fléau qui nous intéresse, puisque, pour empêcher deux dragons de terroriser la population, il dépose au centre de l'île un chaudron de bière. Les dragons se laissent avoir et, une fois ivres, se transforment en cochons. Facilement maîtrisés, ils sont enterrés avec le chaudron.

Les Lettons, quant à eux, racontent que c'est en donnant la première levure aux hommes que le diable a pu échapper à Dieu. Et d'où il la sort, cette levure ? Eh oui, encore de la bonne vieille bave de sanglier.

FOLKLORE ET MYTHOLOGIE

Chez les Nordiques, comme l'arbre légendaire Yggdrasil, la bière a des racines denses et profondes. On la retrouve imprégnée dans le folklore de leurs cultures au travers des *Eddas* scandinaves ou du *Kalevala* finnois, équivalent de *L'Iliade* grecque, transmis oralement puis compilés sous la forme de recueils. Sans surprise, la bière apparaît souvent dans ces mélanges de vers allant des récits héroïques aux simples recommandations de bonnes pratiques. Et quand je dis « apparaît souvent », je pèse mes mots, puisque le *Kalevala* dédie carrément plus de place à la bière qu'à la Création du monde !

Dans la mythologie scandinave, Osmotar est la première brasseuse. Comme au début elle ne sait pas trop comment s'y prendre, elle demande à un écureuil de lui ramener une belle pigne. Mais ça ne marche pas, la bière ne prend pas, aucune mousse, rien. Alors elle demande à un autre de ses amis de la forêt d'aller recueillir de la bave auprès de sangliers qui se bastonnent à côté. Contrairement à tous les récits précédents, ça ne marche pas non plus… Ce sera grâce au miel ramené par une petite abeille que la fermentation prendra et que la bière moussera. Respectez les abeilles.

Les Walkyries sont la personnification du destin : elles choisissent les guerriers qu'elles emmènent au Valhalla, et à qui elles servent de la bière venant du chaudron d'immortalité. La bière s'y brasse toute seule et il n'est jamais vide. Le pied.

Dans la 12e rune (ou chant, comme vous voulez), on apprend que la première bière à une « personnalité ». Elle est un tantinet exigeante et s'énerve s'il n'y a pas de chanteur, au point de faire trembler le tonneau qui la contient. Osmotar, qui n'a pas envie de devoir sortir la serpillière, appelle Lemminkäinen, aussi connu sous le nom de Kauko-Mieli, un héros guerrier doté de pouvoirs surnaturels et connaissant bien les chants magiques. En véritable homme de la situation, il arrive à calmer la bière qui cesse de gigoter dans son tonneau.

Ce bon roi Alrekr ne savait qui choisir entre les belles Signy et Geirhildr. Pour décider laquelle des deux sera son épouse, il leur demanda de brasser leur meilleure bière, de tout donner, comme dans une finale de « Top Chef ». C'est sur la qualité du breuvage qu'il les départagera en rentrant de guerre. Et même si Signy invoque la déesse Freyja, c'est Geirhildr qui remporte la victoire, grâce à Odin qui lui prête sa salive comme levure. Je ne sais pas si Alrekr était conscient de boire une bière dans laquelle Odin avait craché…

La déesse scandinave Freyja décide d'exaucer la prière du pieux Ottar, et de l'aider à découvrir ses ancêtres en l'amenant à la géante Hyndla. Mais, pour le faire en toute discrétion, Freyja transforme tout d'abord le pauvre Ottar en sanglier ! Une fois la généalogie de son protégé révélée, la déesse en profite également pour demander à Hyndla une bière du souvenir, histoire qu'il n'ait pas fait le déplacement pour rien.

VIKING.EXE NE RÉPOND PAS

Si l'on emploie le mot « bière » aujourd'hui, c'est parce qu'il vient de l'allemand *Bier*, qui vient du latin *bibere* (« boire »). Donc, pour résumer, les Germains ont nommé la bière par un mot dans la langue des envahisseurs qui voulaient les convertir au vin. Belle performance !

Comme en Mésopotamie ou en Égypte, ce sont les *Hausfrauen* (« femmes au foyer ») qui brassent à la maison. C'est une *Hausgebräu*, une « activité domestique ».

Peu après la période viking, les Nordiques considéraient que la bière pouvait être utilisée pour éloigner ou chasser les entités maléfiques et autres démons. La recette ? Mélanger des herbes, de l'ail, de l'eau bénite et réciter quelques prières !

COMME UN AIR DE FAMILLE

Dans le Nord, tout est fort et vaillant, même les levures ! Une souche spéciale, les kveik, leur fait honneur au travers d'une grande bravoure et d'une belle ténacité ! Pour bien saisir la situation, dites-vous que les levures d'ale sont capables de fermenter à des températures de 15 à 22 °C. Mais les kveik, oh, oh, oh... Leur température de fermentation peut monter tranquillement jusqu'à 40 °C ! Plutôt étrange, pour des levures originaires de pays froids.

Ce sont des levures fermières traditionnelles du fin fond de la Norvège et de la Suède, dont la souche peut différer d'une ferme à l'autre en fonction des générations, des brassages et des longues soirées à échanger autour d'une pinte ! Sans surprise, la légende raconte qu'elles viendraient de bave de sanglier, et auraient probablement été diffusées durant la période viking.

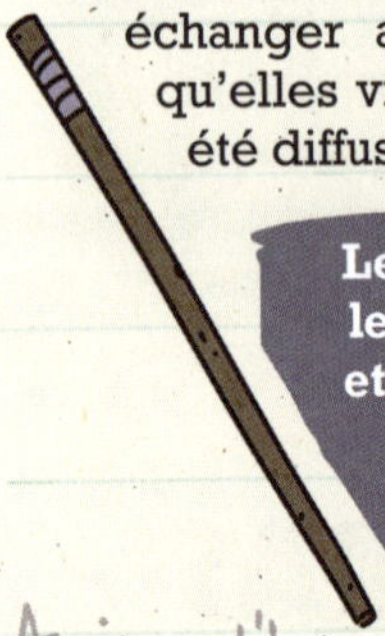

Le kveikstokk est un bâton de brassage, ancêtre du fourquet utilisé par les anciens pour lancer la fermentation. C'est un objet familial, intime et presque mystique. Une véritable relique qui se passait de génération en génération. Dans le temps, on n'avait aucune connaissance en microbiologie, et personne ne se doutait que les kveik se reposaient dans le bois, prêtes à l'action pour le prochain chaudron !

Aujourd'hui, les levures classiques sont appelées gjaer en Norvège. En revanche, les levures locales sont appelées kveik, ce qui se rapproche étymologiquement des mots « frais » ou « vif ».

ILS REMPLACENT LES ROBINETS PAR DES TIREUSES !

Même plus besoin de ramener une bière sous la douche !

Chez un de leurs camarades et en caméra cachée, un groupe de potes (des vrais) s'amuse à bricoler un système astucieux qui remplace l'eau courante par de la bière pression. Profitant de son absence, ils installent donc tout un système qui relie des fûts de bière directement aux arrivées d'eau. Oui, toutes. Éviers, lavabos, douche, de la cuisine à la salle de bains, toute la maison est – discrètement – équipée ! D'abord surprise face à cet étrange liquide, la victime remercia finalement ses amis d'avoir fait de sa maison un paradis !

LE PANTHÉON DES INGRÉDIENTS CHELOUS

BELLY BUTTON BEER

La 7 Cent Brewery d'Australie a décidé de frapper fort et sans remords (avec son index) en créant la première bière brassée aux résidus de nombril. Mais comment est-ce donc possible ? Chacun des brasseurs s'est simplement gratouillé pour récupérer des échantillons de ce qu'on peut trouver dans un nombril viril et poilu. Ils l'ont ensuite étalé sur des plaques de gélose pour laisser se développer tout un tas de choses et isoler ce qui ressemblait à des levures. À la suite de cela, et probablement les yeux dans les yeux sur fond de Barry White, ils les ont toutes *goûtées.* Ils demandaient même aux gens qui en avaient le courage de participer et de deviner de quel brasseur ça pouvait bien venir. Les levures, ce sont des levures, peu importe d'où elles viennent, et ce n'est qu'après avoir choisi celles qui avaient le plus de caractère que le brassage de cette *new world-ish belgian-ish witbier* a pu commencer !

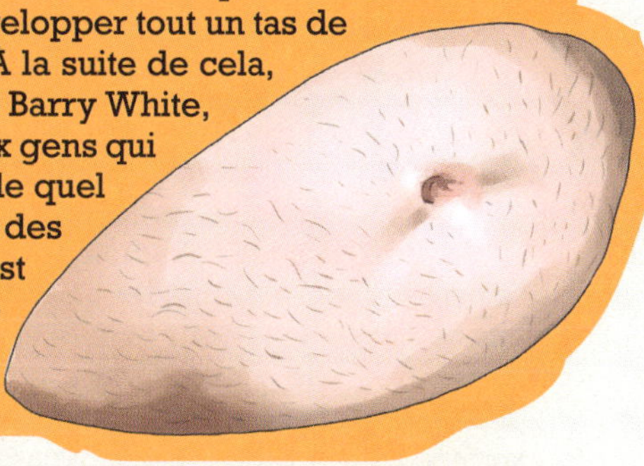

LA WALKER

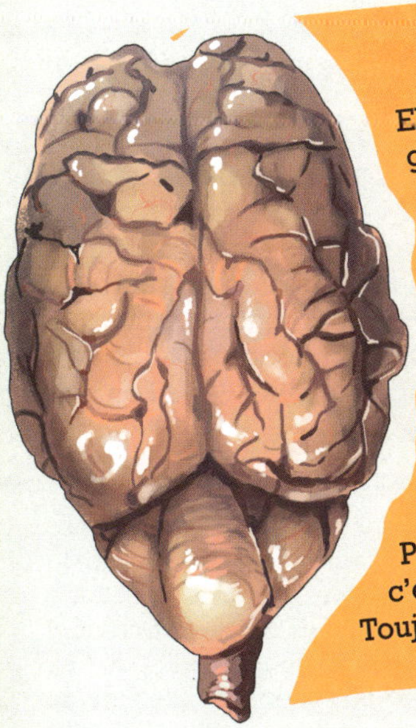

Eh non ! Rien à voir avec les Texas Rangers ! En 2014, les gars de la Dock Street Brewing Company à Philadelphie ont voulu sortir une bière spéciale pour la finale de la série *The Walking Dead*. Si un nom à la Zombie Dust aurait pu suffire, ils ont décidé d'aller plus loin, beaucoup plus loin en pondant la Walker, une bière qui tire son petit goût fumé… de cerveaux. Rassurez-vous, n'en déplaise aux défenseurs de nos amis les animaux, il ne s'agit bien évidemment pas de cerveaux humains, mais de moutons, fumés avant d'être rajoutés durant la phase d'ébullition. Sur cette base halloweenesque, des airelles ont également été rajoutées pour un aspect plus sanglant. Peut-être qu'ils ne s'en sont même pas rendu compte, mais c'est aussi un clin d'œil au titre « Zombie », des Cranberries. Toujours avoir le sens du détail, même dans la démesure.

LE PANTHÉON DES INGRÉDIENTS CHELOUS

HVALUR 2

À l'occasion d'une fête traditionnelle, la brasserie Islandaise Stedji a créé une bière tout aussi traditionnelle. On y retrouve donc de la bonne eau pure d'Islande, du malt, du houblon, des levures et des couilles de baleines. Mais s'il n'y avait que ça... Cet ingrédient secret est suspendu plusieurs heures pour être fumé à la bouse de mouton séchée. Culture différente, traditions différentes.

BEER GEEK BRUNCH WEASEL

Vous avez peut-être déjà entendu parler du luwak, un petit animal asiatique crépitant de mignonitude. Pour ne pas y aller par quatre chemins, cette petite bestiole a une sorte de talent caché : elle digère mal les baies de caféiers qui constituent la majorité de son régime alimentaire. Une fois qu'elles sont « sublimées » par son appareil digestif, on récupère les graines présentes dans ses déjections pour faire le café le plus cher du monde. (Je me demande ce qui est passé par la tête du type qui a voulu tester pour la première fois...) Certains brasseurs aiment casser les codes, alors tant qu'à faire du café avec les graines récupérées dans les excréments de luwak, pourquoi pas faire de la bière dans la foulée ? C'est ce que se sont dit les gars de Mikkeller au Danemark ou de De Molen aux Pays-Bas, qui proposent de bonnes bières type « Breakfast Stout » brassées avec ces précieuses pépites fécales.

Vous, je ne sais pas, mais je trouve ça un peu fort de café.

UN KONO KURO

Les p'tites crottes au café, c'est sympa, mais les hôtels Anantara en Thaïlande ont voulu passer à la vitesse – et à la taille – supérieures : ils font la même chose, mais avec des éléphants. Pour cet « ivoire noir » qui se négocie à plus de 1 100 $ le kilo, le procédé est identique, mais les quantités ne le sont pas. Comme pour les bières précédentes, des brasseurs aux intentions bizarres ont sauté sur l'occasion. Ainsi est née la « Un, Kono Kuro » (うんこ の くろ) de la brasserie japonaise Sankt Gallen. Un nom doublé d'un jeu de mots signifiant « merde noire », qui accompagne son lancement un 1er avril en tant que Chocolate Stout ! La blague, c'est que ça n'en est pas une.

Une bière qui trompe énormément...

Si ces trois bières sont loin d'être merdiques, il y a quand même quelque chose qui pue. Les conditions dans lesquelles vivent les luwaks réduits à l'état de machines à déféquer, la surexploitation et le traitement des éléphants du Triangle d'or doivent alerter quant à la limite à ne pas franchir entre originalité et éthique. Sans parler des Islandais qui ne considèrent pas les baleines « émasculées pour la tradition » comme en voie d'extinction, un point de vue qui diffère de celui de l'IUCN et qui titille, parmi d'autres, les gars de Sea Shepherd... Ce genre de bières cautionne une maltraitance qui pour moi laisse une belle trace de pneu dans l'histoire d'une brasserie.

LE PANTHÉON DES INGRÉDIENTS CHELOUS

BEARD BEER

Fermez les yeux quelques secondes et imaginez un des deux barbus de ZZ Top : vous avez dans les grandes lignes le physique de John C. Maier, le maître brasseur de chez Rogue Ales and Spirits. Vous voyez où je veux en venir… Ce monsieur a utilisé sa barbe pour brasser une bière : la Rogue Beard Beer ! En collaboration avec un laboratoire spécialisé de San Diego, un « mix » fut récupéré et isolé dans sa barbe, qu'il n'avait pas rasée depuis 1978 ! Apparemment, la levure hybride au croisement de leur souche historique Pacman et d'éléments plus… personnels marche du tonnerre ! La question étant : peut-on considérer ça comme du terroir ?

CHICHA

Chez Dogfish Head dans le Delaware, quelque chose se trame. Sam Calaglione, le boss, distribue des grains de maïs violets à tout le personnel : il souhaite ajouter une nouvelle recette à sa gamme d'« ancient ales » (des styles anciens revus au goût du jour). Cette fois-ci, c'est au tour de la chicha, une bière traditionnelle péruvienne, dont la particularité est d'être brassée à partir de maïs mâché et recraché ! C'est la ptyaline, une enzyme contenue dans la salive, qui rend la fermentation possible grâce à sa capacité à briser l'amidon en sucre fermentiscible pour les levures. Oui, si vous cherchez une idée de team building ou un projet collaboratif, vous ne pouvez pas faire mieux !

6 RECORDS DE DÉCAPSULAGES EXTRÊMES

Avant de boire une bière, il faut l'ouvrir. Pour ça, il y a deux catégories de gens. Les mickeys qui utilisent un décapsuleur, et les autres.

Rapide

En Angleterre, sous le beau ciel bleu de Brighton Beach, François Monin explose en 2014 le record du Croate Krunoslav Budiselic, en ouvrant 2 000 bouteilles en seulement 23 minutes 55 secondes. Mais bon, il a utilisé un décapsuleur, donc, dans l'absolu, ça reste quand même un mickey. Un mickey rapide, mais un mickey quand même.

Sauvage

Rejoignons M. Murali K.C., en Inde, pour commencer notre ascension vers le monde fascinant du décapsulage biscornu. Depuis septembre 2011, ce « champion » qui passe aux infos détient tout de même le record officiel du plus grand nombre de bières ouvertes… avec les dents ! 68 en 1 minute, soit plus d'une par seconde, le bougre !

Flexible

Laissons la violence et la barbarie pour un peu de douceur avec Julia Gunthel, une contorsionniste russe que vous connaissez peut-être sous le nom de « Zlata ». Précision, équilibre et surtout flexibilité lui auront permis de décapsuler 8 bières en 1 minute avec ses pieds ! Pourquoi faire simple quand on peut faire compliqué ?

Téméraire

À l'inverse du mickey se trouve Janne Mustonen, dit le « jongleur de tronçonneuses », révélé par l'émission « Britain's Got Talent ». Depuis 2019, ce surprenant Finlandais possède le record de décapsulage avec ce qui semble être son outil préféré. En 1 minute, il a réussi à faire sauter la capsule de plus de 27 bouteilles de bière !

Précis

Toujours en 1 minute, un outil plus efficace a permis à Guo Kai d'ouvrir 30 bouteilles ! Plus rentable, moins dangereux, c'est avec un chargeur de chantier (et des épaules contractées à mort) que le Chinois aura fièrement établi ce record. Improbable, mais vrai. Il aurait ouvert un salon de massage depuis, à ce qu'on raconte.

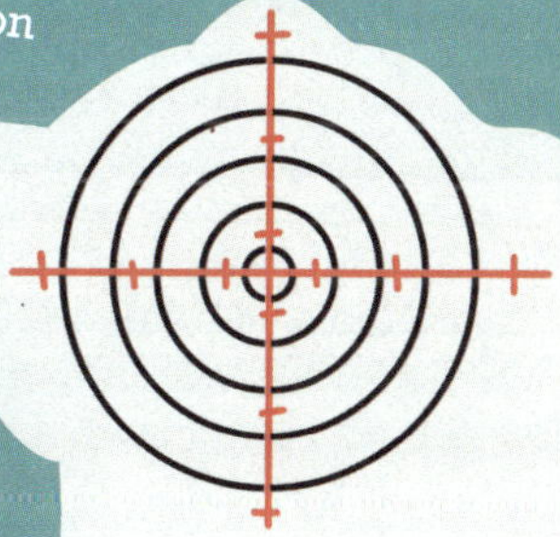

Précis mais en mieux

Cette fois-ci, on va avoir besoin d'un casque, de Scotch et… d'un pilote. En 2015, Zhao Yang réussira à décapsuler 6 bouteilles de bière en seulement 3 minutes à l'aide de son *hélicoptère*. Je vous laisse relire la phrase. Après avoir fait état de ses capacités de pilotage, il se serait envolé vers de nouveaux horizons. On raconte qu'il plonge depuis les cieux pour aider ceux qui n'ont pas de décapsuleur et récupérer les chats coincés dans les arbres.

Pour tous les gros malins qui aiment se la jouer vilain garçon, sachez que la marque Salta Beer proposait dans une campagne publicitaire un implant dentaire en forme de décapsuleur, pour pouvoir vraiment se la péter. Enfin non, justement pour éviter de se la péter. Mais dans tous les cas vous passerez pour un gros alcoolique.

LE PANTHÉON DES INGRÉDIENTS CHELOUS

RAINBOW SMIGGLES

Pour éviter d'engendrer une vague de consommation infantile, Matt Groening était contre la production de Duff, la bière emblématique des Simpson. En revanche, la Pontoon Brewing Company a voulu faire plaisir à l'enfant qui sommeille en nous. La brasserie géorgienne a concocté la Rainbow Smiggles, une bière brassée avec ajout de céréales Trix et de bonbons Skittles des toutes les couleurs. Avec tout ce sucre, je me demande si, en plus du CO_2 et de l'alcool, les levures ne vomissent pas des petits arcs-en-ciel lors de la fermentation, comme le laisse suggérer l'étiquette.

SATURDAY MORNING

Avec tout ce sucre, on reste collé dans le thème des friandises ! Cette fois-ci, c'est la brasserie Smartmouth, en Virginie, qui nous sert une bière teintée de nostalgie brassée avec des Lucky Charms, un mélange céréales et marshmallows bien connu outre-Atlantique. L'IPA en édition limitée qui en résulte est une véritable petite tornade de douceur et d'amertume « ridiculement magique », comme le mentionne l'étiquette.

VOODOO DOUGHNUT BACON MAPLE ALE

Avec un nom pareil, c'est dans un véritable dérapage de surenchère sucré-salé que nous entraîne la brasserie Rogue. Cette fois-ci, on ne farfouille pas dans la barbe du brasseur, mais on s'associe à un magasin de beignets de Portland : le Voodoo Donut. Une bière goût donuts et bacon dans une bouteille rose malabar, c'est plutôt audacieux. Mais, paradoxalement, la bière s'est extrêmement bien vendue, donnant même naissance à de nouvelles versions aux bretzels, au citron ou à la mangue.

Quoi qu'il en soit, rappeler le goût d'un beignet dans une bière n'est pas un exercice facile ! C'est avec une base de Rauchbier (une bière légère et fumée) et plus de 10 ingrédients, dont des gousses de vanille et de véritables morceaux de bacon fumé que cet ovni brassicole a envahi les 50 États d'Amérique.

Sainte Brigitte d'Irlande

(autour de 450- 520)

Sa propre mère aurait d'ailleurs été baptisée par saint Patrick !

Avec saint Patrick et saint Columcille, Brigitte de Kildare fait partie des 3 saints patrons d'Irlande. Ça fait son p'tit effet.

On la fête le 1er février, et, pour ajouter un soupçon de mystique à tout cela, figurez-vous que cette dame partage son nom avec une déesse de la mythologie pré-chrétienne irlandaise ELLE AUSSI fêtée le 1er février, qui correspond à la fête celtique de l'Imbolc. On raconte que très tôt elle se retire et s'isole dans un abri au creux d'un grand chêne (Dara) pour réaliser son rêve : tout abandonner pour s'adonner à 200% au christianisme. Pour le côté solo, c'est raté : son rayonnement est tel qu'il attirera de nombreux – et nombreuses – fidèles, au point qu'un double monastère (moines et moniales séparés), puis une véritable ville finiront par entourer son « Kil Dara », dont découle Kildare (l'église du chêne).

Ah, oui, la bière ! À ce niveau-là, Brigitte place la barre assez haut : Alors que son infirmière était malade, elle aurait demandé qu'on lui apporte de la bière. Comme personne n'en trouvait, elle aurait changé elle-même de l'eau en bière : l'infirmière aurait été tirée d'affaire dans la foulée. Il faut dire qu'en ayant déjà changé l'eau de son propre bain en bière pour sustenter un visiteur haut placé, elle n'en était pas à son coup d'essai !

Sans s'arrêter en si bon chemin, sainte Brigitte aurait changé en bière rouge l'eau utilisée pour le bain d'un camp de lépreux assoiffés. Miracle ou pas, je n'y aurais pas trempé le regard, et encore moins les lèvres.

On raconte aussi qu'à la suite d'une pénurie alimentaire et malgré une minuscule quantité de céréales, elle aurait pu fournir de la bière à 18 églises depuis un seul tonneau qui aurait duré toute la semaine suivant Pâques.

Pour finir sur une note poétique, voici une prière du xe siècle à propos d'un « lac de bière » qui lui est attribuée !

I'd like to give a lake of beer to God.
I'd love the heavenly Host to be tippling there
For all eternity […]
I'd sit with the men, the women and God
There by the lake of beer.
We'd be drinking good health forever
And every drop would be a prayer.

EISBOCK

En bref : une potion de glace forte et dense comme du sang de Viking !

La légende raconte qu'un hiver, au fin fond de l'Autriche, un jeune apprenti avait oublié de rentrer un tonneau de bière à la fin de sa journée. Au lever du soleil, le maître brasseur découvrit le contenant qui avait complètement gelé, excepté une petite partie du contenu, devenue plus sombre et épaisse, gâchée. Furieux, il força le jeune fautif à boire le fruit de son étourderie. Mais… la punition n'était pas aussi désagréable que prévu ! Ce fut la naissance d'un nouveau procédé, ainsi que d'un style bien singulier.

Dans *Eisbock*, il y a *eis*, puis il y a *bock*. Jusque-là, ça va, on ne prend pas trop de risques. *Eis* veut tout simplement dire « glace », dans la langue de Goethe. *Bock* fait référence à un style de lager brassée en Bavière, qui tourne tranquillement autour des 6°. *Eisbock* signifie donc « bock de glace ».

Pour en fabriquer, la technique consiste à séparer l'eau et l'alcool par la magie du froid. Pour se donner un air intelligent, on peut aussi parler de « congélation par fractionnement » ou de « solidification fractionnée ». Ça a l'air compliqué, mais en réalité c'est très simple ! Il suffit de savoir une chose : l'eau gèle avant l'alcool.

Pour faire une Eisbock, il suffit donc de faire geler l'eau d'une bière pour en séparer l'alcool et les composés organiques. On obtiendra alors un breuvage plus concentré, plus moelleux, plus dense, plus riche. Et, bien sûr, plus fort ! En répétant le processus, et avec beaucoup de patience, il est possible de monter jusqu'à 50°, voire 60°. Sur ce terrain, des brasseries comme Brewdog, Brewmeister ou Schorschbräu se sont amusées à faire la course (voir p. 46) !

La légende raconte que…

STEINBIER

ah non, y a pas de légende pour celle-ci.

En bref : une potion ancienne au goût fumé et minéral unique, brassée à l'aide de pierres brûlantes !

En revanche, dans *Steinbier,* y a *stein* et y a *bier* ! Je sais, ça fait beaucoup d'infos d'un coup. *Stein* signifie « pierre », *bier* correspond à « bière ». On part donc sur une « bière de pierre ». Et le feu, dans tout ça ?

PETIT RAPPEL :
pour brasser, il faut faire chauffer un mélange d'eau et de céréales. Quelques siècles en arrière, presque un millénaire, en fait, les paysans et fermiers n'avaient pas forcément un Butagaz ou une cuve inox sous le coude, ni même un chaudron qui coûtait bonbon ! Alors il fallait improviser.

Une solution consistait à faire chauffer des pierres dans un feu, jusqu'à ce qu'elles atteignent plusieurs centaines de degrés, puis les balancer à l'étape de l'empâtage (le mélange de céréales et d'eau). La chaleur intense des pierres suffisait à porter le mélange à ébullition, voire à caraméliser les grains en contact direct.

C'est une technique qui a progressivement disparu, avec l'arrivée des cuves en cuivre et la démocratisation d'autres matériaux qui les rendait plus accessibles. Même les guildes de brasseurs ont commencé à refuser les brasseurs de Steinbier. Dès la moitié du XIXe siècle, la technique tomba en désuétude… Compliqué de rester compétitif avec des cailloux chauds dans un bac en bois, alors que tout le monde se croit dans le futur avec du matos en métal !

Les derniers à perpétuer cette pratique se trouvaient chez Holzeger, en Autriche, il y a de cela une centaine d'années. Mais séchez vos larmes ! Certains s'amusent encore à brasser des *small batch* pour les *beer geeks* toujours plus durs à satisfaire, ou par un mélange de nostalgie et de tradition dans quelque pays nordique.

On raconte que le biéromancien chercherait à créer une bière légendaire mêlant les deux techniques : la potion de givrefeu. Affaire à suivre…

Un peu d'tout, s'il vous plaît !

BIÈRE DE NOËL

En bref : épices, caramel, un condensé liquide mais dense de tous ces goûts associés à Noël, et plus généralement à l'hiver.

Gustativement, la bière de Noël est aux brasseries ce que le pain d'épices est aux boulangeries. À la fin de l'automne, quand les saisons existaient encore, on rentrait les nouvelles récoltes d'orge et de houblon. Comme celles de l'année précédente prenaient de la place et n'étaient plus toutes fraîches, on s'en servait pour faire une bière – et de la place ! On pourrait même aller jusqu'à dire qu'elle est l'équivalent du repas de fond de frigo. Quitte à vider l'ancien stock, autant rajouter des épices raccord avec la saison, des écorces d'orange ou de la cannelle !

La tradition raconte qu'on offrait cette « bière de Noël » – nourrissante, ronde et épicée, généralement de couleur ambrée – aux employés de la brasserie ainsi qu'aux bons clients et aux personnalités.

Si elle semble universelle, l'essence même de cette tradition se décline et s'enrichit de quelques subtilités en fonction du lieu et des époques. Ainsi, en Allemagne, il était délicat de rajouter des épices ou n'importe quelle autre fantaisie de saison sous l'œil vigilant de la loi de pureté de la bière. Chez les Nordiques, la bière d'hiver devait être riche, nourrissante, forte, pour aider à tenir jusqu'au printemps. En Amérique du Nord, c'est une bière au sapin, riche en vitamine C, que l'on brassait à cette période.

En somme, une bière de Noël est avant tout une bière de saison d'hiver, qui fait écho à l'imaginaire et aux besoins locaux. Dans nos contrées, on a droit à une vraie potion de convivialité qui réchauffe le corps et l'esprit, pour passer l'hiver avec le *smile* et un gros pif rouge !

Bien entendu, ce que je vous raconte concerne les bières artisanales, pas les fausses bières de Noël industrielles, qui ne sont qu'une base de blonde souillée au glucose, aux colorants et aux extraits d'épices low cost !

BIÈRE AU MOYEN ÂGE

Le Moyen Âge, c'est bon mais, c'est long.
La fin de l'Antiquité n'est clairement pas la période la plus avantageuse pour la bière. Après avoir survécu aux railleries des Grecs, l'onde de choc chrétienne et son vin sacré n'arrangent rien à la chose. Jusqu'à ce que les traditions, la météo et les moines s'en mêlent…

WOLOLO

Les chrétiens, obsédés par leur pinard, sont en pleine opération grand écart sur l'Europe. D'est en ouest et tirant jusqu'au nord, ils étendent leur emprise sur un territoire immense aux traditions, rituels et libations qui se font dans la joie, la bière et le vin. Mais, à leurs yeux, il y a un intrus dans cette dernière triade.

Le cardinal Fabio Chigi disait qu'il suffisait d'ajouter un peu de soufre à la bière pour en faire une boisson infernale. Dans la surenchère, Jean-Michel Moscherosch dénonça vers la fin du XVIIe siècle les brasseurs qui ajoutaient de la poix comme conservateur, ce qui donnait un avant-goût d'enfer à leur bière.

Saint Aldabert allait jusqu'à prêcher contre la bière, et l'évêque Everus menaçait les brasseurs d'excommunication !

La dinde, l'hérésie, le houblon et la bière sont arrivés en Angleterre en une année. ***The Oxford Dictionary of Proverbs.***

Qui se ressemble s'assemble, ce bashing de la binche fut rapidement associé aux sorcières et à leurs pratiques démoniaques, que l'Église a mises dans le même panier.

LOIN DU REGARD, LOIN DU PINARD

Les Romains chrétiens diffusent et imposent avec un sourire autoritaire la supériorité du vin sur la bière. Mais leur connexion avec Rome se détériore avec l'éloignement. Avec les occupations et les locaux qui intègrent les garnisons, la bière finit par s'inviter. Les soldats ne rechignant pas à brasser pour se sustenter ! Ils consommaient ou exportaient de la bière ou du vin sans que l'opposition entre les deux boissons soit aussi virulente qu'à Rome ou Constantinople.

Des preuves de brassage sont retrouvées sur de nombreux autres sites, comme les tablettes découvertes sur le site du fortin de Vindolanda.

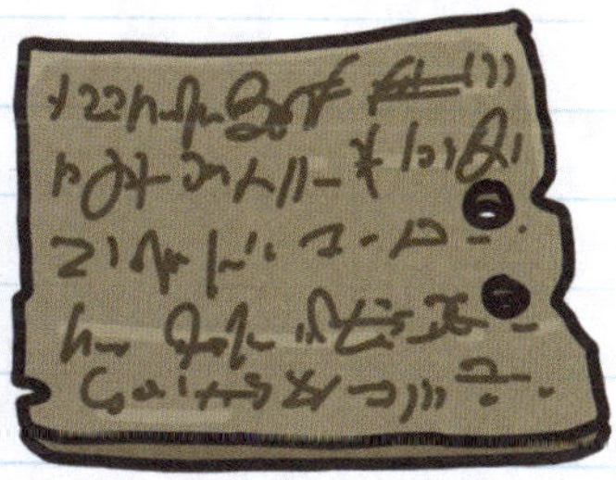

Présence d'une tombe de Cerveserius (brasseur) à Trèves.

Une autre tombe de brasseur a été révélée lors des fouilles de l'ancienne garnison de Marc Aurèle, autour de laquelle s'est construit Ratisbonne.

Plus loin à l'est, alors qu'il fuyait les Perses avec ses hommes, le général Xénophon fut accueilli dans un village arménien où il put découvrir une tradition plutôt cocasse : quand quelqu'un trinquait, il devait poser son bol et boire dedans comme un animal !

Aujourd'hui, le Yerevan Beer Festaui, festival de bière arménien, a lieu en août. Lancé en 2014, il accueille des milliers de visiteurs !

MACHINE ARRIÈRE

Si la vigne est vive et tenace, quelques coutumes, usages et traditions le sont plus encore. Ajoutez à cela que les climats nordiques et du centre européen ne sont pas vraiment propices à son développement, et vous vous retrouverez avec des peuples difficilement dissociables de leur boisson préférée. Chez eux, même si le vin est nécessaire aux rituels des peuples convertis comme celui de la messe, la bière reste incontournablement indispensable.

Voyant que le vin ne peut remplacer définitivement la bière, l'Église fronce les sourcils, mais la tolère. Le vin doit simplement rester la boisson officielle sur tout ce qui est d'ordre religieux ou lié au pouvoir mis en place par Rome et ses représentants directs (prêtres, évêques).

Au XIIIe siècle, sur ordre du pape, le roi Wenceslas II doit intervenir pour éviter que le brassage de bière ne soit interdit en Bohême !

L'Église ne peut pas détruire la bière, elle en a besoin. Non seulement c'est une boisson nourrissante, faite avec des céréales qui peuvent pousser dans des zones inhospitalières pour la vigne, mais surtout elle est dans l'ADN du peuple. L'éradiquer serait une violente maladresse diplomatique, alors, si elle doit subsister, ce sera sous le regard dédaigneux de l'Église.

Il est bien sympa, Jésus, avec ses miracles, là, mais y a des brasseurs qui changent l'eau en bière tous les jours...

Aujourd'hui, les temps ont bien changé, comme le montre la Pope's Pilsener, de la brasserie bavaroise Weideneder Braü, élaborée en l'honneur de l'élection d'un pape bavarois en 2005 !

Charlemagne

(742-814)

Si Carolus Magnus avait sa tronche sur une pièce de monnaie, c'est qu'il devait être important. Et il l'était : roi des Francs, des Lombards, empereur… Charles le Grand, c'était pas un mickey.

Comme le raconte son biographe Éginhard, ce bon vieux Charlemagne n'était pas un grand buveur, sa consommation de spiritueux n'excédant pas les deux ou trois verres de vin. Il sanctionnait même l'ivresse et imposait des jours de jeûne où la bière – entre autres – était interdite. Peut-être que le fait d'en avoir consommé en soupes épaisses et chaudes dans son enfance l'avait traumatisé ?

Si la boisson de céréales restait à sa place pour la populace et renflouait les caisses grâce aux taxes, elle n'échappait pas à son attention. Soucieux du travail bien fait, il donne dans son capitulaire De villis (un grand recueil de directives) les instructions pour uniformiser les abbayes, les espaces de culture, les jardins de plantes spécifiques, etc. Sous son règne, ceux qui brassent (les *magistri*) doivent savoir ce qu'ils font et le faire bien. À une époque où le contrôle sanitaire est une notion nébuleuse, il insiste pour que la plus grande attention soit portée à la propreté du malt et de la bière, et à « tout ce qui s'apprête avec les mains ».

Avec son souhait d'uniformiser tous les monastères et d'y optimiser la production en confiant les soins du brassage aux moines, il poursuivra ce qu'a entamé son père Pépin le Bref avec les prémices des houblonnières, et œuvrera sans le savoir en faveur du grand retour de la bière !

DES MONASTÈRES STUPÉFIANTS

L'Europe est christianisée et l'Église peut cocher la case correspondante dans sa *to-do list*. Tout va bien, mission accomplie, le vin est la seule boisson reconnue par le sacré, et donc associée au pouvoir. Et pourtant... la bière va être peu à peu réhabilitée par l'Église !

Dans le silence de leurs grands monastères, les évêques et autres hauts ecclésiastiques sont de véritables directeurs de marketing. Ils s'assurent que la bière reste toujours à la seconde place et ne remplace pas le vin lors de cérémonies ou de rites importants.

Dès 540, au Mont-Cassin, en Italie, les grands principes de la vie monacale sont édictés par saint Benoît de Nursie : retrait, travail, prière. Le fun, quoi. Plus au nord et à l'ouest de l'Europe, après un long et intense arrosage de chrétienté, des monastères sortent du sol comme des champignons après la pluie. Chacun adapte la règle de saint Benoît à sa façon, mais, dès le IXe siècle, il est temps d'uniformiser tout ça (merci, Charlemagne !). Problème : lorsque les cloches de la réforme résonnent, personne n'arrive à se mettre d'accord en ce qui concerne la consommation d'alcool !

Plusieurs éléments vont faire pencher la balance en faveur de la bière :

1. Par œuvre de charité, les abbayes et monastères se doivent d'offrir toit et couvert aux pauvres, aux pèlerins et hôtes de passage. Selon la situation géographique, difficile de nourrir tout le monde. C'est là que la bière, boisson de céréales nourrissantes, intervient et coiffe le vin au poteau.

2. Afin que les moines n'aient pas besoin de « se disperser au-dehors, ce qui n'est pas bon pour leurs âmes », tout doit se trouver à l'intérieur du monastère. Il faut donc que les brasseries soient à l'intérieur.

3. Pendant le carême, le vin et la nourriture solide sont interdits. La bière est une bonne solution pour tenir, car elle est liquide et nourrissante.

Pour satisfaire tout le monde, les moines inventent le brassage en trois rinçages, c'est la naissance de la triple. **Voir p. 51.**

C'est d'ailleurs comme ça qu'est née la Salvator de Paulaner : les moines pouvaient boire la nuit et les jours de jeûne imposés par le carême. Donc, oui, les moines de Paulaner passaient plus de 40 jours à boire de la bière qui cogne, pour se recentrer sur leur propre existence. Bien ouej. D'ailleurs, un certain J. Wilson s'est chauffé pour tenter l'expérience. Avec de l'eau, quatre pintes par jour et une cinquième, et les week-ends pendant 46 jours, il a perdu presque 12 kilos ! On est très loin de l'image du moine bedonnant, mais il affirme qu'il ne s'est jamais senti aussi bien et alerte, mentalement ou physiquement.

Progressivement, l'Église va renverser la vapeur. La bière n'est plus seulement tolérée, mais officiellement autorisée pour les moines et les voyageurs dans les monastères. Ajoutez à cela les joies de la propriété de terres agricoles, de grandes réserves de matières premières pour le brassage, et ce n'est que le début d'un grand paradoxe : le renouveau de la bière est épaulé par l'Église, qui voulait auparavant l'étouffer !

Le concile de Worms (moitié du IXe siècle) va fixer quelques limites à la consommation de bière dans les monastères et abbayes, histoire de modérer les abus de nos chers petits moines. Par exemple, les bières aromatisées, épicées ou au miel sont réservées aux jours de fête !

LE HOUBLON FAIT SON ENTRÉE

Il n'avait pas vraiment le monopole du bon goût.

Au cours des siècles et au fil des recettes, le houblon a eu quelques plantes rivales aux propriétés amérisantes similaires, comme la reine-des-prés ou le myrte des marais. Même si, pour Aristote, le houblon est aussi naturellement « désagréable » et si l'on retrouve quelques mentions de cette liane vigoureuse dès l'Antiquité, son amertume incommodante pour le palais du profane l'expédie rapidement aux oubliettes...

BIÈRE D'ABBAYE

écho

En bref : des potions de caractère, denses, riches et épicées !

Ah ! Une bière d'abbaye ? Oh, ça sent l'histoire, il doit y avoir au moins 1 000 ans de tradition derrière un processus mystique et mystérieux ! C'est certainement fait par des moines qui brassent devant des vitraux en écoutant « Ameno ». Aïe, aïe, aïe ! Accrochez-vous bien, ça va être la débandade.

Après les guerres et autres révolutions, la Belgique gagne son indépendance en 1830 ! Les moines réinvestissent les monastères et… ils ont soif ! La binouze, ça fait du flouze, alors pour payer les travaux et subvenir aux besoins de leurs communautés, ils reprennent la tradition brassicole là où elle en était restée.

Mais, alors que ces nouvelles « bières d'abbaye » rencontrent un grand succès, certains profitent de l'appellation sans autre justification que d'attirer l'œil (et le porte-monnaie) du client avide de tradition. Sous les revendications de moines mécontents, la justice s'en mêle : on se retrouve alors avec 3 catégories, dont 2 labellisées.

LES BIÈRES DITES D'ABBAYE

On vous prend pour des jambons.

Il s'agit en réalité de l'exploitation commerciale d'un nom de moine célèbre ou d'une quelconque abbaye, même à l'état de ruine.

Pour ne pas être trop sévère, disons qu'elles se réfèrent plutôt aux bières d'abbaye en tant que style…

Y a des moines et une abbaye quelque part.

BIÈRES BELGES D'ABBAYE

Un label réservé à une vingtaine de marques qui doivent être inscrites à l'association des brasseurs belges et respecter 3 règles :

1. **reverser une partie des bénéfices à la communauté monastique ;**
2. **laisser un droit de regard sur l'utilisation du nom de l'abbaye ;**
3. **avoir un lien avec l'abbaye dont l'existence est OU A ÉTÉ reconnue…**

BIÈRES TRAPPISTES

Niveau maximal d'honnêteté

Les bières trappistes, qui doivent être brassées à proximité immédiate de l'abbaye (donc, techniquement, celle-ci doit encore exister), bénéficient du label ATP Authentic Trappist Product, aux conditions très strictes (voir p. 100).

À quelques exceptions près, les bières d'abbaye sont brassées dans des usines brassicoles par des employés laïcs. Dans le meilleur des cas, un moine passe effectivement visiter les installations et donner son avis sur l'utilisation de l'image de son abbaye. Ce qu'il faut retenir de tout ça, c'est qu'une bière d'abbaye, au XXIe siècle, c'est avant tout un style contemporain plutôt qu'un véritable écho du passé.

Je ne vous parle même pas des prétendues recettes authentiques du XIIe siècle qui ornent fièrement les étiquettes, mais qui ne sont rien d'autre qu'une vaste blague. Si ces recettes étaient effectivement suivies à la lettre, vous seriez probablement surpris du goût d'une vraie bière d'abbaye : plate, trouble, dense, épicée et probablement légèrement aigre.

Leffe fait partie des bières d'abbaye reconnues, mais elle est brassée dans une brasserie industrielle, bien loin d'une quelconque tradition ancestrale, si bien qu'en 2016 un Américain mécontent leur à fait un procès pour publicité mensongère.

C'est à Pline l'Ancien et son immense savoir que le houblon doit le nom de Petit Loup *(Humulus lupulus)*, lorsqu'il décrivait la plante comme attaquant les arbres sur lesquels elle poussait. Pour lui, son principal intérêt est culinaire, *via* l'utilisation de ses jeunes pousses, qu'il compare à des asperges (et qu'on peut effectivement manger de la même façon). Mais, progressivement, la liane vigoureuse fait son retour !

- La première trace écrite en relation avec la bière est attribuée à Adalard, abbé et comte de Corbie, près d'Amiens. On trouve la plante mentionnée dans une liste de textes destinés à réguler la vie du monastère.
- Au VIIIe siècle, le roi Pépin le Bref, père de Charlemagne, mentionne que les parcelles accordées à l'abbaye de Saint-Denis comportent un espace dédié au houblon, une *humulonariae*.
- Au IXe siècle, dans plusieurs abbayes d'Île-de-France, des documents précisent quantitativement l'utilisation du houblon. Il y est même fait mention d'un *humularium* à l'abbaye de Freisingen, en Allemagne !
- Au Xe siècle, on retrouve à bord d'un bateau échoué une cargaison de fleurs de houblon. Les goûts commenceraient-ils donc à changer ?
- Au XIIe siècle, Hildegarde de Bingen souligne ses propriétés conservatrices, qui sont pour elle le seul intérêt à trouver à cette plante.
- Au XIVe siècle, chez les Saxons, apparaît même un nouveau nom pour la bière houblonnée : la *hoppa*.

Petit à petit, même si le goût n'est pas un argument à l'époque (on est très loin des IPA), les moines acceptent de faire la grimace pour que leur bière puisse mieux se conserver. Et, à la longue, ils finiront par s'y habituer ! À partir de là, les règles vont changer : même si le stockage et le transport deviennent possibles grâce à ses propriétés conservatrices, ce sont plutôt les matières premières qui seront acheminées vers des structures fixes qui les transformeront en une bière distribuée plus localement.

Plus à l'est, un traité de paix plutôt poétique entre le tsar Wladimir et les Bulgares mentionne : « Nous ne romprons la paix que quand la pierre flottera et que le houblon coulera. »

LE STATU QUO

À partir du XVe siècle, la bière entre dans la longue valse de l'ambivalence. Boudée par certains médecins, elle est saluée par d'autres pour ses propriétés nutritives et thérapeutiques.

D'ailleurs, vous vous souvenez d'Aristote, avec ses histoires de buveurs de bière qui ne tombent qu'à l'envers ? Ses propos seront repris au Moyen Âge par des médecins de l'école de Salerne ! Méprisants, ils voyaient la bière comme une boisson malsaine et visqueuse faite de grains pourris et corrompus, mauvaise pour la digestion et aux effets sournois sur l'esprit. Mais le houblon va la « purifier ». Son ajout permettra de changer la nature de la bière, d'en faire une boisson permettant, selon les médecins, de purger le sang et l'esprit de tout ce qui est mauvais.

Déjà bien installée dans les monastères, on la retrouve toujours dans les tavernes, auberges et autres *alehouses*, mais surtout au cœur du foyer. Ce sont toujours les femmes, ou *alewives*, qui se chargent d'en brasser suffisamment pour tous les repas et toute la famille, du bambin au vieillard !

En revanche, comme elle n'avait pas vraiment un goût fantastique si on la laissait telle quelle, on utilisait des épices pour la relever, l'assaisonner, la parfumer. Tout le monde y allait de sa petite touche personnelle ! Si les tenanciers aimaient rajouter des ingrédients loufoques (mélasse, gentiane, herbes hallucinogènes, voire de la strychnine – un raticide !) pour augmenter les propriétés enivrantes et stupéfiantes de leur breuvage, il valait mieux avoir confiance dans les connaissances en herboristerie de sa femme !

Le vin vient du travail, la bière vient de l'art.
(Gravure anonyme.)

Guide des potions du Moyen Âge

Potion anti-incontinence :

broyer une souris, la mélanger à de la bière chaude et boire d'un trait. (Remède populaire allemand.)

Potion anti-aigreurs d'estomac :

verser de la bière sur un fer à cheval porté au rouge. (Recette révélée lors d'un procès pour sorcellerie.)

Potion de fortification du corps et de l'esprit :

réduire un cœur en poudre et le mélanger à de la bière. (Révélation lors d'un assassinat de trois jeunes filles par des sorciers en 1661, à Wohlau.)

Potion antifatigue et amaigrissement :

soutirer votre bière au-dessus d'un crapaud et d'un pourceau. (Médecine populaire au Mecklembourg.)

Potion d'exorcisme chez l'enfant :

verser de la bière au niveau du cœur, découper le vêtement en forme de cœur, brûler puis faire boire les cendres. (Pratique de désenvoûtement prussienne.)

Potion d'amour masculine :

pour qu'un homme tombe amoureux d'elle, une fille doit cracher secrètement dans sa bière. (Pratique populaire dans le Cottbus, au sud de Berlin.)

Potion d'amour féminine :

verser du sang de chauve-souris dans de la bière, puis la faire boire à la demoiselle. (Pratique populaire bohémienne.)

Woah ! Best. Job. Ever.

LE MYTHE DU BANC QUI COLLE

Dans la seconde moitié du Moyen Âge, la qualité d'une bière est directement liée à sa densité, sa « sucrosité ». Dans certaines villes, des « goûteurs de bière » sont désignés pour les tester.

C'est le genre de métier qui pourrait rendre n'importe quel assureur blanc comme un étron de laitier. Vous imaginez ? Passer son temps à goûter des bières de qualité très aléatoire, c'est pas si folichon, d'autant plus qu'à juger la qualité du produit pour en ajuster le prix ou la taxation, on ne se fait pas que des amis…

Dans le *Liber Albus*, de John Carpenter (un de premiers recueils de lois anglaises qui date du XVe siècle), ils sont appelés les Ale-conners of the Ward. Ils doivent goûter les brassins et faire un rapport au maire de la ville. Peu après, le roi Henri VI a nommé des inspecteurs brassicoles chargés de vérifier que la bière n'avait pas quitté la brasserie trop tôt, que les céréales n'étaient pas pleines de vers, qu'elle avait été portée à ébullition avec suffisamment de houblon et n'était pas trop sucrée !

Mais si, pour se faire une idée du breuvage, la logique voudrait qu'on le goûte, certains de ces *inspecteurs des brassins finis* avaient une alternative plutôt cocasse : verser la bière sur un banc, puis s'assoir dessus avec un pantalon de cuir. Si, au bout d'un certain temps, le cuir accrochait au banc, alors c'est qu'on était en présence d'un bon produit. Ou, au contraire, qu'il était encore trop sucré et pas assez maturé.

Un rituel a été décliné en de nombreuses versions :

Les *Ale-conners* anglais se décollaient le pantalon en vue de savoir si une bière était suffisamment forte pour optimiser le remplissage des caisses de la Couronne, grâce à des taxes incisives.

Les *Bierkieser* d'Alsace devaient, quant à eux, attendre plus d'une heure avant que leur pantalon rende son verdict devant une foule en suspens.

On raconte même que, dans l'incertitude, des ingrédients spéciaux étaient ajoutés par les brasseurs pour maximiser le potentiel collant de leur breuvage, comme des plantes ou… des os humains.

Au XVIIIe siècle, les médecins ont même dû intervenir pour défendre les bières légèrement acides du Cygne blanc, considérées par les *Bierkieser* comme impropres à la consommation.

Reste à savoir si le fait que ces histoires soient corroborées par d'illustres représentants de grandes marques suffit à leur constituer un crédit historique acceptable.

BIÈRES TRAPPISTES

Authenticité maximale !

En bref : des potions brassées dans le respect de la tradition monacale, souvent fortes et pleines de caractère !

Un moine trappiste fait partie de l'Ordre cistercien de la stricte observance, c'est-à-dire qu'il obéit à la règle édictée jadis par saint Benoît de Nursie, *ora et labora* (« prie et travaille »). Un choix de vie qui impose le respect et où les mots « rigueur » et « abnégation » vous font instantanément remporter une partie de Scrabble. Ils brassent sur place pour leur consommation personnelle, mais aussi pour subvenir aux besoins du monastère et soutenir des causes justes.

Lors de la Révolution française, l'Assemblée nationale a décidé de racketter l'Église pour se remplir les poches. Les monastères et tout ce qui va avec, *ciao* ! Parmi tant d'autres, les moines installés à La Trappe sont donc gentiment invités à aller voir ailleurs s'ils y sont. Le plus drôle, c'est qu'ils y étaient, leur grande vadrouille forcée leur ayant permis de convertir d'autres abbayes par essaimage. Les choses finissent par se calmer, et alors que la Belgique sort sa nouvelle Constitution au début du XIXe siècle, les monastères peuvent faire leur come-back. Les moines trappistes reviennent donc s'installer à La Trappe.

Si l'ordre des Cisterciens existe depuis 1098, celui de la stricte observance fut fondé au XVIIe siècle, à l'abbaye de La Trappe, en Normandie. C'est de cette abbaye que les trappistes tirent leur nom. Une origine française, donc !

Après avoir constaté quelques abus commerciaux, ils tentent de protéger l'appellation de leurs produits (bières, mais aussi pain, fromage, liqueurs), ce qui aboutira à la création du label ATP, Authentic Trappist Product, induisant, dans le cas de la bière :

qu'elle est brassée à proximité immédiate de l'abbaye ;

qu'elle est brassée et commercialisée par les moines trappistes ou sous leur contrôle ;

qu'une partie des bénéfices est dédiée à l'abbaye ainsi qu'à des œuvres caritatives.

En plus de ces trois points, la com et la pub doivent rester sobres et sous la supervision des moines.

Aujourd'hui, il existe 14 bières trappistes : Achel, La Trappe, Chimay, Rochefort, Westmalle, Westvleteren, Zundert, Stift Engelszell, Mont des Cats, Spencer Trappist, Tre Fontane, Cardeña, Mount St. Bernard, Orval.

Je vous laisserai seuls juges de la différence de traitement que peuvent subir les bières de Chimay, brassées annuellement à plusieurs millions d'hectolitres, et les Westvleteren donc la quantité impose de se rendre physiquement à la brasserie sur rendez-vous pour s'en procurer une caisse au maximum par personne.

Une moniale trappiste est appelée une "trappistine".

MYTH BUSTING

Comme Benjamin Franklin ne l'a pas dit (voir p. 203) : dans le vin il y a la sagesse, dans la bière la liberté, et dans l'eau des bactéries. Alors au Moyen Âge, époque où les préoccupations sanitaires n'étaient pas une priorité, il valait mieux boire de la bière ou du vin pour ne pas risquer d'attraper les saloperies qu'on trouve dans une eau moyennement potable. C'est d'ailleurs ce que faisaient les Vikings ou les colons du *Mayflower* sur leurs embarcations : emporter de la bière et de quoi en faire, car l'alcool et le houblon la protègent naturellement et l'empêchent de croupir.

POURTANT, l'eau était bel et bien consommée au Moyen Âge. Depuis un puits, une rivière, après avoir récupéré de l'eau de pluie ou même fait fondre de la neige. Il suffisait de s'assurer qu'elle est claire et qu'aucune odeur étrange ne s'en dégageait, ou de la faire bouillir. Lorsqu'un moine était « puni », il devait se contenter du minimum vital, à savoir du pain et de l'eau. Si l'eau était si dangereuse que ça, ce n'était de toute évidence pas l'équivalent d'un tirage d'oreille !

Un traité de brasserie du XVIIIe siècle explique que l'eau « doit être tirée des meilleurs puits », car si elle n'est pas propre, on ne peut pas l'utiliser pour faire de la bonne bière ! Une technique consistait à la tester avec du savon : plus ça moussait, plus l'eau était bonne !

Attention a la mousse !!!

UN PEU D'ORDRE

Les moines dans leurs abbayes, les *alewives* au foyer, les taverniers, les hôteliers, décidément, tout le monde brasse ! Pour mettre un peu d'ordre dans tout ça apparaît, dans le *Livre de métiers* rédigé par le prévôt de Paris Étienne Boileau en 1268, la corporation des cervoisiers. Le métier, accessible à tous, va progressivement devenir l'équivalent d'un bac +50 ! Au XVe siècle, le nom change avec l'apparition du statut des brasseurs de Paris, et il faut désormais trois ans d'apprentissage pour pouvoir brasser de la bière ! Au XVIIe siècle, un maître brasseur doit faire cinq ans et enchaîner sur une longue période de compagnonnage.

En 1495, une ordonnance royale impose aux brasseurs de faire des cervoises ET des bières, sans aucun autre ingrédient que graines, eau et houblon.

TRUE GRUIT

Vous ne me contredirez pas, il y a des taxes sur tout et n'importe quoi, et c'est justement le cas du droit de gruyt, *Jus grutae*, les douanes du Moyen Âge. Son apparition remonte à la fin du xe siècle, sous l'impulsion de l'empereur Otton qui confie ce grand pouvoir – et cette grande responsabilité – à l'évêque de cette bonne ville de Liège.

Le principe ? Ramener de la thune à l'Église. Comment ? En faisant payer un mélange secret d'herbes et d'épices obligatoire pour quiconque veut brasser sa bière. Chaque brasseur, sac sur le dos, devait donc se rendre au moulin du coin pour faire moudre son grain. Contre monnaie sonnante et trébuchante, on y incorporait alors le fameux gruyt. On peut retrouver des vestiges de cette pratique comme à la Gruuthuse de Bruges.

C'était le moulin à moula !

Aussi appelé *fermentum*, ce mélange finit par disparaître avec l'arrivée du houblon, qui lui vole la vedette.

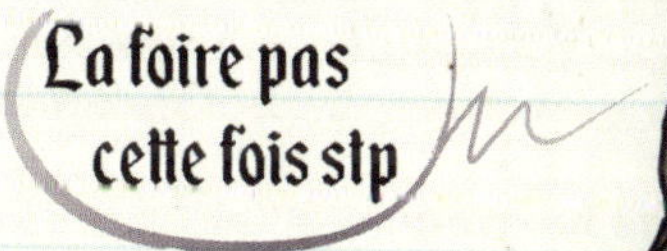

L'Université d'Oxford disposait d'une brasserie et ne prenait pas la chose à la légère ! Chaque brasseur devait jurer devant la Vierge Marie qu'il ferait la meilleure ale possible.

LESS IS MORE !

Edgar le Pacifique est roi d'Angleterre à la fin du premier millénaire. Une position tout confort. N'empêche qu'il est bien embêté… Comme l'archevêque Dunstan de Cantorbéry le lui fait remarquer en agitant un doigt accusateur, les gens sont ivres. Partout, souvent. Cela devient préoccupant. Edgar le Pacifique n'a pas hérité de ce nom pour rien, il va essayer de calmer le jeu. Dès lors, chaque village ou hameau n'aura plus qu'une seule *alehouse* !

Une décision qui n'aura pas vraiment d'impact, puisque même si les trois quarts de la consommation se faisaient au foyer, on ne comptait pas moins d'une alehouse pour 12 habitants au début du XVe siècle !

Afin de limiter la consommation d'alcool, des clous étaient enfoncés dans les chopes, cornes et autres « pots » pour délimiter des « niveaux ». Si vous buviez plus d'un niveau à la fois, il fallait vous attendre à une éventuelle correction publique ! Bien entendu, devant des principes si profondément contraires aux habitudes de consommation, des jeux à boire sous forme de concours de descente avaient régulièrement lieu. Les clous ne graduaient alors plus votre limite, mais mesuraient votre exploit ! Et, avec des contenants allant jusqu'à 2 litres, l'ambiance était au rendez-vous !

Une croyance au Moyen Âge était qu'il fallait boire jusqu'à la dernière goutte, sans quoi toute la force et la santé du buveur restaient dans le verre et étaient alors perdues. Hé ! Faut pas gâcher !

Saint Colomban

(540-615)

Au VIe siècle, saint Colomban est un moine irlandais en pleine mission d'évangélisation.

À trois mille pour cent chrétien, il n'est pas là pour couper du bois, mais pour envoyer des bûches ! Guérisons, survie malgré des loups qui l'encerclent, transformation d'un ours en docile cheval de trait, le bougre a déjà un bon bagage de miracles à son actif. Pour lui, la bière, ça fait rire, ça distrait et ça attire le malin qui l'a sûrement importée des enfers. Sans enthousiasme, il la tolère pour ses qualités nutritives et sanitaires. Il en aurait même multiplié avec du pain pour nourrir sa communauté. Mais lorsqu'il la voit associée à des libations païennes… ça ne lui plaît pas trop.

Dans la *Vitas Columbiani*, son hagiographe Jonas de Bobbio raconte combien il était stupéfait de voir des peuples païens d'Europe centrale se réunir autour d'un grand chaudron de bière en offrande à Wodan (Odin).

Un jour qu'une beuverie rituelle bruyante l'empêchait de faire son travail de conversion : ce fut la goutte qui fait déborder le Graal. Agacé comme vous le seriez par une soirée karaoké chez vos voisins à 4 heures du matin, il remonta ses manches et décida d'aller y mettre un terme. La légende raconte qu'en faisant le signe de la croix, il aurait fait exploser un chaudron rempli de bière, mettant immédiatement fin à la petite sauterie. Dans une autre version, c'est en soufflant un vent de tempête et de colère qu'il renversa ledit chaudron. Dans les deux cas, les convives stupéfaits et impressionnés, se seraient immédiatement convertis.

Une chanson allemande fait d'ailleurs référence à ce tour de force : « Si vous sacrifiez de la bière aux dieux, envoyez la plutôt au couvent, pour cela appelez saint Colomban ! »

C'est comme ça que ça se passait "à l'époque".

CHARLES QUINT

(1500-1558)

Charles de Habsbourg est né à Gand en Belgique. Afin d'être sacré empereur à Aix-la-Chapelle en 1520, il fera vibrer la corde sensible des électeurs en posant 2 tonnes d'or sur la table.

Charles désormais Quint (quint signifie « 5 ») a beau avoir un visage en forme de toboggan, il jouit d'un empire si grand qu'on dit que le soleil ne s'y couche jamais. Dans sa vie mouvementée, la bière était un plaisir dont il appréciait la constance au point d'alimenter une légende flamande : celle des « Trois pintes de cuivre d'Olen ».

Olen, c'est une petite ville belge, tranquille, dans laquelle ce cher Charles passait pour aller à la chasse. Là-bas, les habitants avaient pris l'habitude de boire dans des chopes dépourvues d'anses, qu'ils attrapaient à pleines mains. Sachant que l'empereur serait de passage et histoire de ne pas passer pour des pignoufs, ils préparèrent une chope en terre cuite équipée d'une anse toute belle spécialement pour lui ! Tout se passe comme prévu, jusqu'à ce que l'aubergiste lui tende maladroitement ladite chope en la tenant par l'anse. Tant bien que mal, l'empereur la saisit et dit : Faites-m'en donc une à deux anses pour la prochaine fois ! Et ils le firent.
La fois suivante étant arrivée, la situation se présente de nouveau : l'aubergiste lui tend bien une chope à deux anses, mais en la tenant par ces deux anses… Faites-m'en donc une à trois anses pour la prochaine fois, bande d'abrutis. La fois suivante étant arrivée, l'aubergiste lui tend de ses deux mains une chope qui dispose d'une troisième anse « de secours »… mais elle était tournée vers lui. Alors l'empereur n'eut pas le choix, et demanda à ce qu'une chope à quatre anses soit expressément faite.

et brûla cette ville de consanguins

C'est la raison pour laquelle aujourd'hui, à Olen, vous pouvez voir une fontaine avec trois chopes.

LE PANTHÉON DES INGRÉDIENTS CHELOUS

CHAGA

Si le nom de la Brasserie générale de Québec ne tape pas dans l'extraordinaire, l'ingrédient spécial de sa Chaga est loin d'être banal ! Il s'agit tout simplement d'un champignon, l'*Inonotus obliquus,* auquel on attribue autant de surnoms que de propriétés médicinales. « Don de Dieu », « champignon de l'immortalité », il pousse sur le tronc des bouleaux en Asie, Russie, aux États-Unis et au Canada. Une bière présentée comme bonne pour la santé, peut-être pour conquérir les adeptes du kombucha ?

WEST COUNTRY WHITE ALE

Dans l'immensité multiculturelle du folklore brassicole, l'œuf est utilisé à toutes les sauces. Passant de liquide à solide, il est un indicateur de température durant le brassage et un clarifiant lors de la fermentation. Dans certains cocktails de bière comme avec la Guinness en Afrique, c'est même un stimulant sexuel. Et à la fin du Moyen Âge, il entre dans la composition d'une bière malheureusement disparue au cours du XIXe siècle, la West Country White Ale. Une bière blanche très épaisse grâce à l'utilisation d'une préparation secrète (à base de farine de malt, de blancs d'œufs et de levure) rajoutée pour lancer la fermentation, et qui fait le bonheur des habitants de Plymouth. Considérée comme très nourrissante, on la conseillait aux femmes pour favoriser la montée de lait, et les médecins lui reconnaissaient une certaine efficacité sanitaire.

LE PANTHÉON DES INGRÉDIENTS CHELOUS

SNOW FRESH

Poussés par le festival annuel du Collaboration Fest, les brasseurs de Denver crépitent de créativité, si bien qu'en 2018 les gars de Little Machine et Edgewater's Joyride se lancent ensemble dans une aventure brassicole étrange, mais rafraîchissante !

Région montagneuse + hiver = neige, et c'est justement là qu'est la particularité de leur recette, remplacer l'eau par de la neige ! Enfin, plus facile à dire qu'à faire, les joyeux gaillards n'hésitent pas à s'armer de pelles, manteaux et d'huile de coude pour récolter les quelques centaines de litres dont ils ont besoin. Pour éviter d'y passer la semaine, ils sont d'ailleurs contraints d'ajouter un traîneau et des fermenteurs plastique de 230 litres !

Et pas question de se contenter de vieille neige dans laquelle des animaux auraient pu passer ou pire, se soulager. Non, non, non : leur bière sera aussi fraîche que la neige utilisée dans sa confection !

Une initiative amusante, mais, pour leur faire gagner du temps, il faudra tout de même leur dire un jour ou l'autre qu'en altitude, l'eau des rivières, c'est de la neige déjà fondue...

ICEBERG

La Quidi Vidi Brewery de Terre-Neuve surfe sur le nouveau business des chasseurs d'icebergs. Ainsi, leur bière phare se nomme sans grande originalité Iceberg, un nom qui a au moins le mérite d'être clair. Emprisonnée dans une bouteille bleue, cette lager est brassée avec de la glace d'iceberg datant de 10 000 à 25 000 ans.

En ayant échappé à la révolution industrielle, elle est réputée comme étant l'eau la plus pure du monde. Dans la mesure où l'eau représente le premier ingrédient dans la confection d'une bière, c'est un argument qui se laisse entendre !

TOUJOURS PLUS PURE

Si la pureté des icebergs semble imbattable, d'autres brasseries profitent d'une situation géographique attrayante pour exploiter des sources d'eau qui partagent le même atout : une pureté extrême. C'est le cas de la brasserie Greenland Brewhouse, située à Narsaq au sud du Groenland, qui utilise la glace fondue de l'*inlandsis* (la calotte polaire) pour brasser une Brown et une Pale Ale. Chez Glacierfire en Islande, on se permet de taper dans le luxe avec l'utilisation d'une eau de source naturelle provenant du glacier Langjökull et filtrée par une barrière de lave. Toujours sur l'île, mais à seulement 100 kilomètres du cercle polaire, dans la petite ville d'Akureyri, l'Einstok Olgerd (la brasserie unique) se targue aussi de brasser une des bières les plus pures du monde. Encore une fois, l'utilisation d'une eau provenant des pluies arctiques et des glaciers se déversant depuis la montagne Hlidarfjall en suivant d'anciens champs de lave n'y est pas pour rien !

HEMELSWATER

Si vous devez patienter du côté de la gare d'Amsterdam, prenez quelques minutes pour longer les canaux en direction de la brasserie De Prael. L'Hemelswater, « eau céleste » en néerlandais, est une bière conçue à partir d'eau de pluie récupérée dans des barils connectés sur le site de l'Université des sciences appliquées. Écologique, cette bière est aussi pluridisciplinaire puisqu'elle associe la start-up mediaLAB, des universitaires, la ville et son projet Rainproof, et bien entendu les brasseurs dans un projet commun de sensibilisation au réchauffement climatique provoquant toujours plus d'averses dans la capitale. D'autres collecteurs ont été installés, comme sur le toit d'un hôtel, pour brasser la Hemelswater Code Blond, un clin d'œil au code utilisé là-bas pour signaler un gros orage à l'approche, l'équivalent de notre alerte rouge. La brasserie est également investie socialement en employant d'anciens alcooliques ou personnes atteintes de troubles et handicaps divers, boostés par la confiance qui leur est prêtée dans la réalisation de tâches à responsabilité.

LES BIÈRES LES PLUS CHÈRES

Pour certaines bières très spéciales et/ou de prestige, les prix peuvent sensiblement varier en fonction du lieu et de la disponibilité. Le bar New York Upper East Side Treadwell Park propose la Deus de Bosteels à presque 100 dollars, alors qu'elle ne coûte qu'une vingtaine d'euros sur le Vieux Continent. Certains restaurants américains servent même de la Leffe à un prix excessif en jouant sur l'image monastique (alors qu'elle est brassée dans une usine). Au lieu de faire un classement, je me suis amusé à calculer le PPG : Prix Par Gorgée, des prix annoncés à la sortie !

930 € LA GLACIAL MAMMOTH EXTINCTION,

de chez Storm Brewing à Vancouver, Canada

25 ABV, 50 cl. Prix par gorgée : 37,2 €. Limitées à 10 exemplaires, les bouteilles sont faites par deux artisans : soufflées par un certain Brad Turner, et ornées d'un pendentif fabriqué par Richard Marcus à partir de vieil ivoire de 35 000 ans d'âge provenant de la défense d'un mammouth. Hors bouteille, 400 litres de cette bière furent produits, disponibles à la brasserie pour 40 $ la pinte.

600 € LA END OF HISTORY,

de la brasserie Brewdog, à Ellon, Écosse

55 ABV, 33 cl. Prix par gorgée : 36 €. Créée en 2010 pour en finir avec cette guéguerre des bières les plus fortes, mais aussi pour le buzz qui bénéficierait à leur campagne de levée de fonds, ces 12 bouteilles, qui ont nécessité 7 mois d'élaboration, ont été vendues en quelques minutes. Sept ans plus tard, pour la nouvelle campagne servant à financer la construction d'une brasserie à Colombus, une nouvelle fournée de 10 bouteilles sera réalisée. Ah, le prix ? 20 000 dollars...

370 € LA CARLSBERG JACOBSEN VINTAGE N° 1,

de la brasserie Carlsberg, Danemark

10,5 ABV, 33 cl. Prix par gorgée : 22,5 €. Premières d'une trilogie, 600 bouteilles de cette potion vieillie en fûts de chêne furent produites en 2008.

250 € LA SCHORSCHBOCK 57,

de la brasserie Schorschbraü

57 ABV, 33 cl. Prix par gorgée : 15 €. Cette édition de la bière la plus forte du monde fut limitée à seulement 36 bouteilles, mais elle a été également vendue dans des fioles de 4 cl à 35 € !

200 € L'UTOPIAS,

de la Boston Brewing company à Boston, É-U

29 ABV, 75 cl. Prix par gorgée : 5,3 €. Malgré un prix soixante fois supérieur à une bière en terrasse, elles partent toutes en un claquement de doigts ! Interdite dans 15 États américains pour son taux élevé d'alcool. Seulement 77 casks ont été réalisés lors de la dernière cuvée en 2019.

110 €

LA SHAVED BLACK TRUFFLE PILSNER,
de Moody Tongue à Chicago, É-U
5 ABV, 65 cl. Prix par gorgée : 3,4 €. Pour justifier le prix élevé d'une bière, il suffit de mettre des ingrédients chers dedans, eh. Ici, le maître brasseur Jared Rouben a ajouté des truffes noires australiennes pour obtenir cette pils allemande de luxe !

90 €

LA TACTICAL NUCLEAR PENGUIN,
de la brasserie Brewdong à Ellon, Écosse,
32 ABV, 33 cl. Prix par gorgée : 5,45 €. Voir p. 46.

85 €

LA CROWN AMBASSADOR RESERVE,
de chez Crown Beverage à Southbank, Australie,
9.2 ABV, 75 cl. Prix par gorgée : 2,26 €. Une lager costaude vieillie en fût de chêne pendant un an. Le prix varie selon les cuvées et l'ancienneté, mais tourne généralement autour des 90 dollars.

65 €

LA SINK THE BISMARCK,
de la brasserie Brewdong à Ellon, Écosse,
41 % ABV, 33 cl. Prix par gorgée : 4 €. Inspirée du navire nazi, une bière si forte qu'une simple gorgée vous fait passer au-dessus de la limite autorisée pour conduire !

7 000 €

La Tutankhamun Ale,
de la (disparue) Devin's Brewery à Londres, Angleterre.

6 ABV, 50 cl. **Prix par gorgée : 280 €.**
Dans les années 1990, à la suite d'une découverte des docteurs Barry Kemp et Delwen Samuel, la Tutankhamun Ale a été brassée par Jim Merrington selon une recette qui date du règne de Néfertiti, retrouvée dans une ancienne brasserie royale. La production fut limitée à 1 000 bouteilles, vendues entre 60 et 70 €. Sauf la première, partie pour 7 000 €.

750 €

L'Antarctic Nail Ale,
de la brasserie Nail Brewing à Perth, Australie.

5.2 ABV, 50 cl. **Prix par gorgée : 30 €.**
Brassée à partir de l'eau récupérée depuis un morceau d'iceberg de l'Antarctique. Seulement 30 bouteilles furent produites. Elle est née du partenariat entre la brasserie Nail et l'association Sea Shepherd : les ventes servent à récolter des fonds pour aider à préserver les écosystèmes marins.

Voir aussi p. 174

LE PANTHÉON DES INGRÉDIENTS CHELOUS

BEER RAMEN

En 2018, une curiosité *made in* Vancouver envahit les réseaux à coups de #beer, #ramen, #food et autres #lifestyle. Mais, même avec une belle photo représentant des nouilles chinoises qui baignent dans une pinte, pas facile de savoir ce qui se cache réellement derrière tous ces hashtags ! Si une grande majorité pensait avoir affaire à une bière aux ramens, rassurez-vous, il n'en est rien. Situé au nord de Richmond, le restaurant Yuu Japanese Tapas joue sur les apparences en proposant le célèbre plat japonais dans une grande pinte de bière. Pour la mousse ? Il s'agit d'un astucieux mélange de blancs d'œufs et de gélatine !

THE FAMOUS BIÈRE À L'HÉLIUM

Vous connaissez peut-être les propriétés amusantes de l'hélium, ce gaz noble qui fait basculer votre timbre de voix dans les aigus lorsqu'il est inhalé ! Avec tout ce que vous avez pu lire jusque-là, plus rien ne doit vous surprendre, mais figurez-vous que plusieurs vidéos tournent sur Internet, dans lesquelles on peut voir de joyeux individus déguster cette fameuse Helium Beer. Des barres de rire à s'en péter les bretelles ! Pas de bol, l'hélium est insoluble dans l'eau (enfin, trop peu), et ce genre de bière ne peut tout simplement pas exister. Le méthane, en revanche, l'est beaucoup plus. Si ça peut vous donner des idées…

BIÈRE, SANTÉ ET BULLSHIT

Des biéricaments ?

L'avènement du mouvement de la bière artisanale s'accompagne irrémédiablement de son lot d'études visant à promouvoir les nombreuses vertus (in)soupçonnées de la boisson.

Professeurs corrompus, conflits d'intérêts, graissage de pattes, comment différencier le bon grain de l'ivr(esse)aie quand on vous assure qu'une bière contient des vitamines, favorise la montée de lait ou est idéale pour récupérer après une séance de sport ?

BULLSHIT TEMPOREL

Traversant les millénaires, la bière est une boisson qui se déguste ou se déteste pour des raisons dont les fondations n'ont de solide que les croyances d'une époque.

Pour ne pas (tout de suite) vous surprendre, ça commence bon gré mal gré par le commencement. La bière traditionnelle et non traitée est une source saine de nutriments qui a motivé nos ancêtres chasseurs-cueilleurs nomades à poser leurs bagages (voir p. 15). Mais les débuts de la sédentarisation, c'était loin d'être fifou : bonjour la propagation des épidémies, le manque de diversité dans la nourriture, les carences et autres problèmes liés à la gestion des déjections.

Bref, la bière embarque pour une longue traversée au fil des époques et des civilisations. Tantôt solution, tantôt mal, la bière sera toujours pointée du doigt, mais jamais pour les mêmes raisons.

Au début du ve siècle après J-C, un certain Marcellus Empiricus préconise d'ajouter du sel dans une cervesa ou une curmi, pour soigner une grosse toux dégueulasse.

Certains trouvent tout de même quelque utilité à la bière, boisson moquée et boudée au profit du vin dans l'Antiquité. Dès le Ier siècle, un certain Aulus Cornelius Celsus apporte beaucoup à la médecine antique. Dans son traité *De arte medica*, il mentionne la bière de façon plutôt positive. Mais ne nous emballons pas, ce n'est que pour signifier que en tant que boisson céréalière, elle est naturellement plus nourrissante que l'eau. C'est gentil. Merci.

En avançant de quelques décennies, Pedanius Dioscoride, qui s'intéresse particulièrement à la médecine (mais aussi aux plantes et à la botanique), est un fin observateur. Soucieux du détail, il établit une sorte de profil symptomatologique pour les boissons d'orge (bières de l'époque), et c'est pas glorieux : elles seraient la cause d'infections des reins et des tendons, de flatulences, de mauvaises humeurs, de prise de poids, de maux de tête et autres joyeusetés. Les chefs d'accusation s'accumulent jusqu'à l'irritation des amygdales, « lorsqu'on boit cette boisson piquante qu'apprécient les Égyptiens ».

À partir du IIe siècle, le corps médical, soutenu par les disciplines philosophiques, théologiques et dramaturgiques, couche ses reproches par écrit.

Pourtant, certains vont à contre-courant et s'accordent à dire que la bière est utile pour composer et administrer certains remèdes : des « biéricaments », en quelque sorte. Antyllus, chirurgien reconnu au IIIe siècle, propose aux femmes d'améliorer leur montée de lait en buvant de la bière, dans laquelle sont écrasés des vers et des dattes. Au début du XXe siècle, perdu dans une bibliothèque du Vatican, *De venenatis animalibus eorumque remediis* (« Les Animaux venimeux et leurs remèdes »), d'un certain Philumenus, fut retrouvé et réédité. L'auteur y explique qu'une bière à l'ail écrasé est vivement conseillée en cas de morsure de serpent !

Prenez des notes.

Au IVe siècle, Marcellus de Bordeaux y va aussi de ses petites suggestions médicales ! Médecin de l'empereur Théodose Ier, il inspire de nombreux praticiens après lui : problèmes de vers intestinaux ? Trempez d'abord votre suppositoire dans de la bière ! Une vilaine toux ? Pas de problème, buvez de la bière tiède avec un peu de sel. Aïe, aïe, aïe ! Cette flèche a vraiment laissé une vilaine plaie. Mais pas de panique, il suffit d'y appliquer de la bière à la moutarde !

Tout au long du Moyen Âge, le houblon va « purifier » la bière, qui est mal vue des médecins, et la transformer en un breuvage aux vertus diverses et variées ! Comme quoi, ça tient à pas grand-chose...

Rien n'est véritablement établi, et les opinions sont plutôt mitigées quant aux vertus de la bière. Une indécision qui se poursuit avec ses hauts et ses bas, tout au long du Moyen Âge, comme en témoignent les avis divergents sur la consommation d'eau (voir p. 102) et le miracle de saint Arnould (voir p. 146).

Porté par un élan enthousiaste, c'est le grand retour des biéricaments, avec des interprétations loufoques ou involontairement justes, comme celles de Johann Coler, qui note au début du XVIIe siècle que la bière de Hambourg nettoie particulièrement bien la peau quand on la mélange avec du beurre (il devait déjà en avoir consommé avant d'en arriver à cette conclusion). La bière de Güstrow, quant à elle, évite les calculs rénaux.

La bière s'invite également dans les grands recueils pharmaceutiques et autres traités de botanique, où elle est pimpée à toutes les sauces. Avec du romarin, vos os et vos reins seront solides. Avec du chêne, vos problèmes de diarrhée seront résolus. N'hésitez pas à y ajouter de la bétoine pour soigner vos plaies et autres abcès !

Si vous aimez les remèdes de grand-mère, sachez que autrefois, on envoyait les enfants dans les caves de fermentation prendre un bain de CO_2 pour soigner la coqueluche. Le gamin en ressortait tout chose.

Au XVIIIe siècle, une *spruce beer*, ou bière d'épinette (source de vitamine C) est utilisée par le capitaine James Cook pour se protéger avec son équipage du scorbut, lié à une carence de cette vitamine.

Alors que les griefs religieux du vin sacré envers la bière barbare s'estompent au cours du Moyen Âge, le cataclysme de la révolution industrielle propulse la boisson dans une autre dimension. Ainsi, les médecins allemands prescrivent de la Nährbier, bière très fortement maltée, pour ses propriétés nourrissantes. C'était d'ailleurs une pratique commune en Europe pour soigner les coups de froid, les coups de mou et autres bobos bénins que de s'envoyer un bon concentré de potion maltée derrière le col ! Chez les Nordiques, les malades reçoivent de la bière jeune, véritable soupe de céréales très peu fermentée, et donc riche en sucres et légère en alcool. Aux États-Unis, à Plymouth, des curiosités comme la bière à l'œuf sont considérées à l'unanimité comme fortifiantes et conseillées pour l'allaitement (voir p. 107). Les porters anglais, puis les stout porters donnent leur force à ceux dont elle tire le nom et qui travaillent sur les docks (voir p. 141).

Passé la moitié du XIXe siècle, apparaissent aussi une flopée de stouts « nourrissants » destinés aux infirmes, à l'allaitement, ou à base d'avoine, mis en avant pour leurs propriétés reconstituantes et énergisantes !

→ En Irlande, jusque dans les années 2000, il pouvait arriver que l'on reçoive une pinte de Guinness suite à une prise de sang...

CE QU'EN DISENT DES JOURNAUX FRANÇAIS

La bière est une boisson éminemment hygiénique et nutritive, et il faut en recommander l'usage aux femmes grosses et à toutes celles qui les nourrissent.

Le Figaro
du 9 mars 1873.

Le Figaro
du 25 mars 1886.

La bière est un calmant qui réagit contre les excès de tempérament, contre les surexcitations du cerveau.

L'année de la création
du Coca-Cola.

« La bière est nourrissante comme le pain, stimulante comme le vin, digestive comme les eaux minérales », selon les médecins.

Le Figaro
du 18 juin 1883.

Les peuples qui consomment de la bière, même avec excès, se font remarquer par leur force musculaire et leur robuste constitution ; il est aussi à remarquer qu'ils ne sont pas inférieurs aux autres sous le rapport des qualités intellectuelles. L'abus même de la bière n'amène aucun des désordres causés par l'alcool

La France,
17 mai 1880.

HILDEGARDE DE BINGEN (1098-1179)

Dans TOUS les livres et les articles brassicoles traitant du Moyen Âge ou de l'origine du houblon, il est fait mention d'une certaine Hildegarde de Bingen. Rien d'étonnant, puisqu'on lui attribue la découverte des propriétés bactériostatiques du houblon dans la bière.

Mais Hildegarde est bien plus que la meuf qu'a dit "le houblon c'est bien".

Influenceuse *before it was cool*, elle reçoit des visions dès sa jeunesse qui l'amèneront à produire des œuvres musicales, littéraires ou artistiques d'inspiration divine. Elle sera moniale, abbesse, naturaliste, compositrice, médecienne, sainte et même la quatrième femme de tous les temps à être reconnue comme docteur de l'Église en 2012 ! Une sacrée performance pour cette superstar du XIIe siècle, qui revient d'ailleurs à la mode sur des T-shirts, bouquins de diététique, marques de tisane ou reprises électros de chants liturgiques !

Elle se dépeignait comme plutôt faible et souvent malade. Dès lors, plutôt que de se morfondre, et puisqu'on n'est jamais aussi bien servi que par soi-même, elle condense des connaissances antiques, les croyances populaires ainsi que ses propres observations dans un recueil sur les plantes et leurs effets : le *Liber de plantis*, première partie d'une œuvre plus vaste encore, le *Physica*. Parmi ses 230 chapitres, c'est le soixante-et-unième, intitulé *De hoppho* (« le houblon ») qui nous intéresse !

Contrairement à ce que l'on pourrait croire, la religieuse ne s'est pas jetée sur la plante en hurlant qu'elle était idéale pour la bière. Au-delà d'une simple description d'herboriste, elle précise que l'amertume du houblon préserve les boissons (sans accorder d'exclusivité à la bière) de certaines putréfactions et leur permet de se conserver plus longtemps. À vrai dire, elle note à plusieurs reprises que la plante est d'un intérêt relatif, car elle peut induire tristesse, mélancolie, ou provoquer des troubles digestifs. Sans compter que, si elle n'est pas bouillie, elle n'est d'aucune utilité.

Inspiration divine ou pas, elle avait vu juste, la science d'aujourd'hui parlerait même d'« isomérisation des substances présentes dans la lupuline ». Elle ira jusqu'à remarquer que les bains d'orge sont bons pour le corps et que, en plus de donner des forces, ils procurent généralement à ceux qui en boivent une meilleure santé.

ESPRIT CRITIQUE

Avec les révolutions, guerres, désastres agricoles, et la triste uniformisation du marché par l'hégémonie capitaliste de quelques usines-brasseries, l'image de la bière s'est malheureusement détériorée à la fin du xxe siècle. Du moins jusqu'à ce que le mouvement Craft pointe le bout de son fourquet dans les années 1970 !

En prenant de l'ampleur, le phénomène va susciter un vif intérêt auprès de la communauté scientifique. Optimisation des process, recherche et développement en microbiologie, variétés expérimentales de houblon ou ce qui nous intéresse : son impact sur la santé.

Vous avez probablement vu passer des articles ou vidéos qui vous expliquent que la bière est bonne pour le cœur, évite les calculs, ne fait pas grossir, a des vertus diurétiques, solidifie les os, lutte contre le diabète, protège du cancer du côlon, rafraîchit, permet de mieux récupérer après l'effort, améliore votre anglais, rend les gens plus beaux, paye vos impôts.

Conflits d'intérêts, idiots utiles, études bidon relayées en masse. Entre les médias qui s'arrachent les titres aguicheurs comme un écran plat lors du Black Friday et les publicités déguisées de lobbies sournois, difficile de s'y retrouver.

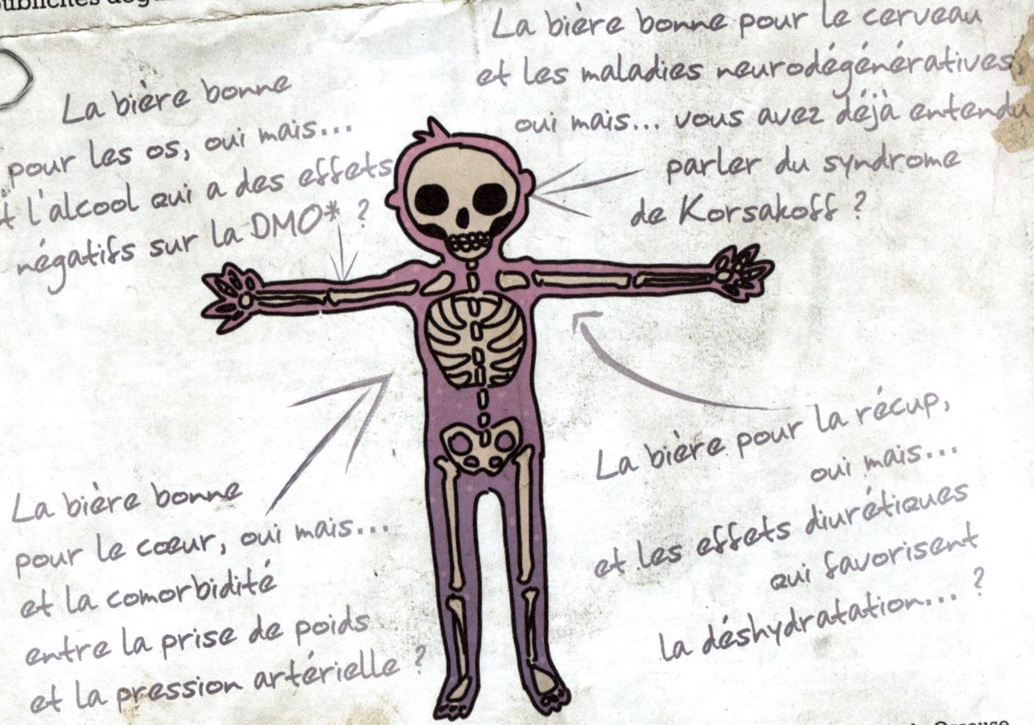

*Densité Minérale Osseuse.

Réduire la bière à de l'alcool, c'est criminel, oui, mais il ne faut pas oublier qu'elle en contient. Encore une fois, tout est une question de quantité *et* de qualité.

Sur son blog, le talentueux Jérémy Anso a mené son enquête sur plusieurs études vantant les innombrables bienfaits de la bière. Même si ce qui ressort de son analyse ne doit pas faire l'objet d'une généralité, cela permet de mettre en lumière une technique bien sombre, un jutsu interdit, une vile technique du domaine marketing : la « désinformation commerciale orchestrée ». Comment ça marche ? Il suffit de graisser la patte de quelques experts, afin de les inciter à trouver une façon d'agencer les variables de sorte que les résultats d'une recherche que vous aurez initiée vous soient bénéfiques, aux dépens de sa validité scientifique. Bim. Le tout est repris en masse par les médias, menant à une oblitération sommaire du travail de sensibilisation effectué par notre cher ministère de la Santé publique, ou homonymes internationaux.

On y apprend, grâce à son minutieux travail de détective, que certaines études largement relayées sont en fait financées par des laboratoires (comme KinDex Therapeutics) ou des acteurs du monde brassicole (comme Kirin). Les papiers sont exposés sans véritable validation scientifique et donnent au commun des mortels une raison de continuer à boire sans s'écorcher la conscience…

Vous l'aurez compris, nombreuses sont ces études sur la bière qui sont financées par ceux qui ont intérêt à ce que vous en consommiez. Ce ne sont donc pas de véritables études, mais plutôt des publicités crédibilisées par une communauté scientifique soudoyée.

En 2016, Helen Pluckrose, Peter Boghossian et James Lindsay s'amusent à publier de fausses études dans de vraies revues scientifiques, histoire d'alarmer l'opinion publique sur la véracité des infos. Encourager les hommes à se mettre des sex-toys dans l'anus permettrait de diminuer la transphobie et d'augmenter les valeurs féministes. Et le pire, c'est que certains y ont cru !

Mais rassurez-vous ! Cela ne concerne pas toutes les études, et même s'il faut les prendre avec des pincettes, la bière possède effectivement des vertus ! Encore faut-il savoir de quelle bière on parle.

ARTISANAL *VS* INDUSTRIEL, ENCORE ET TOUJOURS

Définir une valeur nutritive globale et constante pour la bière est impossible, ce serait comme vouloir définir avec précision toutes les musiques du monde en une seule phrase. S'il existe de grandes constantes, le coefficient nutritif d'une bière dépend de nombreux facteurs : sa minéralité, ses apports céréaliers, les types de levures utilisés, le process de fabrication, le conditionnement et son âge.

Si les moines de Paulaner devaient abandonner leur solide et nourrissante Salvator pour une Coors Light, pas sûr qu'ils survivent au carême (voir p. 93) !

De manière générale, dites-vous que, même si les petites brasseries sont moins regardantes sur les sous-produits de fermentation, une bière artisanale brassée dans les règles de l'art contiendra toujours des nutriments utiles comme des vitamines, des minéraux, des glucides, ou ne serait-ce que de l'eau. Même au temps jadis, les Égyptiens consommaient sans le savoir des bières aux propriétés antibiotiques (tétracycline) et anticancéreuses (lutéoline de la sauge et/ou acide ursolique du thym). En revanche, une bière industrielle brassée en haute densité, diluée, filtrée et pasteurisée avec adjonction de colorants, extraits et substances diverses n'aura pas une valeur ajoutée significative sur le tableau des apports journaliers recommandés… Ces dernières sont donc très peu concernées par les bénéfices qu'on pourrait associer à notre boisson préférée !

LE YOGA BEER

Si vous souhaitez atteindre la plénitude et le nirvana, le yoga, c'est pas mal. Mais pour ouvrir vos chakras comme jaja, il y a le yoga bière ! Ce qui peut s'entendre comme une blague ou un buzz-move est en fait on ne peut plus sérieux. Du moins pour ceux qui le vendent et ceux qui ont décidé d'y croire. Se basant sur la capacité bien connue de détente et de rafraîchissement qu'une bonne bière peut procurer, certains yogi ou yogin l'ont directement intégrée comme une valeur ajoutée spirituo-éthylique à leurs séances. Quand il s'agit de trouver l'équilibre, pas sûr que ce « viking-yoga » soit la meilleure idée, l'alcool agissant plutôt de façon négative sur le contrôle musculaire et les sens. Pas sûr non plus que les fondements d'une discipline dont le nom s'inspire d'une période historique qui n'a rien à voir soient très sérieux.

ALORS, À QUOI S'EN TENIR ?

Prenons comme point de repère une bière blonde commune, titrant 5 % d'alcool. Voici ce qu'on peut y trouver.

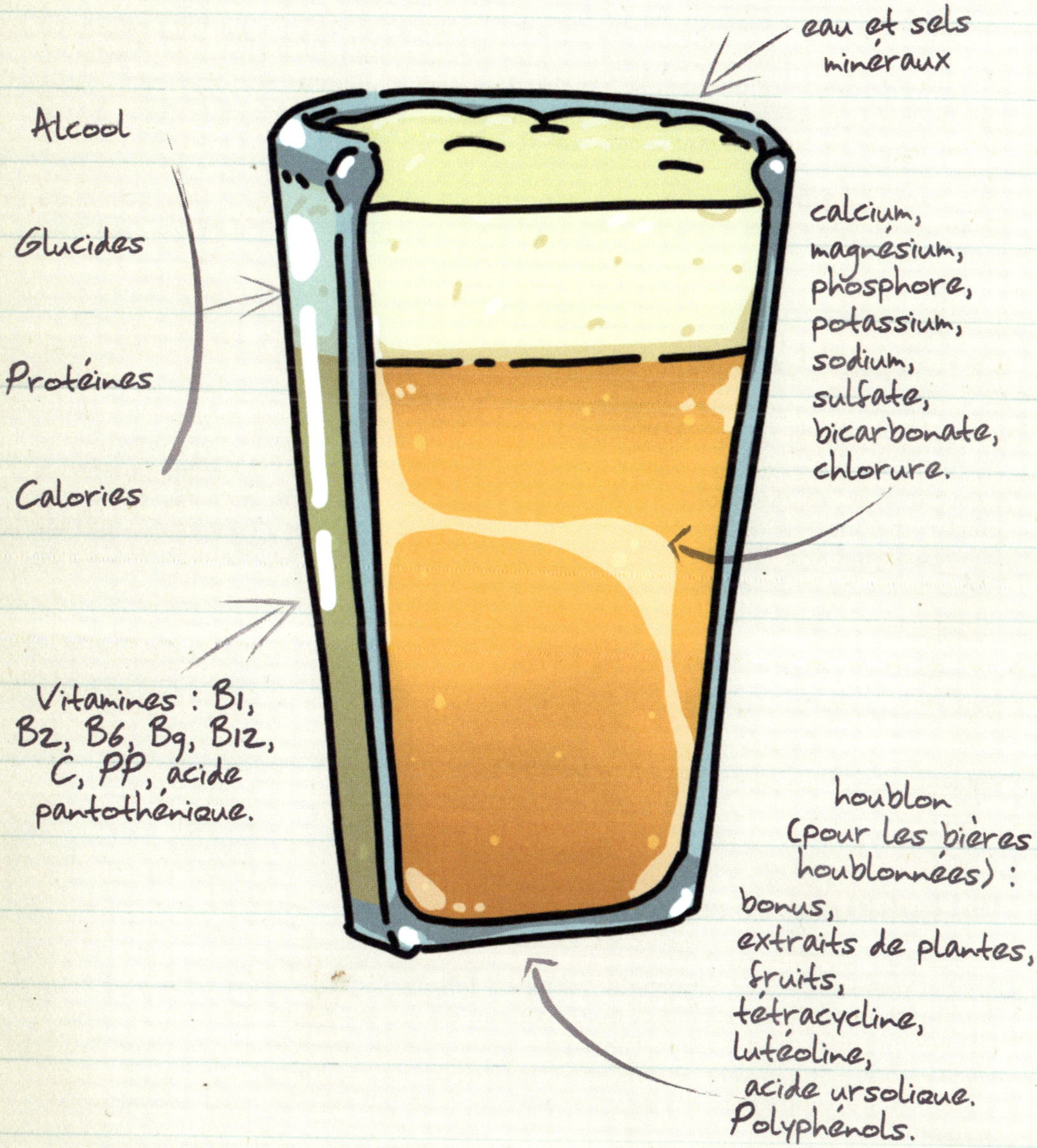

LE BIDE DU BIDE À BIÈRE

Alors ? Le *Bierbüch* alsacien ! Le bide à bière ! Le *beer belly*, les abdos Kro. D'où est-ce que ça vient ? C'est Andrew Boorde (un médecin gallois de la période Tudor) qui ouvre le bal au XVIe siècle, il clashe la « bière houblonnée » qui, selon ses observations, ferait grossir et enfler le ventre !

On ne va pas tortiller pendant deux heures, au jour d'aujourd'hui, il n'est pas prouvé que la consommation modérée (régulière ou occasionnelle) de bière puisse avoir une influence sur l'apparition du bide à bière, dont l'appellation est d'ailleurs totalement injustifiée. En revanche, la consommation de bière excessive peut jouer sur la masse corporelle générale, incluant la ceinture abdominale.

Une bière classique est peu calorique, tout va dépendre de la conjonction de plusieurs facteurs vers votre bidou : morphotype, hygiène de vie et habitudes de consommation.

Le morphotype

La morphologie et le sexe influencent la façon dont les graisses sont réparties et stockées par l'organisme. Oui, c'est énervant, mais c'est vrai : certaines personnes naissent avec un métabolisme rapide et ne prennent pas de graisses comme la plupart des mortels. Elles sont donc très agaçantes et très peu concernées par les fameux abdos Kro. Ou, du moins, pas tout de suite, car la testostérone (en partie responsable de la « sveltitude ») diminue avec l'âge. *Wait and see*…

Votre hygiène de vie

Faites un peu de sport, bordel !

Vos habitudes de consommation

Si vous prenez une pils légère de temps en temps, ça va. Mais si vous prenez un Double Imperial Stout au lactose épais comme de la pâte à brownie tous les soirs, il est clair que vous allez gonfler. Faites pas les innocents. La seule constante véritable, c'est la modération ! Pas la peine d'avoir un bac+25 pour savoir qu'à quatre pintes par soirée, on prend plus de calories qu'avec une petite pils de 33 cl pour accompagner sa salade.

D'ailleurs, si vous prenez une pils légère, mais accompagnée de 250 grammes de chips et d'une pizza, ou de 4 bols de cacahuètes dans un bar, ce n'est plus la bière qui est à blâmer !

Si une consommation soutenue de bière (à partir de 1 litre par jour) peut augmenter la masse corporelle, la ceinture abdominale n'est pas ciblée, elle fait juste partie d'un tout. Il n'y a donc pas de relation directe entre la bière et le bide à bière, qui n'existe donc pas, comme le précise une étude allemande de 2009, publiée dans *l'European Journal of Clinical Nutrition*.

Un autre facteur est la priorité que le corps donne à l'élimination de l'alcool sur les graisses abdominales, ce qui retarde donc la diminution volumique de la brioche.

Attention aux bières sans alcool industrielles ! Contrairement à ce qu'on pourrait croire, des sucres et autres additifs sont souvent ajoutés pour compenser le faible taux d'alcool. Elles peuvent donc présenter un indice glycémique plus élevé qu'une bière classique !

LE SYNDROME D'AUTO-BRASSERIE

Lancer des boules de feu, lire dans les pensées, devenir invisible… des pouvoirs qui font rêver. Mais il existe une capacité aussi réelle qu'impressionnante.

De nombreux cas sont passés inaperçus auparavant, et il aura fallu attendre une explosion abdominale chez un enfant de 5 ans pour attirer l'attention sur cette bizarrerie médicale. Depuis, de nombreux autres cas ont été signalés dans le monde entier.

DOSSIER MEDICAL

NOM DU PATIENT : ....

DATE DE NAISSANCE : ....

ANTÉCEDENTS : ....

En Ouganda, dans la nuit du 26 avril 1946, l'estomac d'un petit garçon, Acholi, gonfle jusqu'à atteindre 17,5 centimètres de diamètre. En comparaison, un ballon de foot en fait 22. Sous cette pression que l'estomac n'est pas censé supporter, la paroi se déchire sur plus de 7,5 cm. Une forte odeur d'alcool s'en dégage. Malgré tous les efforts de l'hôpital de Mulago, l'enfant ne survivra pas…

Souffrant d'un syndrome de l'intestin court depuis son enfance, une jeune adolescente de 13 ans présentait un taux d'alcoolémie et des troubles associés alors qu'elle ne consommait rien. Tout le monde pensait que, dans un élan de rébellion adolescente, elle buvait en cachette. Alors, comment expliquer que l'on retrouve, alors qu'elle est enfermée en désintox, des traces d'alcool dans son sang ?

Passé la soixantaine, une femme se voit refuser une greffe du foie, car ses analyses d'urines – qui ne peuvent pas mentir – trahissent un problème de picole. Pourtant, elle ne boit pas ! Mais personne ne la croit. La perplexité s'installe lorsque les médecins remarquent que, s'il y a bien présence d'alcool dans ses urines, son sang ne présente aucune trace éthylique.

Après un traitement antibiotique, le comportement d'un homme d'une quarantaine d'années en Caroline du Nord est devenu étrange. Dépression. Troubles cognitifs.
Il a même été contrôlé positif lors d'un éthylotest alors qu'il n'avait rien bu…

Vous l'aurez peut-être deviné, le point commun entre toutes ces personnes est une capacité à générer de l'alcool malgré elles, de façon naturelle et incontrôlée. Une flore intestinale, gastrique ou vésicale modifiée permet à des colonies de levures de proliférer. Elles fermentent alors les hydrates de carbone (les glucides, les sucres) et génèrent de l'alcool, du CO_2 et diverses flaveurs, comme dans un fermenteur !

On parle alors de « syndrome de l'auto-brasserie » ou de « fermentation intestinale ».

Faut signer où ?

Mais comment des bactéries peuvent-elles survivre dans un estomac acide ? C'est dû à certains aliments qui font baisser le pH, permettant aux bactéries de se développer.

Si c'est au Japon que la « Meisei-sho » (maladie de l'ivresse) a été pour la première fois décrite et discutée de façon formelle, ce n'est pas pour rien ! Ce cas y est moins rare, du fait des prédispositions inhérentes au « syndrome de rougissement asiatique » (ou *asian flush*). Sans rentrer dans les détails de déficience en acétaldéhyde déshydrogénase, les Asiatiques ont une sensibilité particulière et un rapport différent à l'alcool. Combinées à une alimentation très riche en carbohydrates, les conditions sont beaucoup plus propices à l'apparition de la « maladie ».

BIÈRE ANTI-GUEULE DE BOIS

La gueule de bois, ou veisalgie, est une situation peu enviable qui déclenche un élan d'empathie et de solidarité dans votre entourage. Tout le monde y va de ses conseils ou de son meilleur remède :

C'est alors qu'en 2016, investie d'une mission de la plus haute importance, la brasserie De Prael d'Amsterdam tente d'apporter une solution, non pas au problème, mais DANS le problème, en créant une bière anti-gueule de bois. Comment ? En s'associant avec un ancien pharmacien devenu brasseur ! Pour prévenir les effets de ce fléau des fêtards, ils intègrent à la recette des ingrédients qui permettent de lutter contre la nausée (gingembre), de retenir l'eau pour minimiser la déshydratation (sel), des vitamines B12, souvent carencées par la consommation d'alcool, et de l'écorce de saule en guise d'aspirine naturelle. Évidemment, la meilleure technique reste encore la modération, mais ça, vous le saviez déjà.

Toujours à Amsterdam, un bar « réservé aux gueules de bois » vous ouvre ses portes à condition que l'alcootest soit positif à l'entrée. Dans ce véritable sanctuaire, vous pourrez vous détendre et récupérer plus rapidement, grâce à la diffusion d'air frais, de matelas douillets ou de nourriture spéciale gueule de bois. Si tout le monde a l'air heureux et souriant sur la vidéo promotionnelle, j'ignore comment ils gèrent les galettes et autres renards…

BIÈRE ET SPORT

Voici une question qui peine à trouver une réponse claire et précise : est-ce que la bière après le sport est une bonne idée ?

La réponse est simple : non, mais. NON, car en plus de l'alcool, la bière a un effet diurétique qui limite la réhydratation et la réabsorption des éléments dont le corps à besoin après l'effort. MAIS cela est valable pour une bière classique, la bière de soif à la pression. Si la bière en question résulte d'une recette adaptée riche en nutriments, légère en alcool, elle peut constituer une bonne option. Sans compter les effets bonus, comme son côté « récompense », et l'échange social agréable qui va avec.

Comme le précise Tim Naimi, un chercheur à l'université de Boston, il faut faire attention, avec ces bières légères. En sachant qu'elles le sont, on a tendance à en boire davantage, au risque de se retrouver avec plus d'éthanol à la fin…

Loin du Vieux Continent, en Australie, des chercheurs de l'université de Griffith sont arrivés à un résultat plutôt concluant, en se concentrant uniquement sur le niveau d'électrolytes (un gros mot pour parler de sels minéraux comme le sodium ou le potassium) présents dans leur bière. Le professeur Ben Desbrow souhaite joindre l'utile à l'agréable avec cette « bière de récupération », qui permet de lutter contre la double déshydratation de l'effort (transpiration) ET de la consommation de bière (effet diurétique).

Une beer-gatorade, quoi ?

L'augmentation du niveau d'électrolytes permet, comme le sel dans la recette de De Prael, d'améliorer l'absorption et la rétention d'eau pour une meilleure réhydratation, par exemple. L'équipe du Griffith Health Institute était donc heureuse de constater que sa bière « spéciale sportifs » était 33 % plus efficace qu'une bière classique pour la régulation de l'équilibre hydrique du corps après l'effort !

Attention, toutefois : si le sodium permet de mieux assimiler l'eau et les glucides, ou de réguler les pertes liées à la transpiration, il stimule également la soif !

En 2011, des chercheurs se sont penchés sur le rapport entre les composés polyphénoliques (molécules organiques végétales connues pour leurs propriétés antioxydantes, antipathogènes et anti-inflammatoires) de la bière et le système immunitaire des sportifs. Des marathoniens volontaires ont été invités à consommer 1,5 litre de bière sans alcool par jour pendant 3 semaines avant l'épreuve, et deux semaines après. Les répercussions positives sur leurs performances et leur récupération sont plutôt encourageantes !

LE RETOUR DES BIÉRICAMENTS

Les probiotiques vous veulent du bien ! Ce sont des micro-organismes qui ont des effets bénéfiques sur la santé et que l'on retrouve dans des compléments alimentaires, certains médicaments, ou plus récemment… une bière ! Ce sont des scientifiques de l'université nationale de Singapour qui ont eu cette idée, mais pas facile de la réaliser ! Les microbiotes ont du mal à survivre dans un milieu trop alcoolisé, et les propriétés protectrices du houblon (même si pleines de bonnes intentions) limitent leur développement. Maintenant que le problème est résolu, votre système immunitaire et vos intestins vous en diront des nouvelles !

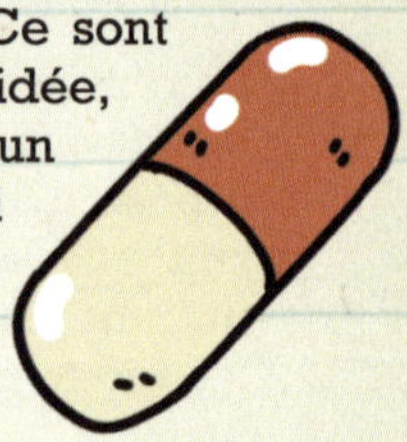

TCHÈQUE THIS OUT

Du côté de la République Tchèque où la bière est à la fois une boisson et un mode de vie, Jana Krocakova et Petra Plankova proposent une bière spéciale aux femmes atteintes d'un cancer du sein. Si l'on se fie à un vieux proverbe tchèque, *Pivo je lék* (« La bière est un médicament »), ça ne peut être qu'une bonne idée ! Les objectifs sont d'aider les patientes en chimiothérapie à surpasser la dysgueusie, une altération du goût qui transforme n'importe quel plat en une salade de carton-sable-métal peu ragoûtante.

La bière en question est la Mamma Beer, rose (c'est un autre débat), sans alcool, enrichie en potassium, vitamine B et jus de pomme, elle permet d'apporter des nutriments complémentaires, mais surtout un précieux moment d'évasion. Au-delà de ça, elle permettrait de stimuler la production de sucs gastriques, et plusieurs études montrent que si le seul goût de la bière suffit à libérer de la dopamine (Indiana University School of Medicine), l'alcool qui lui est associé suffit quant à lui à déclencher la faim (Francis Crick Institute).

BEER SAVE THE MAN

C'est 1/3 de shooter.
Ouais, un shooter de lie, vous me prenez pour qui ?

Vous connaissez ce vieux cliché du tonton qui sort son eau-de-vie de trois générations d'âge, tellement costaude que si t'en bois une goutte elle te rend aveugle ? Ben, c'est pas un mythe. Ça peut vraiment vous rendre aveugle. C'est lié au jumeau maléfique de l'éthanol : le méthanol. Un mauvais alcool que le corps transforme tant bien que mal en formaldéhyde, puis en acide formique, une substance dangereuse qu'il ne sait pas éliminer et qui peut provoquer la destruction du nerf optique, le coma ou (« roulement de tambour ») la mort. La dose mortelle est de seulement 100 millilitres.

On le trouve principalement dans les alcools distillés artisanalement. Un des traitements en cas d'intoxication au méthanol, c'est de balancer de l'éthanol pour faire diversion auprès du foie. On appelle ça l'inhibition compétitive. C'est justement ce qui est arrivé à un Vietnamien âgé de 48 ans le soir de Noël. Si je vous raconte tout ça, c'est parce que la seule source d'éthanol valable qui ait été trouvée par les médecins, c'était de la bière en canette ! Le malade aura dû en boire 15, une par heure, pour se voir tiré d'affaire. Cheers !

BONNE OBSERVANCE

Dans une étude sur l'évaluation des effets toxicologiques de bières tchèques lyophilisées, une équipe de chercheurs a fait une chouette découverte ! Avec la *Drosophila melanogaster* (une p'tite mouche) comme cobaye, ils sont arrivés à la conclusion que l'ensemble des substances administrées (issues d'une bière tchèque, donc) avaient des effets de protection prometteurs ! À vrai dire, c'est même carrément fou, puisque les substances ont pu inhiber la croissance des cellules tumorales et induire des dommages à l'ADN dans ces même cellules ! Au vu (entre autres) des effets chimiopréventifs, l'équipe du département génétique de l'université de Córdoba suggère de considérer la bière tchèque comme une boisson au potentiel nutraceutique* !

C'est bon, si j'avale la gélule avec une bière ?

* Une pilule faite à base d'aliments souvent lyophilisés. Un biéricament, mais en plus cool, quoi.

BEER FACT

IL GARDE SA BIÈRE PENDANT TRENTE-DEUX ANS...

Depuis leur défaite contre les Padres de San Diego en 1984, les Chicago Cubs ont brisé le cœur du papounet d'une certaine @GraceJohnso sur Twitter. La larme à l'œil, le père de famille se met une bière Coors de côté. Mais pas pour n'importe quelle raison : le monsieur n'a peut-être pas le monopole du bon goût, mais il a de l'espoir pour son équipe préférée. Il jure de ne pas ouvrir cette canette tant qu'ils ne gagnent pas la National League Championship. Ce jour finira par arriver, mais le 3 novembre 2016, soit trente-deux ans plus tard... Le fidèle supporter est toujours là et il n'a pas oublié sa canette qui tremblote au fond du frigo. Elle sait que son moment est venu. S'il a bien tiré la languette, il n'ira pas jusqu'à boire le contenu de l'antique cylindre d'aluminium. Pas fou, le papy, qui s'est peut-être mis au craft depuis !

LES BIERFAX D'ALSACE

Pour éviter de compliquer des choses simples et par question de praticité, l'usage voulait qu'un brasseur serve directement sa bière dans un bar intégré, dans une pièce séparée, à sa brasserie ou son auberge. Ce qu'on appelle aujourd'hui une *taproom* était en fait la norme depuis la nuit des temps.

Mais, alors qu'ont commencé à apparaître les pubs et autres bars, établissements spécialisés dans le débit de boisson, la livraison s'est imposée.

En Alsace, bien avant Amazon, c'est le Bierfax qui s'en occupe. Grâce à un attelage tiré par des chevaux robustes, il distribue à toutes les « maisons de bière » de quoi sustenter la soif éternellement renouvelée de leurs clients. Déformation professionnelle oblige, ce livreur très spécialisé était célèbre pour les énormes quantités de bière qu'il était capable de consommer avant de s'écrouler à la fin de sa livraison sur le premier objet pouvant faire office de lit, comme la paille des écuries. Heureusement, à force de pratique et d'habitude, les chevaux finissaient par connaître parfaitement le chemin de la distribution. Passé une certaine heure, personne n'aurait su dire qui tenait vraiment les rênes !

C'est quoi, comme cheval ?

Un tesla, il conduit tout seul.

BEER FACTS BEER FACTS

UNE BIÈRE COMME ANIMAL DE COMPAGNIE

Les Américains n'ont pas le meilleur système de santé, ce qui les pousse à dénicher des solutions alternatives aux réflexes médicamenteux que l'on connaît trop bien ici en France. Outre les médecines douces et alternatives plus ou moins farfelues, une tendance se démarque : les animaux de soutien émotionnel. Pour réduire le stress ou apporter une présence rassurante, certains chats, chiens, mais aussi canards, paons ou même crocodiles, sont inscrits sur un registre spécial comme « outil thérapeutique ». Ils sont alors autorisés à accompagner leurs maîtres, parfois là où ils ne devraient pas pouvoir aller (avion). Les abus sont légions et cette pratique est souvent détournée de son intention thérapeutique. Pour faire un pied de nez au syndic de son immeuble qui interdit les chiens, un certain Floyd Hayes est même allé jusqu'à déclarer sa bière comme animal de soutien émotionnel pour pouvoir la prendre avec lui dans les transports publics ou au travail ! Le pire, c'est que sa demande a été validée avant d'être supprimée. *God bless America* !

LE PANTHÉON DES INGRÉDIENTS CHELOUS

LOG BEER

Dailey Crafton est en quête de bois de chauffage, lorsqu'il tombe sur cette séduisante bûche aux courbes aguicheuses, balafrée par les éléments, tordue par le temps. Il est fasciné par sa beauté étrange et ne peut se résigner à la brûler. À ce moment-là, le monde des levures sauvages retient tout son intérêt. Alors qu'il découvre l'existence des kveikstokks, ces « bâtons starters » (voir p. 76), une idée germe dans l'esprit du brasseur de Levenaut. Une idée qui lui permettra de sublimer son affection pour ce morceau de bois. Dans sa brasserie située du côté de Yonkers à New York, il décide de créer une bière à partir des levures inconnues qui se trouvent probablement dans la bûche. Alors, bien entendu, il ne la balance pas dans le moût ou ne s'en sert pas pour tailler une spatule magique ! C'est avec l'aide de Jeff Mello, de Bootleg Biology (Nashville, dans le Tennessee), qu'il isole des *Saccharomyces genus*, une souche étroitement apparentée à *S. cerevisiae* et *S. paradoxus*.

La « souche de la souche » provenant de Brooklyn, il décide de la nommer très astucieusement *Contriterram*, ce qui en dit long sur la méticulosité du personnage ! Historiquement, Brooklyn est une anglicisation de l'allemand *Breuckelen*, que certains prétendent traduire *Broken Land*. Pour donner un aspect plus *scientific friendly*, *Broken Land* traduit en latin donne *Contritum terram*, qu'il contracte en *Contriterram*.

Les descendantes de cette souche unique de « levures de la terre brisée » seront réutilisées pour leur bière de table dès 2019 !

RAW LOG BEER

Chez Clawhammer, c'est une autre histoire… À défaut de confondre le pichet avec la baignoire, on confond la cuve et la cheminée ! … L'histoire de Dailey Crafton est venue titiller leur curiosité. Ils décident de dépasser la limite à laquelle le brasseur new-yorkais s'est arrêté en intégrant la fameuse bûche dans le brassin ! Une fois qu'elle était engloutie dans la cuve, il n'y avait plus qu'à se tâter la barbe et attendre de voir ce que ça donne. Histoire de ne pas trop tenter le diable et ses infections, la bûche est immergée dans un moût déjà houblonné, les propriétés bactériostatiques de la plante permettant d'éloigner les indésirables façon vigiles devant le night-club de la fermentation. Au final, l'expérience nous offre une bière « classique » qui se bonifie avec le temps, présentant une sacrée valeur ajoutée sur l'aspect terroir !

LE PANTHÉON DES INGRÉDIENTS CHELOUS

Je ne sais pas ce qui est le plus incroyable. L'ingéniosité brassicole ou le fait qu'il soit possible de réunir sur une même page ayant pour thème "baleine" deux bières aussi différentes dans leurs intentions et leurs ingrédients.

WHITE WHALE ALE

Ils sont à Portland, dans l'Oregon, vous commencez à les connaître : Rogue Ales and Spirits ! Cette fois-ci, pas de poils de barbe ou de bacon, c'est par une contribution plus littéraire que la brasserie va aider un commerçant à célébrer son 41e anniversaire. Il se trouve que Michael Powell, propriétaire de la librairie du même nom, a su qu'il ferait ce métier le jour il trouva un exemplaire de la première édition de *Moby Dick*, alors intitulé *The Whale*, dans une boîte de livres qu'il avait achetée. Ce livre étant très important pour lui – roulement de tambour –, plusieurs pages ont été utilisées pour brasser la White Whale Ale. Si Herman Melville se retourne dans sa tombe, c'est qu'il manque d'amplitude pour un *facepalm*.

BONE DUSTERS PALEO ALE

Pourquoi utiliser la science pour ramener des dinosaures à la vie alors qu'on peut faire de la bière ? C'est justement l'objectif de Jason Osborne (Paleo Quest) qui s'associe en 2014 avec le brasseur Jason Akerboom (Lost Rhino Brewing Company). À défaut de pouvoir remonter le temps, le brassage d'une bière préhistorique sous-entend qu'il faut trouver des levures – elles aussi – préhistoriques. Qu'à cela ne tienne, les deux brasseurs illuminés s'en vont gratouiller des fossiles de baleine exposés au Calvert Marine Museum, dans le Maryland, qui proviennent d'une immense zone marécageuse de Virginie. Au milieu d'innombrables bactéries, ils réussissent à isoler une souche de levure dans un échantillon contenant des cellules osseuses. Une fois les petites *Saccharomyces cerevisia var protocetus* sorties de leur longue sieste de plus de 35 millions d'années, nourries et en pleine forme, le brassage de la Bone Dusters Paleo Ale a pu commencer ! Résultat ? Une ale fruitée au goût « très belge » !

Ce nom a été donné aux levures en référence au Protocetidae, le petit nom d'un ancêtre de la baleine doté de pattes.

D'abord présentée à la brasserie à Ashburn, la bière sera ensuite produite en plus grandes quantités et distribuée dans plusieurs boutiques, bars et restaurants, afin de collecter des fonds pour fournir du matériel à des écoles défavorisées.

LE PANTHÉON DES INGRÉDIENTS CHELOUS

ROCKY MOUNTAIN OYSTER STOUT

Quand une blague de 1er avril devient réalité, ça donne la Rocky Mountain Oyster Stout. Mais attention ! Ici, Oyster ne signifie pas « huître ». En fait, dans le Colorado, c'est une des expressions (avec Dusted Nuts, Cowboy Caviar, Swinging Beef) qui désigne un tout autre aliment....

Saurez-vous retrouver l'ingrédient surprise dans de la RMOS ?

A – Du malt local du Colorado.

B – De l'orge touraillée (grillée).

C – 7 malts spéciaux.

D – Du houblon Styrian Goldings.

E – 12 kilos de testicules de taureau tranchés et rôtis

Nous sommes donc en présence d'un stout aux testicules de taureau. Plutôt épaisse, la bière dégage de douces saveurs de chocolat, de café et de noisettes.

Tout est parti d'une vidéo « poisson d'avril » présentant cette bière en 2012. Devant l'engouement général, les gars de chez Wynkoop se sont dit : « Eh, pourquoi pas ! »

Présentée à la pression au Great American Beer Festival, le succès est au rendez-vous. Mais même si la presse génère un buzz incroyable et que la demande explose, la brasserie se contente de réaliser de petits brassins. Les canettes, cerclées et labellisées à la main, sont principalement distribuées dans la région. On les retrouve sur certains sites à plus de 80 euros le pack.

Une bière à 7,5°
et 3 BPB (Balls Per Barrel).
Là, on parle.

PEU IMPORTE LE FLACON : LES HISTORIQUES

Les *kjenge*

Les *kjenge* (prononcer chêne-gars) sont des bols à bière traditionnels norvégiens qu'on utilise lors de célébrations diverses et variées. Typiquement, c'est le genre d'objet sculpté au cours des longues soirées d'hiver au coin du feu, si possible dans du bois noueux pour des questions d'esthétique et de durabilité. Comme une porte ou une cheminée, ils restaient attachés à leur lieu de fabrication. Leur contenance peut être assez grande, ce qui n'a rien d'étonnant si l'on reste perché sur des clichés de consommation nordique. Avec ses deux poignées représentant un animal ou une personne, il en émane un symbolisme fort, mais c'est surtout un objet convivial qu'on fait passer autour de soi en partageant son contenu.

Coutume cheloue : lorsqu'il est vide, si vous avez une bonne mâchoire et un cou de buffle, vous pouvez mordre dedans puis l'envoyer voltiger par-dessus votre tête. S'il retombe du bon côté, c'est plutôt bon signe !

Ces bonnes vieilles cornes

Brutes, décorées, cerclées d'or ou d'argent, elles peuvent monter facilement jusqu'à 2 ou 3 litres ! Très tôt, César mentionne dans *La Guerre des Gaules* l'utilisation des cornes d'*urus* (aurochs) pour les festins. Découvertes dans les tombeaux de princes gaulois, ces cornes à boire se retrouvent dans de nombreux récits mythologiques, sous forme luxueuse et magnifiée à la Renaissance… et aujourd'hui sur Amazon.

Amphores, jarres et pailles

Coiffées plus ou moins hermétiquement d'un petit couvercle de glaise, on les soupçonne d'être à l'origine des premières refermentations et maturations ! Les pailles, en bambou ou dans des matériaux plus nobles, permettaient de boire directement à la source à plusieurs, en esquivant les résidus flottants ou la lie gluante qui en tapissait le fond, réservée à d'autres usages (cosmétiques, remèdes).

Yard of ale

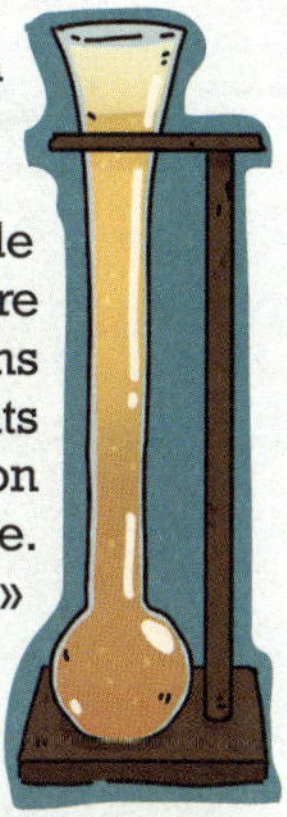

Une trompette allongée qui se termine par une boule : on tient la forme la moins pratique du monde ! Vous en avez peut-être déjà entendu parler, du « verre du cocher » grâce à la Kwak et son habileté marketing à s'approprier des faits historiques nébuleux. On le connaît davantage en Angleterre dès le XVIIe siècle sous le nom de *yard of ale* ou d'*ell glass* (*ell* étant une unité de mesure correspondant à un avant-bras). Le but étant de vider son contenu d'un trait sans gaspiller une seule goutte, on le retrouvait de façon récurrente lors d'événements ou de célébrations. Plus récemment, *siffler un yardie* est une pratique que l'on retrouve dans certains pubs ou comme tradition pour le passage à l'âge adulte. Bien entendu, la forme du verre implique d'atteindre un « point de non-retour » qui se soldera par une bonne giclée de bière dans la tronche ! Avant d'être le Premier ministre australien, Bob Hawke était connu pour détenir un record de descente lorsqu'il étudiait à l'université d'Oxford !

La chope à 4 anses

Pourquoi faire simple quand on peut faire compliqué ? Une chope pas banale, qui vient d'une histoire impliquant de bonnes intentions et quelques maladresses envers Charles Quint (voir p. 106).

La botte

Contrairement à ce qu'on pourrait penser, le fameux verre en forme de botte ne serait pas d'origine allemande, mais anglaise ! C'était un ustensile fantaisiste et farfelu qu'on retrouvait dans les clubs de chasse du XIXe siècle. Ce n'est que plus tard que les Allemands s'en sont emparés en augmentant sa capacité à 1 litre et l'associant à plusieurs rituels, notamment dans l'armée. Une légende difficilement vérifiable raconte qu'un général prussien aurait assuré à ses hommes que, après la victoire, ils pourraient boire de la bière depuis sa botte, mais aurait changé d'avis et ordonné que des verres en forme de botte soient produits pour honorer sa promesse. Drôle de façon de motiver les troupes… Bref ! Les Américains, de retour après la guerre, auraient emporté ce loufoque mais sympathique *bierstiefel*, jusqu'à le pimper à leur sauce comme avec des bottes de cow-boy. On la retrouve par exemple au Festival Western de Saint-Tite au Québec, où elle rentre parfaitement dans le thème !

Beer stein

Mais si ! Vous avez déjà vu ces grandes chopes munies d'un couvercle, sans vraiment savoir à quoi cela pouvait bien servir. Ce sont des *beer stein*, ou *steinzeugkrug*, des chopes à bière en pierre (*stein*, « pierre » ou « grès »), mais aussi en porcelaine ou en étain. Au-delà de l'aspect décoratif et traditionnel, ce petit couvercle mécanique qui s'actionne avec le pouce aurait été ajouté pour des raisons sanitaires : protéger son breuvage des indésirables comme les mouches, pendant la sombre période de la peste au Moyen Âge !

Nonic

Faites pas les innocents, on en a tous un dans le placard sans en avoir jamais acheté. Ils sont apparus dès la moitié du xxe siècle pour soulager le budget verres des pubs. Leur particularité, c'est cette petite déformation circulaire sur la partie haute. Elle a été inventée pour maintenir un écart de sorte que, une fois empilés, la charge et la friction régulière ne vienne plus fissurer ou briser les verres droits. À propos d'un verre, une fissure ou un « pète » se dit *nick* en anglais. Comparé aux verres droits et fragiles, cette nouvelle forme évitait la casse, donc pas de fissure : *no nick*, qui est devenu « Nonic ».

TeKu

Ce verre à pied aux allures angulaires apparu en 2006 est (à mon sens) *le* verre idéal pour déguster une bonne bière dans les meilleures conditions. Directement inspiré de la norme ISO (International Standards Organization), il a une forme évasée qui se resserre en un col confortable concentrant les arômes et toutes les subtilités volatiles qui ne pourront pas vous échapper ! Pourquoi TeKu ? C'est simplement la contraction des deux noms de ses créateurs : **Te**o Musso (le fondateur de la brasserie Le Baladin, en Italie) et Lorenzo Dabove ou **Ku**aska (un expert, consultant et auteur en bière italien).

BEER FACTS

LA DRÔLE D'HISTOIRE DE LA PISNER

En 2015, le Roskilde Festival (au Danemark) récupère des milliers de litres d'urine, gracieusement offerte par les festivaliers. Le but de l'opération est double : réutiliser cette ressource pour réduire l'impact environnemental du festival, tout en économisant de l'eau pour… faire de la bière. Mais rassurez-vous ! Pas directement. Tout ce beau pipi (et les substances étranges probablement éliminées avec) sert à fertiliser des champs d'orge. La récolte ira à la brasserie Nørrebro Bryghus, fondée en 2003 par un ancien maître brasseur de Carlsberg, qui s'occupera de brasser une pils spéciale qui annonce la couleur : la PISner.

DE VIEILLES QUILLES DANS LA CALE

Quelle aventure que de partir à la recherche de trésors enfouis sous les mers ! Pièces d'or, ornements ou vestiges du quotidien sont d'une valeur inestimable pour les historiens, les musées ou votre compte en banque. Mais la trouvaille ultime, celle qu'on espère tous secrètement au fond de nous, c'est de découvrir une bonne vieille binche d'un ou deux siècles d'âge. Une potion oubliée qui attendrait là patiemment, dans le froid, le silence et les ténèbres.

En 2010, cinq mystérieuses bouteilles ont été « sauvées » de la carcasse d'un navire dont on ignore la destination. Gisant à plus de 50 mètres dans les fonds glacés à l'extérieur de Föglö, dans l'archipel d'Åland, entre la Suède et la Finlande, elles auront patienté plus de 170 ans. La propriété de l'épave (et de son contenu) revient au gouvernement local. La tentation d'y goûter est forte, malgré une DLUO d'un autre temps, mais plutôt que de se l'envoyer derrière la cravate, ils lui réservent un autre destin. Avec la brasserie Stallhagen et grâce au Centre de Recherche technique de Finlande, ils décident de les ramener à la vie ! Comment ? En réveillant précautionneusement la souche de levures encore présente, pour lui rendre une seconde jeunesse et inoculer de nouveaux brassins. Entre microbiologie et nécromancie, ces bières issues d'un mélange de science et d'occultisme contribuent à financer la recherche archéologique marine.

Au-delà des aspects historiques et brassico-touristiques, ces bouteilles renferment un grand mystère que des chercheurs finlandais et canadiens tentent de percer : comment ces levures et bactéries ont-elles réussi à trouver les ressources nécessaires pour survivre jusqu'à aujourd'hui ? Résoudre cette énigme pourrait être utile pour étendre la durée de conservation des aliments dans le futur.

En 1797, dans des eaux plus australes, le *Sydney Cove* fait naufrage au nord de la Tasmanie, du côté de l'île de la Préservation. Pas de réseau, pas de téléphone, il va falloir marcher. Sur les dix-sept marins assez courageux (ou désespérés) pour faire les 700 kilomètres les séparant de Sydney où ils pourraient trouver de l'aide, seulement trois ont survécu. L'épave du navire marchand contenait du thé, du riz, du tabac, mais surtout plus de 30 000 litres d'alcool, alors qu'il reliait l'Inde à l'ancienne colonie britannique de Port Jackson.

La faune marine n'étant apparemment pas amatrice, de nombreuses bouteilles de bière encore scellées ont permis aux chercheurs de l'Australian Wine Research Institute de découvrir le contenu préservé par les eaux profondes du détroit de Bass.

Il s'agissait majoritairement de porters dont les levures, après plusieurs tentatives, ont pu être réveillées de leur long sommeil et isolées. Après s'être désengourdies de leur longue dormance et avoir recouvré toutes leurs capacités, elles purent se remettre au travail pour créer la Wreck Preservation Ale.

Une partie des bénéfices issus des ventes, orchestrées par la brasserie James Squire, des 2 500 bouteilles collector de cet écho du passé, est directement allée au Queen Victoria Museum and Art Gallery en guise de contribution à la collection du *Sydney Cove.*

PILS
La sous-cotée

En bref : une potion historique claire, dorée, pétillante, à consommer fraîche !

Dans la grande histoire de la bière – et de la civilisation –, il y a en réalité seulement deux époques : l'arrivée du houblon et l'arrivée de la pils. C'est la grande ambassadrice de la famille des lagers, qui vient de l'allemand *lager*, « garder ». Pourquoi ? Car, comme les Allemands sur la plage au mois d'août, les levures de lager ne supportent pas bien la chaleur. En Bavière, les brasseurs avaient remarqué qu'en laissant leur bière fermenter plus longtemps et à de plus basses températures que pour les ales, ils obtenaient des bières différentes, mais tout aussi agréables.

Le style a été créé à Plzen, en République tchèque, après qu'un certain Joseph Groll, un Allemand connaissant les caprices de ces levures, avait été invité à prendre part aux opérations brassicoles de la ville au milieu du XIXe siècle. Là-bas, tout est parti d'un ras-le-bol général sur la qualité aléatoire des bières et la création de la Mestansky Pivovar (brasserie citoyenne) pour y remédier. Son emplacement était optimal, pas loin de la rivière Radbuza, près d'un puits et d'une sorte de carrière avec de longs tunnels. Toutes les conditions étaient réunies pour que les bières puissent fermenter tranquillement, longtemps et au frais !

Il en est ressorti une véritable révolution gustative et visuelle, accompagnée par la démocratisation du verre. Autrement dit, on est passé du jus de serpillière légèrement acidulé dans une vieille chope à un beau verre qui laisse voir un liquide fluide doré et pétillant… Le succès fut tel que de nombreuses brasseries s'approprièrent le style, au point que la Mestansky Pivovar fut rebaptisée Plzensky Prazdroj, et la bière Pilsner Urquell, la « source originale de Pilsener » !

Aujourd'hui, elles représentent un bon gros 90 % des bières consommées dans le monde. C'est la fameuse « blonde » que vous commandez au bar ou au café, celle que vous trouvez en packs de 24. Malheureusement, les pils nécessitent un temps de garde plus long. L'immobilisation des fermenteurs est coûteuse, et donc plus rentable à économie d'échelle. Face à cette réalité, elles sont devenues le style de prédilection des brasseries industrielles, qui en ont fait la bière de soif bon marché par excellence…

Mais qu'à cela ne tienne ! Face à cette image souillée, quelques courageuses micro-brasseries ont décidé de lui restituer sa grandeur d'antan. Pétillantes, sèches, croquantes et respirant le doux parfum du houblon Saaz traditionnel, croyez-moi, ça vaut le coup de découvrir ce qu'une VRAIE pils a dans le ventre !

Dupont et Dupond

PORTER & STOUT

En bref : sèches ou onctueuses, ces potions sombres partagent une histoire parallèle et séduiront les amateurs de chocolat, de café et de saveurs torréfiées.

Ces *brown beers* sont solidement enracinées dans l'histoire de Londres, qui vient leur rajouter un soupçon de flegme et de brume britannique.

Plantons le décor : les Anglais ont enchaîné les guerres financées en partie à l'aide de taxes, en particulier sur la bière. Pour éviter de lâcher tous leurs bénéfices à la gloire de la Couronne, les brasseurs et les tenanciers de bar ont alors dû se montrer inventifs. Certains brassaient avec du malt clair moins taxé, puis trichaient sur la couleur et la texture en ajoutant de la mélasse, d'autres allaient même parfois jusqu'à rajouter de l'opium ou du vomiquier pour un « effet enivrant garanti ».

À cette époque, il était tout à fait normal de faire des mélanges (des *blends*) synonymes d'économies, comme en témoigne ce célèbre cocktail, le *three-threads*. Mais la *brown beer* qui dominait le marché finit par se faire voler la vedette par la *twopenny*, une bière blonde qui, comme son nom l'indique, avait l'avantage d'un prix fixe et bon marché.

Pendant ces temps de mélanges peu coûteux mais très douteux, apparaissent des instruments qui vont révolutionner la filière, comme le thermomètre, le densimètre ou la technique du touraillage qui va permettre de colorer plus naturellement les bières d'un noir intense. La *brown beer* hérite de ces améliorations et va finir par devenir le *porter*. Plus sombre, plus épais, plus badass.

Bref, dès la fin du XVIIIe, on en était là.

Ah oui, pourquoi « porter » ? Le nom a tout simplement été associé à ses plus ardents consommateurs, la classe ouvrière et plus précisément les *fellowship porters* et les *ticket porters* travaillant sur les docks. Les bougres étaient bien heureux de trouver dans cette nouvelle version des *brown beers* un carburant pour leur journée de travail, mais aussi une récompense à la fin de cette dernière !

Et le rapport avec les stouts ? En vérité, lorsqu'on voulait un porter bien costaud, on demandait un *stout porter*. Il s'agit simplement d'un adjectif servant à désigner une bière plus forte que sa version de base. L'inverse d'une « session », en quelque sorte. Un stout pouvait concerner n'importe quel type de bière, de n'importe quelle couleur, comme un *stout pale ale* de couleur blonde.

Aujourd'hui, l'adjectif s'est émancipé pour devenir un style à part entière, popularisé par la Guinness et son ajout d'azote qui lui confère un aspect plus crémeux.

Les porters comme les stouts sont deux branches qui partagent le même tronc. Elles se déclinent en de nombreux sous-styles, comme les *baltic porters* ou les *oysters stout* (aux huîtres) qui vous surprendront par leur diversité !

Paradoxalement, les stouts, synonymes de bières fortes, ne le sont plus tant que ça aujourd'hui ! Comme quoi, ce n'est pas la couleur qui fait la force d'une bière !

THE PLACE TO BEER

Flash éthylique sur la ville de Marshfield, dans le Winsconsin, où la conduite d'un certain Jeremy Van Ert a de quoi laisser perplexe. Croulant sous les chefs d'accusation, cet ancien détenu est remis en liberté conditionnelle sous réserve de rester sobre. C'est raté. Quelques jours plus tard, il est retrouvé très tôt le matin par les premiers clients d'une supérette, enfermé dans une vitrine de bières réfrigérée. Un endroit plutôt agréable, selon ses dires, une fois remis derrière les barreaux.

IL RETOURNE SAUVER SES BIÈRES DANS SA MAISON EN FEU

Le héros du jour, peut-être même du siècle, est un homme qui a le sens des priorités. Walter Serpit habite à Colombus, en Géorgie, aux États-Unis. Lors d'une journée particulièrement nulle, sa maison prend feu. Une fois en sécurité à l'extérieur avec les autres membres de sa famille, c'est la douche froide. Walter s'aperçoit qu'il a oublié quelque chose de VITAL à l'intérieur. Malgré les flammes, il prend le risque de perdre la vie et décide d'y retourner pour aller sauver… ses canettes de Bud Light. Alors ? Coup de pub de (mauvais goût) dissimulé pour la marque, ou tentative involontaire pour le panthéon des Darwin Awards ?

UN MÉTIER DANGEREUX
Ah, ça pardonne pas...
Chaleur, pression, produits chimiques et autres liquides collants et brûlants le risque est omniprésent dans une brasserie. Bien trop souvent, un brasseur n'a pas le luxe de distinguer vitesse et précipitation. Le rythme, le manque de personnel et la charge de travail ahurissante n'arrangent rien.

COMME UN POISSON DANS L'AIR

Dans les anciennes brasseries, il n'était pas rare que le dioxyde de carbone s'échappant des fermenteurs ouverts stagne ou reste piégé dans des espaces confinés, des salles mal ventilées.

Le dioxyde de carbone peut être dangereux car il est invisible, inodore et pernicieux. S'il est trop concentré, il remplace l'air sans que l'on puisse s'en rendre compte. Le mélange que vous respirez est appauvri en oxygène et peut mener à un étourdissement, une perte de conscience ou au décès.

Dans de mauvaises conditions, il suffit de se pencher un instant au-dessus des effluves que libère un grand fermenteur pour être frappé par cette torpeur gazeuse. Quelques secondes d'hébétement suffisent pour basculer et finir noyé au fond de la cuve. Un accident malheureusement trop commun dès lors que les capacités de production atteignent de grands volumes.

On compte de nombreuses victimes inattentives ou mal informées, comme ce veilleur de nuit un peu trop curieux à la brasserie Castlemaine de Melbourne, ou l'un des opérateurs de chez Walkerville à Adélaïde, au début du xxe siècle.

Pour faire une sortie plus originale que la classique tête dans le four, un certain Edmond s'est suicidé de la sorte dans une brasserie à Dunedin en 1932.

À défaut de se noyer dans une cuve remplie de bière, il est également possible de se « noyer dans le CO_2 ». C'est ce qui est arrivé à un pauvre homme le jour de Noël 1952 à Sydney, alors qu'il était descendu nettoyer une cuve. Deux de ses collègues lui sont venus en aide. Sur les trois, un seul survécut…

I (WON'T) BE BACK

Comparée à la noyade, l'asphyxie au CO_2 est moins spectaculaire, mais a au moins le mérite d'être indolore. Mais rassurez-vous, si l'une comme l'autre sont des morts horribles, il y a pire ! Dans une brasserie, avant la fermentation, il y a les phases d'empâtage (mélange du grain avec de l'eau très chaude) et d'ébullition. Vous voyez où je veux en venir ?

Pour rappel, il s'agit d'une soupe brûlante et collante de céréales.

À la fin du XIXe siècle en Australie, trois brasseurs travaillant chez Tooth (Sydney), Mount Cook Brewery (Cooktown) et Wahgunyah (Victoria) sont tombés ou ont glissé dans une cuve remplie de moût bouillant.

Aucun des trois ne survécut. Pas plus que James Hickey, à la West End Brewery (Brisbane), qui finit sa vie façon homard, en tombant dans une cuve d'eau bouillante utilisée pour laver les fûts avant de les remplir de bière. À la brasserie Esk de Lauceston, on retrouva le chapeau d'un certain John Kirby flottant à la surface d'une cuve d'ébullition haute de plus de 3 mètres. Il devait simplement vérifier la température depuis la rambarde qui la surplombait. Son corps fut retrouvé bouilli au fond de la cuve une fois vidée.

Plus récemment, en 1989 aux États-Unis, avant qu'elle fonde la Pink Boot Society, Teri Fahrendorf, une jeune brasseuse, fait ses armes dans une brasserie de San Francisco. La marmite qu'elle utilise pour son empâtage est trop petite, et lors d'une manipulation, une partie de la mixture déborde pour finir dans sa botte. Les médecins ont dû prélever de la peau sur son crâne pour la greffer sur son pied.

Même si ces accidents se sont raréfiés avec la mise en place de mesures de sécurité et l'utilisation de matériel certifié, le risque zéro n'existe pas. Plus ou moins spectaculaire, de la simple brûlure à l'explosion incendiaire, des cas malheureux frappent les brasseurs trop distraits, téméraires ou sans formation.

À Knoxville, dans le Tennessee, Mark Moynihan, soudeur de métier, allume son chalumeau pour réparer une fissure dans une cuve de fermentation. Ce qu'il ignorait, c'est qu'elle était saturée en oxygène. Ses vêtements se sont désintégrés instantanément, et il subit des brûlures suffisamment graves pour en mourir, 75 jours plus tard, juste avant ses 40 ans.

COMME UN CANARI DANS UNE MINE

Si les statistiques présentent un plus haut risque d'accidents chez les petits brasseurs, les gros ne sont pas à l'abri. En 2016, Julian Momen, directeur général de Carlsberg au Royaume-Uni, ne fait pas le malin : 22 personnes (dont 11 de ses employés, 9 pompiers et 2 policiers) ont été hospitalisées à la suite d'un incident survenu sur leur site de Northampton. Il s'agissait d'une fuite de gaz toxique, de l'ammoniac, qu'un technicien a été envoyé pour réparer. Père de deux enfants, il ne survivra pas…

SAINT ARNOULD DE METZ

(580-640)

Pour devenir le saint patron des brasseurs de l'Est, l'usage veut que l'on dispose d'un CV correct et de quelques tours de force, voire un ou deux miracles si possible.

Avant d'obtenir ce titre, le petit Arnulf passera par trois grandes phases : il grandit dans une noblesse mouvementée, assure en tant qu'évêque dévoué, puis se retire en ermitage avec quelques fidèles du côté du mont Habend (Saint-Mont aujourd'hui) dans les Vosges.

Concernant la bière, outre les histoires impliquant un poisson et un anneau étrangement similaire à la légende d'Orval, c'est son « miraculeux bouquet final posthume » qui marquera les esprits.

Après s'être occupé des lépreux dans son petit club d'ermites au fond des bois, Arnould finit par lâcher son dernier râle d'agonie. Son corps, d'abord emporté au monastère de Remiremont, devra patienter plus d'un an avant d'être rapatrié à Metz. Bon, quitte à organiser un petit déménagement de reliques sacrées en montagne, autant attendre de faire ça sous les rayons ardents du soleil de juillet, pas vrai ? Lors de sa translation, les porteurs et fidèles qui accompagnaient le cortège étaient épuisés, assoiffés. La légende raconte qu'en priant saint Arnould de leur venir en aide, ils virent alors leurs gourdes se remplir de bière désaltérante.

Ce miracle, au-delà de lui octroyer l'admiration infinie des Lorrains, montre à quel point il avait confiance en leur capacité à le porter à destination, même avec un coup dans le nez !

On fête cette intervention divine chaque année, le 18 juillet.

On l'appelle aussi saint Arnould (ou Arnoult) de Tiegem.

SAINT ARNOULD DE SOISSONS

(1040-1087)

Comme un fait exprès, c'est en 1040 que le petit Arnould est né dans une famille noble, un chiffre indiquant également la densité initiale d'une bière de consommation courante. Force de la nature et sacré chevalier, il s'amusait à faire voler ses adversaires lors des joutes, au point qu'on le surnommait « Arnould De Strek » (Arnould le fort).

Peut être était-il l'ancêtre d'un gouverneur californien ?

Mais s'il est reconnu comme l'incontournable saint patron des brasseurs du Nord, ce n'est pas pour ses faits d'armes. Le gaillard change brutalement de voie et décide d'aller s'enfermer dans un monastère à Soissons. Pour la faire courte, il finira par le diriger avant que le pape Grégoire VII le nomme évêque.

Plusieurs récits populaires narrent ses hauts faits brassicoles, comme cette fois où pour apaiser les cieux et faire cesser une pluie constante, il envoie dans l'océan un tonneau de bière de mars, contenant selon ses dires le symbole du « printemps né de l'hiver ».

Mais, pour le miracle que vous attendez tous, il faudra attendre la construction de son abbaye à Ondenbourg. Voyant les paysans et ouvriers tomber les uns après les autres à cause de la peste, il décide d'en réunir un maximum à la brasserie. En conseillant à la foule de ne boire que de la bière qu'il bénit de sa crosse épiscopale, il sauvera de nombreuses vies. Certains racontent même qu'il changeait l'eau en bière, mais il me semble que c'est ce que font tous les brasseurs !

Saint Arnould, que l'on fête le 14 août, a été canonisé quarante ans après sa mort.

Les impétrants chevaliers de la confrérie du Houblon d'or doivent jurer fidélité à la bière au nom de Gambrinus et de saint Arnould !

LA BIÈRE EN RUSSIE...

Si pour certains la bière est une véritable religion, d'autres la considèrent comme une vulgaire déclinaison de l'eau minérale. Officieusement, mais surtout officiellement, avant que Dimitri Medvedev intervienne en 2011, la bière n'était légalement pas considérée comme une boisson alcoolisée. Ni par les Russes ni par la mère patrie. Avant cette date, tout ce qui avait un taux d'alcool inférieur à 10 % était techniquement considéré comme une denrée alimentaire ! Aujourd'hui, les choses ont changé, la vente de bière est limitée la nuit et sa publicité interdite à proximité des écoles et des hôpitaux, voire tout court. La situation était critique au point qu'une mesure a dû être prise pour interdire la vente de bière dans des bouteilles en plastique d'1,5 l. En plus d'être une aberration, ce format généreux incitait à la consommation et permettrait d'éviter des taxes. Ceci plus cela, on se retrouve avec une baisse des ventes des bières industrielles de presque 10 %, et une hausse de 26 % des crafts, ce qui est plus que respectable. *Na zdorovié !*

BEER FACTS BEER FACTS

DES PUBS GONFLABLES

Si le camping, ce n'est pas votre dada, que vous préférez rester chez vous et que vous avez un jardin suffisamment grand, il se pourrait que Paddy Wagon, une entreprise située à Boston, aux États-Unis, ait quelque chose à vous proposer. À la manière de ces jeux gonflables pour enfants, la société propose différents services de location ou de vente d'un véritable pub irlandais gonflable. Oui. Sur les deux modèles proposés, vous retrouverez tout ce qui peut faire le charme de ces lieux comme des briques rouges ou une cheminée cosy (mais évitez d'y allumer un feu, même si ça peut sembler une bonne idée en fin de soirée, après quelques pintes). Ces « Instant Pubs » peuvent accueillir jusqu'à 80 personnes, et bien entendu, pour que votre fête soit réussie, l'entreprise propose de le *pimper* à coups de DJ, tireuses, groupes de musique, ou même de chiens irlandais... Sinon, vous pouvez aussi aller en Irlande !

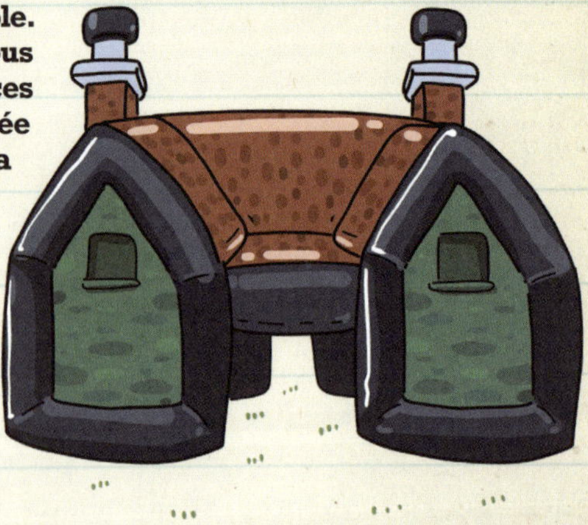

LA RÉVOLUTION INDUSTRIELLE

La révolution industrielle a donné à la bière ce qu'Internet a donné à la communication : un bon gros coup de fouet. Dans la continuité du mouvement initié par la Renaissance, des mutations brassicoles profondes s'opèrent. La bière se retrouve sous les projecteurs des sciences et profite des technologies comme la frigorification ou les transports dont elle motive les avancées. Oui, elle fait son come-back pour le meilleur, mais aussi… pour le pire !

CLUB DE BONHOMME

Au sortir du Moyen Âge, le brassage artisanal monastique ou familial ne suffit plus. Il faut voir plus grand, plus gros, construire. Mais, pour jouer à ce Sim City Brewery Edition, il faut pouvoir accéder à la propriété, contracter des prêts bancaires, ce genre de choses.

Les femmes sont donc gentiment invitées à laisser la place aux hommes, qui, eux, ont accès au capital et donc aux investissements nécessaires à de telles entreprises. Comme si ça ne suffisait pas, une loi de 1688 exclut les femmes de l'activité artisanale, même si, en français dans le texte, « elles comprennent aussi bien que les hommes ».

DE GROS CHANGEMENTS

Le 4 août 1789, c'est l'abolition des privilèges et des droits féodaux. Les biens comme les abbayes sont vendus, la loi Chapelier de 1791 fait sauter les corporations, dont celle des brasseurs. Comme si ça ne suffisait pas, la famine induite par un bordel généralisé transforme la bière en produit de luxe, puisque les céréales sont réquisitionnées pour le pain.

C'est une période durant laquelle la bière continue de s'exporter au gré des mouvements colonialistes. Certains auront des petits soucis en cours de route (voir p. 234, *Mayflower*) et d'autres en tireront profit, comme la brasserie Hodgson, avec la naissance de l'IPA. Dans les colonies espagnoles au Mexique, le brassage en terre conquise pouvait être extrêmement limité, du fait du contrôle et de la taxation imposée. Les États-Unis, eux, ont appuyé leurs revendications indépendantistes à coups de bières !

Durant cette période de grands progrès, plusieurs ouvrages de référence contribuent à diffuser le savoir brassicole. Parmi d'autres, *Le Manuel de l'art du brasseur*, d'Antoine Joseph Santerre, *Études sur la bière*, de Louis Pasteur, ou *The London and Country Brewer*, que Thomas Jefferson a hérité de son père !

***The London and Country Brewer*, de 1738, préconisait l'utilisation de boules spéciales composées d'ingrédients comme de l'albâtre, du marbre, des coquilles d'huîtres ou de la craie pour préserver la bière et éviter qu'elle ne s'acidifie. N'est pas scientifique qui veut.**

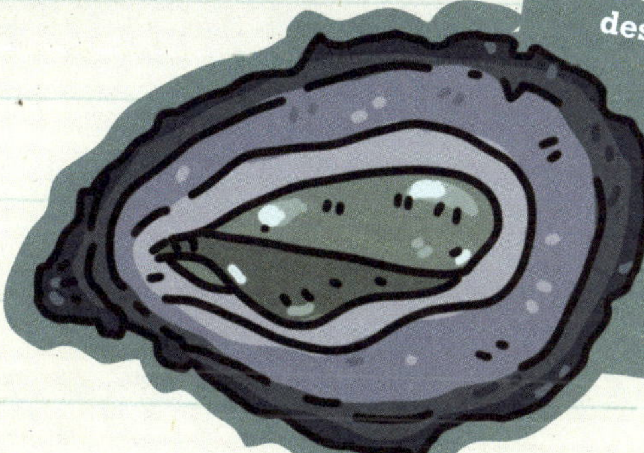

TCHOU-TCHOU

Même avec l'ajout de houblon, le transport et la commercialisation de la bière était long, coûteux et fastidieux.

Trimballer des trouzaines de tonneaux dans une carriole sur des routes à décocher un sourire à Colin McRae, ça fait pas vraiment rêver les cochers.

Le calcul était vite fait : c'était beaucoup plus intéressant de transporter les matières premières et de brasser localement. C'est là, en 1774, qu'interviennent l'Écossais James Watt* et son système motorisé à vapeur. Quand on met un moteur sur un truc, ça fait plus de bruit, mais ça va plus vite et c'est moins fatiguant. Bien pratique pour moudre le grain, acheminer les matières premières, déplacer les fûts ou pomper l'eau.

* Eh non, rien à voir avec Brewdog !

À Londres, capitale de la révolution industrielle, c'est le piston qui donne le rythme : la production de bière s'envole comme avec la brasserie Whitbread, qui crève le plafond avec ses 200 000 tonneaux par an.

Dix ans plus tard, môssieur Watt fera breveter une locomotive à vapeur. L'ère des chemins de fer va permettre de diffuser la production des nouvelles méga-brasseries aux autres villes, régions et pays. Si l'on peut vendre plus, alors on produira plus ! La géographie brassicole est entre les mains d'hommes d'affaires ambitieux.

C'EST MON PETIT DOIGT QUI ME L'A DIT

Vous savez à quoi on pouvait reconnaître un brasseur ? À son auriculaire. Oui, oui. Avant l'existence du thermomètre, il fallait bien trouver quelque chose pour jauger la température de son brassin.

Une solution consistait à projeter du blanc d'œuf à la surface et observer sa réaction.

L'autre consistait à se cramer volontairement le petit doigt.

À force de voir ses terminaisons malmenées, ce petit doigt développait une sorte de résistance à la chaleur et à la douleur. Plusieurs fois par brassin, le brasseur plongeait l'« instrument » une à deux secondes et, avec l'expérience, il savait où il en était. La précision n'était pas l'atout principal de la méthode « au doigt et à l'œil », mais, eh, y avait pas mieux…

… Jusqu'à l'apparition du thermomètre ! La minutie apportée par l'outil lui vaut l'adoration et le respect éternel de l'ensemble du monde brassicole.

Pour rappel, jusqu'alors, le brassage ne s'effectuait que dans des conditions climatiques acceptables pour le bon déroulement de la fermentation, soit plus ou moins de novembre à mars. Pour le brasseur, même averti, le brassage hors saison était un numéro d'équilibrisme.

Le thermomètre devient le fidèle compagnon qui permet de contrôler, rectifier, compenser les écarts de température liés aux aléas des saisons et de la météo. C'est une sécurité bien accueillie par le petit brasseur, mais imaginez pour les gigantesques brasseries urbaines censées abreuver quotidiennement une foule d'ouvriers assoiffés ! Foirer une cuve contenant des milliers d'hectolitres, c'était une boulette qui pouvait vous couler un business.

FLOTTE OU PÉTROLE ?

Bonne nouvelle pour les *ale-conners*, dès 1768, grâce aux améliorations apportées par Antoine de Baumé, plus besoin de décoller leur pantalon pour juger de la qualité d'une bière (voir p. 99). L'arrivée du densimètre (ou hydromètre) va permettre de mesurer avec une grande exactitude la densité de la bière avant (densité initiale) *et* après fermentation (densité finale). Ça vous fait probablement une belle jambe, mais, pour un brasseur, c'est primordial afin d'estimer et de contrôler le degré d'alcool ou le bon déroulement de la fermentation !

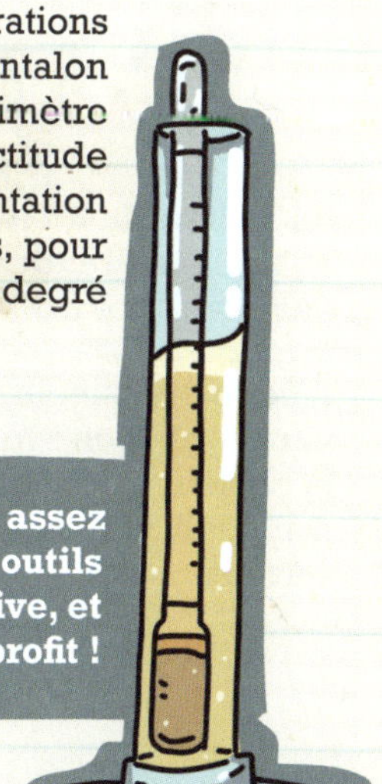

Autrefois, la qualité d'une bière était définie assez vaguement par sa « force », sa « puissance ». Ces outils vont permettre de les cerner de façon plus objective, et les taxes vont se faire un plaisir d'en tirer profit !

IL A DE LA BOUTEILLE

Automatisation, travail à la chaîne, optimisation du temps de travail. Comme en témoigne le modèle d'organisation qui porte son nom, tout le mérite de ces innovations techniques et sociales revient à Henry Ford, qui occupe à lui seul les trois places de son propre podium.

Pourtant, en 1903, soit une décennie plus tôt, un certain Michael Owens finalise son ultime invention, une machine automatisée avec un rendement si incroyable qu'il bouleverse complètement la façon d'envisager la chaîne de production.

Et cette machine, vous savez ce qu'elle permettait de produire à plus de 240 unités par minute ? Des bouteilles de bière, qui ont permis en particulier à des brasseries bien trop connues aujourd'hui d'inonder rapidement le marché.

Ce sont les vrais débuts de la production de masse, qui s'affinera avec les besoins liés aux guerres mondiales et aux années glorieuses de grande consommation qui s'ensuivent.

Avec William Painter et sa société Crown Cork and Seal, la capsule débarque sur les bouteilles de bière en 1892 !

À LA GLACE, À LA GLACE

Au milieu du XIXe siècle, les lagers font leur entrée en scène. Fermentation basse oblige, les grandes cuves où la magie des levures opère doivent être placées dans des caves froides, dites « de lagering* ».

À cette époque, la conservation des denrées périssables se fait dans un frigo naturel ultra high-tech : le cellier. Une petite pièce généralement au sous-sol, à l'abri de la chaleur et du soleil, dans laquelle sont placés des blocs de glace permettant de maintenir une température acceptable pendant plusieurs mois, voire jusqu'à l'hiver suivant.

Ça dure très longtemps, un bloc de glace !

* De l'allemand *lager* (« garder, stocker »).

Une technique rudimentaire mais efficace, même pour une petite brasserie ou pour chez vous ! Cependant, avec la révolution industrielle, la population urbaine s'accroît rapidement. Les volumes et la taille des brasseries doivent augmenter le tempo pour suivre la demande. Quand on a des cuves de plusieurs milliers de litres, les blocs de glace, c'est bien gentil, mais insuffisant.

Après des essais de fabrication de glace artificielle avec la méthode de la vapeur d'eau sous cloche à vide par William Cullen, d'autres inventeurs comme Jacob Perkins perfectionnent la technique en ajoutant de l'éther. En 1851, James Harrison se dit que ce serait une bonne idée de jongler entre l'état liquide et gazeux de cet élément : ainsi apparaît le *vapor compression refrigeration system*. C'est la première véritable utilisation d'une technologie de refroidissement de grands volumes, et elle a lieu dans une brasserie australienne. Au vu des résultats, des dollars en filigrane se devinaient derrière le regard des brasseurs. La possibilité de brasser de grandes quantités de bière à n'importe quelle période de l'année a poussé l'industrie brassicole à participer au financement des recherches et aux progrès des technologies de frigorification par la suite, comme celle de Carl von Linde en 1870.

Plus proche de chez nous, dans les Ardennes à Haraucourt, Jean-Louis Baudelot invente en 1856 un système de réfrigération du moût qui porte modestement son nom : le « réfrigérant Baudelot ». Il est considéré comme l'ancêtre du refroidisseur à plaques, et s'exporta même à New York sous le nom de *Baudelot Patent Beer Cooler* !

À Marseille, c'est dès 1859 que se fait la première installation frigorifique dans une brasserie.

SCIENCE BITCH

La révolution industrielle est marquée par d'immenses progrès en microbiologie, qui vont se répercuter sur notre bonne vieille binche. Si dès l'Antiquité on soupçonnait l'existence de bestioles invisibles, on avait compris l'usage de cette vase étrange, la lie, le dépôt de levures, dans le processus de brassage. Alors que les Nordiques utilisaient des bâtons « starters » sans avoir conscience de l'activité microscopique qu'ils renfermaient, il faudra attendre le XIXe siècle pour comprendre le rôle des levures et toute la magie de la fermentation alcoolique qui va avec. Aujourd'hui, c'est d'une plate évidence, grâce aux travaux étalés sur plusieurs siècles de toute une communauté scientifique internationale, dont ces trois gaillards :

Antoine van Leeuwenhoek : sa biographie mérite une encyclopédie dédiée, mais ce qu'il faut retenir de lui, c'est la découverte des bactéries grâce à ses améliorations du microscope.

Louis Pasteur : à la suite d'un appel au secours d'une brasserie qui en avait marre de voir ses bières tourner, il publiera ses *Études sur la bière*, une grande contribution au monde brassicole. C'est à lui que l'on doit l'explication de l'activité des levures et l'amélioration de l'appertisation en pasteurisation, entre autres.

Emil Christian Hansen : il a bossé avec Pasteur et est employé au laboratoire de la brasserie Carlsberg au Danemark. De son côté, il réussit à isoler une souche de levures *clean* et à la multiplier, de manière à disposer d'une source infinie et contrôlée. Elles seront utilisées de façon universelle sous le nom de *Saccharomyces carlsbergensis,* renommées *Saccharomyces pastorianus.*

Tout ça mis bout à bout, on se retrouve avec des bières faites à partir d'une même souche de levures. Stables, claires, pasteurisées, c'est le point de non-retour vers l'uniformisation et l'aseptisation du goût…

HIGHWAY TO PREMIUM

Avec la révolution de la fermentation basse et le modèle hégémonique de la pils tchèque, la bière revient dans le *game*. Elle est sexy, classy et se déguste dans un verre qui laisse paraître sa belle robe dorée (voir p. 138). Frigorification, transports, thermomètre, densimètre, microbiologie : toutes ces améliorations propulsent la bière sur le devant de la scène. Que ce soit pour les ales anglaises, des lagers d'Europe centrale ou leurs répliques américaines au maïs, sa production est rigoureusement suivie, contrôlée, la fermentation est maîtrisée, le conditionnement approprié. Bref, tout roule. Sauf que voilà. Si la bière à le vent en poupe, c'est aux dépens du brassage domestique. Ajoutez à cela les guerres (de Trente Ans, napoléoniennes, mondiales), les réquisitions-destructions de brasseries lors de la Révolution française, et vous aurez les bases d'un scénario catastrophe : le xxe siècle verra la prophétie de la triste uniformisation se mettre en place et s'accomplir.

Concurrence, rachats, fusions, acquisitions, la bière est produite en quantités astronomiques par ceux qui ont les moyens et les outils, au grand dam du goût, pour correspondre à un standard : un produit stable, rafraîchissant et pas cher.

De presque 3 000 en France au tout début du xxe siècle, le nombre de brasserie dégringole à seulement 23 en 1976. Une hécatombe qui entraîne diversité, terroir et histoire aux oubliettes.

Voici la situation dans les années 1970 : 23 brasseries usines à bière monumentales produisent des bières premium, nouvelle norme au goût standardisé, qu'elles écoulent au travers des enseignes de grande distribution ou *via* les contrats brasseurs instaurés chez les CHR.

Mais la bière n'a pas dit son dernier mot !

Louis Pasteur

(1822-1895)

Sans en faire l'inventaire puisque ça prendrait une plombe, on doit beaucoup à M. Pasteur ainsi qu'à tous ceux qui ont œuvré avant et après lui. Sous les pokes répétitifs de Napoléon III, il est sollicité pour s'occuper de deux éléments fondamentaux pour l'économie du pays : le vin, puis la bière.

Pour tout vous dire, au-delà de la pression de l'empereur, Pasteur avait une source de motivation inépuisable : la haine ! En 1870-1871 grondait la guerre franco-prussienne. Non seulement il voulait montrer aux Allemands de quel bois il se chauffait en les dépassant dans un domaine qu'ils maîtrisaient (la bière), mais en plus ces idiots avaient eu la très mauvaise idée de bombarder un musée d'Histoire naturelle !

Les sourcils froncés, installé à Clermont-Ferrand, il travaillera avec un brasseur afin de comprendre et rectifier les problèmes de fermentation. La solution, il la trouvera en suivant les pistes de ses prédécesseurs et ses propres travaux sur le vin ou le vinaigre : utiliser une levure pure, à l'abri de l'air, et figer le résultat par un choc thermique (la pasteurisation). Cette nouvelle méthode s'accompagne d'un brevet et d'une raillerie : Pasteur insistera pour que les bières issues de ses nouvelles instructions sanitaires portent le nom de « bière de la revanche » ou « bière française » sur le sol étranger.

Il enverra même un pack de 12 bouteilles à Alexandre Dumas, en précisant que ses bières ne présentent pas de faux goûts comme celles que l'on peut trouver dans le commerce !

Sur le plan brassicole, qui n'est au final qu'un tiroir dans l'immense armoire de la microbiologie, Pasteur aura :
- élucidé le mystère de la fermentation alcoolique et des micro-organismes qui en sont responsables ;
- amélioré l'appertisation en mettant au point la pasteurisation, qui stabilise la bière ;
- donné un sacré coup de fouet à la filière brassicole française au point que la production s'envole au xxème siècle.

Le fruit de ses recherches fut compilé dans ses études sur la bière qu'il publia en 1876. Les découvertes de Pasteur ont bénéficié à toute l'industrie alimentaire et aidé des milliers de brasseurs à maîtriser leur fermentation pour offrir des bières plus stables.
Avec les progrès dans le froid artificiel et les transports, les bières françaises s'exportèrent et rivalisèrent avec les bières allemandes.

Par la suite, l'hégémonie des pils (les bières de fermentation basse) et les découvertes d'Emil Christian Hansen au laboratoire de la brasserie Carlsberg, seront le point de non-retour vers l'uniformisation d'un goût industriel standardisé.

Mais à l'aube du XXIème siècle, Le mouvement Craft Beer habile Bill

LES VACHES NOURRIES À LA BIÈRE… ?

Un bon steak riche en protéines (et en équivalent CO_2), c'est sympa dans son assiette, mais ce que propose Hugues Derzelle, c'est encore mieux. Beaucoup mieux. Figurez-vous que cet habile éleveur belge a décidé de donner 4 litres de bière par jour à certaines de ses vaches.

Si Margueritte et ses copines semblent apprécier cette nouvelle attention, leur sourire bovin s'estomperait rapidement en comprenant que l'opération consiste à donner davantage de saveur à leur viande. Le but de la manœuvre pour l'éleveur n'étant pas de trouver des copines de beuverie ou de faire un milk stout, mais plutôt de se rapprocher de la qualité bien connue des viandes de Kobé. Made in Wallonie, la « Saveur du long pré » serait alors plus succulente et persillée, grâce à ce procédé innovant, qui fait que à la fin, tout le monde est – ou a été – content.

UNE MAISON EMMURÉE PAR DES CAISSES DE BIÈRE

En revenant de leur mariage, un couple belge s'est retrouvé au pied du mur. D'un mur de bière. Oui, la façade de leur maison est entièrement recouverte par 315 caisses de bière qui bloquent complètement l'entrée ! Fièrement affiché, on peut lire sur une jolie banderole : « Shhh… Tout juste mariés, élaboration du bébé en cours. » Rassurez-vous, les caisses sont vides et ils peuvent rapidement retrouver leur doux foyer… pour tomber sur 7 500 bouteilles disposées en forme de cœur avec leurs initiales dans leur jardin ! Heureusement, elles étaient vides, probablement descendues par les responsables de la plaisanterie. Quoique ça fait quand même beaucoup. Cette fois-ci, les sacs cabas ne suffisent pas, c'est une brouette qu'il leur faut pour les innombrables voyages jusqu'à la consigne !

BIÉRODUC ?

***Biéroduc ? Métropolibière ?* Appelez-les comme vous voulez, ils limitent le trafic, facilitent l'approvisionnement et soulagent le dos des *bartenders* : ce sont des *pipelines* de bière !**

Pipeline de Bruges :

pour limiter l'encombrement des transports et l'usure des pavés historiques de la ville (inscrite au patrimoine mondial de l'UNESCO), un pipeline de 3 kilomètres relie désormais la brasserie De Halve Maan (1854) à son usine d'embouteillage !

Pipeline de l'Oktoberfest :

Siemens s'est occupé des installations pour relier les conteneurs aux tentes et aux Biergarten de Paulaner lors de l'événement munichois. D'une longueur de 260 mètres, ils sont capables de fournir 75 000 *Masse* de 1 litre par jour pour chaque tente ! Hips.

Pipeline de festoche :

pour le Wacken Festival, c'est dans un tuyau de 7 kilomètres et 35 centimètres de diamètre que 400 000 litres de bière glissent sous la foule pour alimenter les tireuses, au rythme effréné de 6 bières par seconde ! Pour fêter ses 10 ans, et histoire de ravitailler les bars proches des scènes plus facilement, le même système a été installé au HellFest !

Pipeline du Veltins-Arena :

ce stade de Gelsenkirchen peut accueillir 60 000 personnes, qui généralement ont soif ! Il faut alimenter les tireuses des restaurants, cafés et snacks (une centaine au total) de cet espace qui se transforme en une véritable petite ville le temps d'un match. Pour éviter de trimballer des fûts à tout-va, c'est un réseau de plus de 5 kilomètres de tuyaux qui est relié à des conteneurs souterrains réfrigérés, d'une capacité de 52 000 litres ! D'autres stades pensent d'ailleurs installer le même système.

Pipeline de Thor :

rien à voir avec un dieu, et encore moins avec un réseau douteux, Thor est une brasserie danoise qui avait déjà installé un réseau de distribution souterrain. La brasserie a déménagé dans les années 1990, mais pas son pipeline ! Aujourd'hui, il est alimenté par un gigantesque réservoir et inonde la zone d'activité de la ville d'une bière qui porte son nom : la « Thor Pipeline » !

Pipeline cadeau :

en 1922, le physicien danois Niels Henrik David Bohr se voit attribuer un prix Nobel pour ses travaux sur la structure des atomes et des radiations. Soutenu par la brasserie Carlsberg (toujours impliquée dans l'art et la science de son époque), il se verra attribuer une récompense « sur mesure » : une maison reliée à la brasserie par un pipeline lui procurant une source infinie de bière ! Pour la science, bien sûr.

DRÊCHE *VS* DÈCHE

Vous savez, quand vous mélangez vos céréales préférées avec du lait au p'tit déj, qu'au bout d'un moment le lait devient sucré. Eh ben, c'est le même principe pour faire de la bière : on mélange des céréales et de l'eau chaude pour faire une bonne grosse soupe sucrée. Ça s'appelle l'empâtage, et ça sent trop bon. Une fois que c'est filtré, on se retrouve avec notre soupe sucrée d'un côté, ce sera la base de la bière, et le résidu de céréales de l'autre. Ce sont les drêches, qu'on peut jeter.

QUE NENNI, BANDE DE GNOUS !

Vous n'allez pas jeter la monnaie qu'on vous rend sur un billet ? Pendant l'empâtage, les céréales donnent une bonne partie de leur personne et de leur sucre, mais, même à l'état de drêche, elles n'ont pas dit leur dernier mot !
Il existe une multitude d'astuces pour recycler ses drêches, dans un esprit éco-responsable ou même d'*upcycling*. Et à raison de 20-30 kilos tous les 100 litres de bière, ce serait vraiment c** de s'en priver !

D'un point de vue nutritionnel, elles peuvent être utilisées telles quelles ou transformées en farine 2.0. La farine de drêches contient moins de sucres, plus de fibres et plus de protéines, avec un combo bonus de minéraux, antioxydants et vitamines qui se sont bien accrochées. C'est un véritable festin pour la plupart des animaux de la ferme, mais aussi une excellente base pour préparer du pain, de délicieux biscuits apéro, des cookies ou même des ramen !

De par leur consistance, elles constituent aussi un matériau qui peut être utilisé à des fins plus… esthético-pratiques, comme la fabrication de meubles. Oui, oui, des meubles en céréales usées, c'est toujours mieux que d'abattre des arbres !

Vous pouvez également réutiliser vos drêches comme compost, ou comme engrais naturel pour faire pousser des champignons !

Les drêches, ça représente 20 à 30 kilos tous les 100 litres de bière produite. Quand on brasse dans son garage, ça va, mais à échelle industrielle, quand on fait tourner des millions de tonnes, on peut les « méthaniser » pour les transformer en biogaz et biocarburant ! Voir p. 216.

Toujours plus loin, toujours plus fin, il est possible de créer un filament pour imprimante 3D à partir d'un mélange de drêches et de plastique ! C'est une entreprise américaine qui a eu cette idée anti gaspillage. Histoire de boucler la boucle, et pour faire la démonstration de la belle couleur dorée de leurs bobines compatibles avec la plupart des machines sur le marché, ils ont imprimé une chope de bière. Oui, oui, une chope imprimée à base de résidus de brassage. *Shut up and take my money !*

De son côté, et on finira là-dessus, Kurt Haunreiter, du Paper and Bioresource Science Center, s'est intéressé aux drêches pour en faire du papier. Pour le moment, le résultat est plutôt fibreux et déconseillé pour de l'impression, mais présente un aspect artisanal et une texture intéressante !

REFROIDIR SA BIÈRE RAPIDEMENT

Vous recevez des invités, mais n'avez pas pensé à mettre des bières au frais. Surtout GARDEZ VOTRE CALME. Ne cédez pas à la panique. Restez rationnel, et remettez-vous-en à la science.

Comparé au verre, les canettes d'aluminium ont des propriétés qui vont favoriser un refroidissement plus rapide et moins coûteux en énergie. Elles disposent d'une meilleure diffusivité thermique (elles sont moins épaisses et présentent une surface de contact plus importante).

Durée de refroidissement estimée dans un réfrigérateur à 4°C
Bouteille de 33 cl : 2 h 45 Canette de 33 cl : 2 h 3

Durée de refroidissement estimée dans un congélateur à -18°C
Bouteille de 33 cl : 1 h 15 Canette de 33 cl : 15 min

Niveau 0 : La technique du niveau 0

Déposez simplement votre bière dans un bac ou sous un filet d'eau froide, un cours d'eau, dans la neige, sur le rebord de la fenêtre s'il fait froid. Franchement, vous auriez pu trouver ça tout seul.

Niveau 1 : La technique du PQ

Enroulez quelques feuilles de PQ mouillées autour de votre bouteille ou canette, et placez-la au frigo ou au congélateur. En refroidissant plus rapidement que le contenant seul, l'eau va optimiser la baisse de température globale, et donc celle du contenu !

Niveau 2 : La technique du sel

Prenez un récipient suffisamment grand pour y déposer vos quilles, et remplissez-le avec de l'eau, des glaçons et du sel. Leur action conjointe va optimiser l'absorption de chaleur pour un résultat incroyable : une bière fraîche en moins de 3 minutes, ma gueule.

Niveau 19 : La technique de l'évaporation

Avec un chiffon, de l'eau et du soleil, il est possible de faire diminuer la chaleur de votre bière grâce à l'évaporation ! Enroulez un foulard ou un torchon humide autour de votre bière, et laissez-la au soleil et au vent. En s'évaporant, l'eau emporte de la chaleur, et refroidit donc le torchon, le contenant et la bière ! Plus l'air est sec, plus la technique fonctionnera. C'est exactement le même principe que de mettre un ventilateur sur un linge humide en plein été.

Niveau 27 : La technique de la glacière et de la perceuse

Par la capsule, calez votre bière dans une douille adaptée, et faites tourner tranquillement la bouteille immergée dans de l'eau glacée. Le contact du liquide sur la paroi est constamment renouvelé, ce qui optimise les transferts thermiques et refroidit votre potion de façon optimale !

Il existe même des machines conçues pour fonctionner sur ce principe. Oui, des gens quelque part se sont dit que ceux qui ne pensent pas à mettre leurs bières aux frais penseront à acheter une machine en amont.

Niveau 48 : La technique de la planque souterraine

Sous terre, il fait plus froid qu'à la surface, même sans aller très loin ! Si vous avez un jardin, réservez un coin facile d'accès, et creusez-y de quoi planquer quelques quilles. Ce sera votre petit frigo naturel secret, à n'utiliser qu'en cas d'urgence. N'oubliez pas de marquer l'endroit d'un X.

Niveau 592 : La technique de l'air comprimé

Lorsque la pression d'un gaz diminue, son volume augmente et sa température diminue ! C'est pour cette raison que les bonbonnes d'air comprimé peuvent geler dans vos mains. Mais c'est pas vos mains que vous voulez refroidir, c'est votre bière. Pour ce faire, il vous suffira de pulvériser de l'air comprimé directement sur votre bouteille ou canette ou de la placer dans une boîte fermée hermétiquement pour plus d'efficacité.

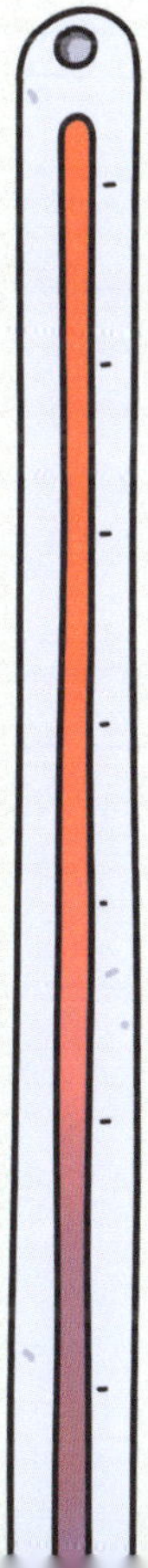

Niveau 1000 : La technique de la stratosphère

Attachez votre bière à un ballon rempli d'hélium et envoyez-la dans les airs. La température la plus basse se situe à 10 kilomètres d'altitude, au tout début de la stratosphère. Au-delà, elle peut remonter jusqu'à 0 avant de redescendre de nouveau. Dans la mesure où il est nécessaire d'attendre plusieurs jours et de parcourir plusieurs centaines de kilomètres pour récupérer votre space binche, cette technique est réservée aux agités du bocal qui ont probablement déjà consommé quelques quilles.

Niveau over 9000 : La technique de l'ex

Demandez à votre ex de tenir votre bière.
Quelques secondes suffiront.

Un objet tubulaire étrange, le chillsner, permet de refroidir votre bière en le plaçant directement dans la bouteille.

CYCLOBINCHE

C'est un fait, le cycliste, et plus globalement l'amateur de cyclisme, aime la bière. Dans le temps, selon un maître brasseur de Chimay, des coureurs s'envoyaient une brune comme un « dopant légal » sur le sprint final, et beaucoup tenaient à leur ration de binouze quotidienne !

Avec une petite binche, certains coureurs s'octroient une récompense avant l'heure, comme Adam Hansen en 2013 sur les pentes de l'Alpe d'Huez ou Filippo Pozzato en 2017 en pleine ascension du Giro. Mais vu leur classement, ce n'est pas une bonne idée.

On trouve pas mal d'initiatives qui relient le monde du vélo à celui de la bière. La Cycloperativa de Bruxelles, une sorte d'atelier bière & vélo, fait de son mieux pour dégager la gamme ABinBev des festoches du coin au profit de brasseurs locaux. Vélosophe développe une bière craft à destination des cyclistes, et des micro-brasseries comme Virage Sept tournent entièrement autour de l'univers du vélo.

Des associations comme Altercampagne orientent leurs initiatives vers des actions moins lucratives et plus valorisantes pour la filière, comme avec le Bière Tour, voyage à vélo à la découverte de la bière et de ceux qui la font.

Les Bar'oudeurs (Lionel Mangeot et Thomas Rivellini) sont deux étudiants qui ont décidé de faire le tour de France de la bière en 2019 ! 5 700 kilomètres, 74 000 mètres de D+, 2 mois d'aventure. Retrouvez la vidéo sur la chaîne !

OH ! BEN, VOYEZ-VOUS, C'EST TRÈS MINÉRAL

Attention, la Storme, en hommage à Lucien Storme, donne tout son sens à l'expression « mordre la ligne d'arrivée » ! Brassée à l'occasion du Paris-Roubaix, la dernière pépite de la Racoon Brewery de Lille est brassée non pas avec une chaîne de vélo ou du WD40, mais trois pavés de la ligne d'arrivée.
Oui, les blocs de pierre, les gros cailloux qui composent la chaussée. Ils les ont balancés au moment de l'ébullition et laissés tremper jusqu'à la garde.
À ce qu'il paraît, cela aurait joué sur l'amertume et le côté *dry*, sec.
Ma foi, pourquoi pas, il ne reste plus qu'à surenchérir avec la bière à la boue de la Ruée des Fadas !

HEE HAAA !

Si vous aimez la bière et que pédaler, ça vous fait pas peur, allez au Texas ! Premièrement vous vous rapprochiez physiquement de Chuck Norris, et deuxièmement vous pourrez participer à la GASP : Great Austin to Shiner Pedal !
La grande course entre Austin et Shiner, quoi. Voilà cinquante ans que des gens se réunissent pour s'envoyer 160 bornes dans les jambes, tout en faisant étape dans des micro-brasseries. L'arrivée est bien entendu arrosée par la brasserie Spoetzl de Shiner... pour ceux qui sont encore debout !

BIÈRE, ET IMAGE

On ne boit pas des bières, on boit des publicités. Elles reflètent les mœurs et les tendances des différentes époques, et que ce soit au travers d'encarts traditionnels ou de placements de produits, on la présente toujours comme un idéal, une évidence, un momentum. Pourtant, comme l'a si bien dit Robin Williams : « S'il fallait faire des pubs de bière réalistes, ce serait plutôt un truc du genre hey, il est 5 heures du mat, et tu pisses contre une poubelle ? *It's Miller time !* »

AUTRES TEMPS, AUTRES PUBS

Si autrefois les affiches mettaient en avant la qualité du produit, ses ingrédients, ses propriétés nourrissantes, ce n'est plus vraiment le cas aujourd'hui. Les Big Beers (bières industrielles) dépensent des millions pour maintenir leur hégémonie en s'assurant que leur image de marque est toujours considérée comme premium. Pour cela, ils racontent des histoires, vous font partager en quelques secondes des valeurs et des moments forts, immédiats. La bière devient synonyme de dépassement de soi, de victoire et de bons moments avec ses amis ou sa famille.

Dépenser des millions pour narrer l'évidence, ils m'étonneront toujours.

James Watt, l'un des deux fondateurs de Brewdog, rappelle que « s'il vous faut dépenser des millions dans des campagnes de pub pour inciter les gens à boire votre bière, c'est que le brassage est probablement négligé ».

Et what is le budget marketing at Brewdog, exactly ?

Malheureusement, aujourd'hui, ces grandes marques communiquent davantage sur les capacités rafraîchissantes de leur ~~merd*~~ bière que sur le process et les ingrédients. Un message plutôt trouble, pour des bières transparentes…

SAME, BUT DIFFERENT

Vous connaissez la loi Évin qui régit la publicité sur l'alcool ? Oui ? Non ? Peu importe, voici comment les grandes marques brassicoles industrielles font pour la contourner ! Dites-vous que, d'un point de vue marketing, pour être efficace, il faut être présent. Partout. Tout le temps. Un peu comme cette musique que vous avez dans la tête à force de constamment l'entendre à la radio.

Les marques de bière ont la jeunesse en ligne de mire, elles la martèlent à coups d'affiches, de spots publicitaires ou de placements de produits. Leur présence en tant que sponsors de festivals de musique, de soirées étudiantes ou d'événements sportifs leur permet d'afficher leurs couleurs, et bien entendu de proposer leurs produits. Et tout ça, la loi française l'interdit. Mais il existe une astuce pour la contourner : la création d'une *marque alibi*.

Le principe ? Créer une marque événementielle neutre, qui reprend de façon explicite les couleurs, symboles ou codes visuels de votre marque de bière.

Unbottle Yourself	Carlsberg
Greenroom Session	Heineken
Pression Live	Kronenbourg
Le 16e Ciel	1664
Merci Alfred	Heineken

Carlsberg avait fait le coup lors de l'Euro 2016 (organisé en France et donc soumis à la loi Évin), Leur marque alibi *probably* très, très, largement inspirée du logo de la marque danoise leur faisait directement de la publicité, sans pouvoir y être associée autrement que par sous-entendus...

La loi est une toile dont le filet laisse passer les plus gros, mais d'un point de vue marketing, cela reste plutôt malin.

En 1975 au Québec, Camille Samson s'empare d'un slogan des bières Labatt pour appuyer son intervention sur la loi 50, sur la Charte québécoise des droits de la personne : « La 50, y a rien qui la batte ! »

Si les Big Beers s'immiscent dans les grands festivals avec leurs marques alibis, les petits comme Ebulli'son ou Pointu Festival jouent le jeu du local ! Si la musique influence notre appréciation de la bière, ces bières influencent – et dans le bon sens – l'appréciation du festival !

LE BON PLACEMENT DE PRODUIT

Que ce soit sur un stade de foot, un grand ou petit écran, le placement de produit est un dérivé du lever de jambe canin pour marquer son territoire et asseoir son image de marque.

Quand on sait que les ventes de bière Ch'tit ont augmentées de 30 % après la sortie du film de Dany Boon et Kad Merad, on comprend l'intérêt : la bonne grosse moula, la thune, le flouze !

Depuis la fin des années 1990, les placements de produits brassicoles (et plus généralement d'alcool) ont non seulement doublé, mais en outre se concentrent autour de quelques marques monolithiques. Budweiser, Miller, Heineken représentent à elles seules plus d'un tiers des placements de produits sur la bière, sans compter les autres marques… qui, au final, leur appartiennent quand même.

Dans *Spiderman* de 2002, on peut voir tout au long d'une course poursuite aérienne un énorme camion Carlsberg ; une Budweiser du futur apparaît dans *Star Trek : Into Darkness*, ou dans *Man of Steel* ; une Miller High Life s'invite dans *Captain Marvel*, Jennifer Lopez s'envoie une Coors Light dans *Shades of Blue*, et la marque s'invite même à plusieurs reprises au ciné, jusque dans *Sharknado 2*.

Ce qui ressort de tout ça, c'est un rapport win-win entre l'industrie de la bière qui investit le terrain du marketing-divertissement, et les grosses productions aux budgets pharaoniques, bienheureuses de pouvoir remplir une nouvelle ligne en positif sur leur prévisionnel. Un win-win, oui, mais pas pour les jeunes qui subissent passivement ces images, gestes et attitudes.

BIÈRE ET PRODUITS DÉRIVÉS

Si c'est à Kay Kamen et Walt Disney qu'on doit les premiers produits dérivés, c'est surtout George Lucas et la franchise Star Wars qui ont su développer le filon au maximum. Au milieu des pin's, des jeux vidéo et des figurines, on retrouve même des bières, officielles ou officieuses. L'Imperial Stout Trooper (New England Brewery) ou la Lager des Étoiles (Brasserie La Pleine Lune) feront le plaisir des ~~petits et~~ grands et des collectionneurs. Depuis, on en retrouve à toutes les sauces, inspirées de séries comme *Walking Dead* (voir p. 77) ou *Dallas*, avec la JR Ewing Private Stock, de la brasserie Pearl au Texas, en hommage au personnage du même nom.

Certaines vont même jusqu'à proposer un certificat d'authenticité, comme la Groot Beer et son Rocket Fuel collector des *Gardiens de la Galaxie*.

Les jeux vidéo ne sont pas épargnés avec la bière offerte à certains influenceurs dans la campagne promotionnelle de *Borderlands 3*, ou encore les bières Fallout. Gardez les capsules !

LES BIÈRES FICTIVES

La plupart du temps, sur petit écran, les apparitions de marques sont floutées ou a minima orientées de façon qu'on ne puisse pas clairement les identifier. Mais par mesure de précaution ou pour éviter les apparitions fortuites, des marques de bière fictives ont été inventées. Après les bières réelles inspirées d'univers fictifs, on a donc aussi des bières fictives, qui vivent leur vie dans une sorte de multivers audiovisuel.

La Jekyll Island Lager de *Dexter*

La Hammerstein de *Mon oncle Charlie*

La BenderBraü ou la Pabst Blue Robot de *Futurama* (inspirée de la Pabst Blue Ribbon)

LE CAS DE LA DUFF

Le chaînon manquant entre fictif et réel, c'est la Duff des *Simpson*, et sa drôle d'histoire. Série parodique oblige, la bière préférée de Homer s'inspire de la Bud, bière de soif américaine, et de sa mascotte Budman (parodiée par Duffman dans la série). Pourtant, même si Matt Groening, le créateur de la série, explique ne pas avoir voulu créer une Duff dans le monde réel pour ne pas inciter les jeunes fans de la série à boire, d'autres s'en sont malheureusement (et malhonnêtement) chargés. (Voir p. 174)

En Australie, la brasserie Lion Nathan ouvre le bal, mais se voit finalement contrainte d'arrêter la production. Une des canettes produites dans les années 1990 s'est même vendue plus de 13 000 dollars aux enchères !

En Amérique du Sud, où les contrefaçons pullulent, deux entrepreneurs se dédouanent de toute responsabilité en expliquant que les deux « F » sont en fait un « H ». Leur bière n'est donc pas une Duff, mais une « Duh », comme dirait Billie Eilish.

Et je ne vous parle pas du bourbier juridique européen, mêlant plusieurs brasseurs et distributeurs exploitant le même filon.

En France, loi Évin oblige, toutes les apparitions de la bière dans la série ont dû être floutées et Duffman renommé "Uffman"...

Quoi qu'il en soit, la Fox a dû prendre les devants et propose aujourd'hui une vraie Duff, brassée par Paul Farnsworth, disponible dans certains pays d'Amérique du Sud ou dans les parcs à thème de la série !

KNOW YOUR MEME

Interprété de 2006 à 2016 par Jonathan Goldsmith, « l'homme le plus intéressant du monde » est un véritable triomphe publicitaire porté par la brasserie Cuauhtémoc Moctezuma.

De quoi rivaliser avec ce fameux George Abitbol.

Si vous êtes imprégné de la culture « meme », ce personnage, initialement associé à la marque Dos Equis (Double X), ne vous est probablement pas inconnu, puisque Internet s'en est emparé dès sa première apparition ! L'acteur américain Joseph Gordon-Levitt l'a même parodié lors de l'émission « Saturday Night Live », en incarnant son fils qui, lui, préfère la Tres Equis : deux tiers de Dos Equis, et un tiers de « ça te regarde pas ».

Le légendaire Goldsmith travaille maintenant avec Astral, une marque primée de tequila, et tout roule pour lui ! La campagne, quant à elle, a continué jusqu'en 2018. C'est l'acteur français Augustin Legrand qui a eu l'honneur d'hériter de la version « jeune » du personnage, mais ça n'a pas pris.

ÉGÉRIEGOLO

De nombreuses stars se sont laissé séduire par les gros dollars mal dissimulés derrière les yeux doux des 4 cavaliers de l'apocalypse brassicole.

Quoi de mieux qu'un bon gros James Bond pour faire reluire son image de marque premium ? Profitant du rayonnement d'acteurs comme Daniel Craig ou Eva Green, Heineken accompagne les sorties de *Casino Royale*, *Skyfall* ou *Spectre* de publicités de haute volée à coups de bousculades dans un train et de poursuites en bateau musclées. Même Q, incarné par le regretté Desmond Llewelyn, se voit contraint d'affubler la bouteille verte de toutes sortes de gadgets.

Dans un autre registre, la marque à l'étoile se paye la frimousse de Jennifer Aniston, ou plus récemment la classe internationale de Neil Patrick Harris. Dans une publicité culottée vis-à-vis de la loi américaine, jouant sur l'interdiction de montrer quelqu'un en train de boire de l'alcool, une ingénieuse réalisation pied de nez joue sur le cadre et le hors-champ. Plutôt malin et réussi, on ne peut pas leur enlever ça.

Jean-Claude Van Damme qui détruit des blocs de glace pour Coors Light, Harrison Ford dans un sauna, ou Stallone qui court inlassablement pour Kirin ? Il y en a beaucoup d'autres !

AND NOW FOR LADIES

Quand il s'agit de marketing, la mémoire peut être dangereusement courte et sélective. Pendant longtemps, la bière fut une affaire de femmes, mais les virages successifs sur la longue route de l'histoire brassicole vont finir par modifier leur direction... De productrices, elles se retrouvent promotrices d'une boisson pensée, produite et consommée par des hommes, pour des hommes.

Une image créée et entretenue par ces vilains industriels manipulateurs et qui va finir par leur porter préjudice : les femmes sont presque totalement absentes du marché de la bière. Mince.

> **Ce serait pas mal de rectifier le tir...**
> **Les femmes, elles sont genre plein !**
> **Y a du pognon à se faire.**

Vous comprendrez donc que ce n'est certainement pas par altruisme que l'on voit depuis quelques années des tentatives pour séduire et conquérir cette gigantesque part de marché dénigrée pendant des décennies. Souvent maladroit, le *gender marketing* utilise, hélas, des codes et des clichés décrépis pour toucher ce nouveau ~~filon~~ public.

Depuis peu, la tendance publicitaire évolue vers l'inclusivité. Pour rattraper le coup, les marques qui ont exclu ou objectifié les femmes nous expliquent qu'en fait la bière n'a pas de sexe. Coors en est un des premiers exemples, avec leur pub mettant en scène une femme qui dégrafe son soutien-gorge, puis se décapsule une bière, ultime récompense après une rude journée de travail. Il va sans dire que le geste parle davantage à la gent féminine. « Eh, toi aussi, tu peux boire nos bières ! » Louable, mais tout de même intéressé.

BIÈRE, SCIENCE ET MOULA

Ciaran Giblin, ancien maître brasseur de MeanTime Brewery, s'est pris pour un savant fou. Et ça a marché ! Avec un coup de pouce de 23andMe et de leurs solutions d'analyses du code génétique, il est possible de déterminer vos préférences gustatives en farfouillant dans votre salive à la recherche de plusieurs éléments, comme le gène TAS2R38, responsable des récepteurs de l'amertume. Une fois suffisamment d'informations recueillies, le brasseur se charge de vous pondre une « bière parfaite » sur mesure. Mais, pour ça, il faudra débourser la somme insolente de 30 000 euros ! En revanche, vous repartirez avec 12 hectolitres, soit 2 000 bouteilles à 14 euros. Vos goûts n'ont pas intérêt à changer entre-temps !

L'ENFER DES ENCHÈRES

Certaines bières mises aux enchères atteignent parfois des sommes déconcertantes ! C'est le cas en Angleterre, où deux canettes de la brasserie Felinfoel, datant de 1936, sont parties à 2 650 euros chacune. Si on change d'île, la première vraie fausse Duff de la brasserie Lion Nathan en Australie est partie à plus de 12 000 euros ! De retour en Angleterre, une bouteille de bière trouvée dans l'épave du Zeppelin Hindenburg est partie à plus de 15 000 €. Certains assemblages de la très respectée brasserie Cantillon sont également proposés à des prix absurdes sur différentes plateformes. Le brasseur, agacé par ce marché parallèle loin de l'esprit craft, prend les devants et propose ces bières à un prix tout à fait normal, afin d'enrayer ces pratiques.

IL DESCEND UN PACK DE 6 AVEC UN SOUFFLEUR À FEUILLES

On trouve de tout sur YouTube. Si votre serviteur se concentre sur les aspects culturels et historiques de la bière, d'autres préfèrent se lancer dans des performances ! C'est le cas de LA Beast, un YouTubeur américain qui a tenté de boire un pack de 6 Miller High Life (soit 2 litres) en moins de 40 secondes. Pas mal, mais pas fou non plus pour un Bavarois qui aspire sa chope en 10 secondes, par exemple. Non, si la vidéo est si spéciale, c'est parce que, comme le dit si bien son titre, elle cherche à répondre à une question existentielle : est-il possible de boire un pack de 6 en moins de 40 secondes à l'aide d'un souffleur à feuilles ? Spoiler, c'est effectivement possible. Il propose même son aide à la Nasa, dans l'éventualité où ils seraient à la recherche de scientifiques de « haute volée ».

À SITUATION DÉSESPÉRÉE…

Dans une édition du *Bien public* datant de la fin du XIXe siècle, on peut lire que « Le goût de la bière se marie le mieux avec le tabac à fumer ». Il y a de quoi faire frissonner les caisses de la Sécurité sociale, mais, effectivement, il fut une époque où une bonne bière était indissociable d'une bonne pipe ou d'un bon cigare. Comme le melon et le jambon cru, l'un n'allait pas sans l'autre. C'était un temps où il était de bon goût de flatter ses addictions dans des espaces tamisés, brumeux, un ailleurs feutré où le gentleman aimait s'acoquiner avec panache.

C'est à cette époque que le tenancier d'un débit de bière a refait son bar à neuf. Ce fut une terrible erreur. Comme des renards à découvert sur un parking, les clients ne venaient plus. Trop propre. L'ambiance et le cachet recherchés n'étaient plus là. La magie du *smoky-classy* avait disparu. Alors il prit une décision à la hauteur de la situation, et fit brûler un pneu au beau milieu du bar, histoire de rectifier le tir, à défaut d'avoir le tableau déjà noirci.

GAME OF BUDWEISER

En allemand, Budweiser désigne tout simplement un habitant de la ville de Budweis. Ich bin ein Budweiser !

Depuis quelques années, la Bud s'invite en France de façon plutôt agressive, on la retrouve partout. Publicité, CHR, mise en avant dans les rayons des grandes surfaces ou des sites Internet appartenant au géant ABinBev. Mais attendez, la Bud, c'est la Budweiser américaine ? Mais c'est pas tchèque à la base ? Hmmm, c'est un peu compliqué.

À la base de la base, c'est dans la Bohême du XIIIe siècle que ça se passe. L'allemand et le tchèque sont les deux langues dominantes dans la ville de Budweis. Et comme les habitants de Pilsen brassent la pilsner, les habitants de Budweis brassent la budweiser. Simple. Basique. En 1872, la budweiser s'exporte dans la foulée des vagues d'immigration germanique vers les Amériques. En 1876, un certain Adolphus Busch (le AB de ABinBev) aime bien cette bière, qu'il décide de reproduire sous le nom de Budweiser.

Donc, pour que ce soit plus clair, il faut bien différencier 2 marques :

La Budweiser de la brasserie tchèque Budějovický Budvar (Budweiser Budvar) fondée en 1795 et qui continue de brasser la Budweiser du XIIIe siècle.

La Budweiser des Américains, créée en 1876, et qui veut garder un nom imbibé d'une grande valeur commerciale.

C'est moche, mais c'est comme ça. Depuis des décennies, la marque américaine Budweiser (Anheuser-Busch InBev) est en guerre contre la marque tchèque Budweiser (Budejovicky Budvar NP). Ou l'inverse. Comme vous voulez.

En 2014, ABinBev mélange coups bas et arrogance en rachetant Samson, une brasserie située non loin de son rival, pour produire sa bière sous son nez.

Avec une législation internationale qui diffère selon les pays, un statu quo « exemplaire malgré lui » a lieu en Angleterre. Budweiser (ABinBev) enregistre auprès de l'office des marques du Royaume-Uni le terme *Budweiser*, puis Budweiser (Budvar) fait de même. Comme la loi au Royaume-Uni autorise la coexistence de deux marques lors d'un cas d'usage simultané honnête (*honest concurrent use*), les deux sociétés étaient donc titulaires respectives de la marque Budweiser ! Cela ne plaît pas trop aux Américains, mais, la loi étant la loi, rien ne change malgré leurs agitations et leurs caprices.

En dehors de cette exception, la tension monte au fil d'une bonne centaine d'attaques judiciaires diverses et variées depuis le début du XXe siècle. Au final, si Budweiser est généralement protégée en Europe pour la marque tchèque, le même nom l'est aux États-Unis et au Canada pour la marque américaine. La solution ? Exporter la même bière sous un nom différent. Ainsi la budweiser de Budvar s'appelle Czechvar chez les Yankees et les caribous, alors que la budweiser américaine s'appelle simplement « Bud » en Europe.

Aujourd'hui, la Budweiser américaine s'invite de façon musclée sur le marché français, avec la ferme intention de briser le triangle amoureux HK-1664-Kro ! Elle s'offre une arrivée en fanfare avec un nouveau nom, « Bud », qui l'immunise contre la protection accordée à l'appellation d'origine Budweiser détenue par la brasserie tchèque. L'astuce, c'est que si Budweiser renvoie à une appellation protégée, Bud ne renvoie à rien d'autre que la nouvelle image de marque que s'offre le géant américain.

Je ne sais pas comment ça va finir, mais avec déjà plus d'une centaine d'affaires judiciaires, c'est parti pour durer encore un moment.

BEAUTY AND THE BEER

On le sait, consommer de la bière peut influencer votre perception de la beauté... mais peut-elle aussi avoir un effet plus direct ? Si mettre de la bière à l'intérieur de votre corps ne suffit plus, rassurez-vous. Des solutions existent pour en absorber par d'autres voies, comme les bains de bière ou, dans le cas présent, des cosmétiques !

Dans la nomenclature INCI, l'*Hordeum vulgare extract* (extrait d'orge commune) présente des propriétés émollientes : il adoucit et assouplit la peau. On en retrouve en particulier dans les rouges à lèvres et les crèmes pour le visage. Vous pouvez aussi faire comme Beer Grylls et vous tartiner directement la tronche avec vos drêches. Et puis... « ça gomme bien » comme il dit.

Mon précieux

On trouve de tout au Japon, y compris dans la bière ! Saurez-vous dÉviner l'ingrédient bonus de la Precious ? Elle contient du collagène ! Pour une peau resplendissante et des lèvres pulpeuses ! HA ! Je vous conseille d'aller voir la pub sur YouTube.

Hélas, si on creuse un peu... rien n'a prouvé que boire du collagène avait un quelconque effet sur la peau. D'autant plus que l'alcool que contient la bière n'aide pas vraiment l'organisme à son assimilation... Un cadeau pour agacer votre belle-mère, à la limite.

Pour ces messieurs

Observant la hype du mouvement Craft prendre de l'ampleur là-haut, là-haut, depuis les fenêtres de leurs labos, Carlsberg se décide à passer à l'offensive. Des barbes et des moustaches requièrent une attention à la hauteur de leur splendeur. Ainsi, avec l'aide d'UrtGarden, la gamme « Beer Beauty » est née. Destinée principalement à un public masculin, chaque produit contiendrait 500 millilitres de bière congelée à l'azote et mélangée avec une « crème de base ». Mais l'introduction de ce genre de produits sur le marché n'est pas aussi anodine qu'il y paraît ! Tout comme le contournement de la loi Évin lors de l'Euro 2016, cette gamme débloque de nouveaux espaces publicitaires à occuper pour Carlsberg, qui s'affranchit avec brio des interdictions visant à valoriser une boisson alcoolisée sur le terrain sanitaire.

Attention à la mousse

Mais Carlsberg n'est pas tout seul sur le segment ! Alors que des marques comme Bröö se spécialisent dans ce créneau, d'autres proposent des shampoings au stout comme Lush avec son Cynthia Sylvia Stout, ou Park Avenue à coups de publicités humoristiques plutôt réussies.

Sans aborder la question du style ou des ingrédients, Catherine Zeta-Jones explique que le secret pour que ses cheveux soyeux ondulent avec grâce et volupté, c'est de les laver avec de la bière de temps en temps… Dans son recueil d'astuces beauté en provenance des quatre coins du monde, la maquilleuse Shalini Vadhera donne le même conseil : la bière permettrait de venir à bout des cheveux qui frisent, et aussi de leur donner du volume.

De leur côté, Guinness, Brooklyn et bien d'autres sont passés par le produit dérivé préféré de Tyler Durden, le savon (… à la bière) !

Ah.

Quand vous prenez une brasserie comme Pangpang et une agence de communication créative comme Snask, vous obtenez ? Boaf, une « bière de douche ». Bon. Non, mais attendez, tournez pas la page. Selon vous, comment peut-on arriver à *justifier* qu'une bière soit plus appropriée pour la douche qu'une autre ? Voici les arguments selon Pangpang :

1. Une bouteille de 18 centilitres peut se finir en seulement 4 gorgées (la nouvelle unité de mesure pour la durée d'une douche).
2. Elle est à 10 % d'alcool, juste ce qu'il faut pour vous booster avant la soirée ! Youpi.
3. L'encre. L'encre est en relief. Ça sert d'antidérapant pour éviter un *shower drama*.

Les résines du houblon fourmillent de composés dont les propriétés vont bien au-delà de l'amérisation ou de l'aromatisation de la bière ! En plus de limiter la propagation des bactéries, ils facilitent la cicatrisation, limitent les inflammations et l'oxydation, stimulent la synthèse du collagène et de l'élastine pour une peau en meilleure forme !

Pour une approche plus mystique des cosmétiques, dans les pays où la culture du houblon est très présente, les filles qui voulaient avoir de longs et beaux cheveux en enterraient une mèche près d'un plant, en espérant qu'ils poussent aussi vigoureusement. À l'inverse, répétez l'opération dans un champ de pommes de terre pour une calvitie éclair.

PROHIBISLANDE

Connaissez-vous le Bjórdagur ? C'est la journée de la bière en Islande. Plutôt chouette, n'est-ce pas ? Ben, c'était vraiment pas gagné d'avance.

Il n'y a pas si longtemps, l'alcool sur la terre de glace était exclusivement réservé aux week-ends. On ne rigole pas avec ça. Il faut avoir passé la vingtaine pour en acheter, et si on vous chope au volant avec ne serait-ce qu'un Mon chéri dans la boîte à gants, je donne pas cher de votre peau.

Comment cela se fait-il donc ? Pour mieux comprendre, retour rapide jusqu'en 1915, date fatidique où, à la suite d'un référendum, l'alcool est interdit. C'est la prohibition en Islande. Six ans plus tard, sous la pression des Hispaniques qui menacent de ne plus leur acheter de poisson, seuls les vins espagnols et portugais continueront d'être tolérés. Faudrait pas foutre en l'air l'économie pour une question d'abstinence.

Progressivement, il faudra attendre 1935 pour que les spiritueux soient autorisés, mais *pas* la bière. Enfin si, mais pas au-dessus de 2,25 %. Cette interdiction est justifiée de deux façons :

Officiellement :
une bière simple, produit facilement accessible, augmente drastiquement la consommation d'alcool du pays.

Officieusement :
l'Islande étant en pleine bagarre avec le Danemark pour gagner son indépendance, la bière était fortement associée au style de vie des buveurs de Carlsberg… donc plutôt mal vue.

Face à de telles interdictions, des pratiques de fortune apparaissent.

Brassage secret à la maison.

Alcool de contrebande.

Des médecins laxistes ou miséricordieux qui prescrivent de l'alcool pour des raisons plus ou moins justifiées.

Les bjorliki, des mélanges douteux de bière et de spiritueux comme de la vodka.

Des peintres qui doivent bizarrement nettoyer leurs pinceaux à l'aide de spiritueux plus souvent que d'habitude.

Des marins, grands bourlingueurs des mers, rapportant illégalement de leurs escales des packs qu'ils planquaient pour les amateurs.

Après un projet de loi spécial dans les années 1980, une technique consistait à acheter de la bière en duty free dans un aéroport dès que possible, pour soi et ses amis.

Il faudra attendre le 1er mars 1989 pour que les Islandais puissent enfin, pour la première fois depuis 74 ans, s'envoyer une bière de façon légale. *Sköl !*

Le champagne de la bière, mais faut pas le dire.

BRUT BEER

En bref : une potion prestigieuse qui mélange le brassage et la méthode traditionnelle des vins mousseux !

Initialement baptisées « bières champagnisées », il n'en fallait pas plus pour sonner l'alerte auprès des virulents défenseurs de l'appellation champagne ! Manu militari, les brasseurs et la presse ont donc été invités à changer de dénomination. On parle maintenant de brut beer, et, pour faire simple, il s'agit d'un hybride entre une bière et un mousseux. En Flandres, si Bosteels (avec la Deus) et De Landtsheer (avec la Malheur Brut) sont les seules brasseries à s'être aventurées sur ce terrain, ce n'est pas pour rien : une bière brute, c'est très long et ch**** à faire !

Pour la partie brassage, rien de spécial. Première fermentation, maturation en cuves, filtration, puis embouteillage. C'est après que ça se gâte. Dans le cas de la Deus, l'embouteillage est fait en France. Après un petit voyage en camion citerne, on y rajoute un mélange « secret » de sucres et de levures, et c'est parti pour un an de maturation ! Qui dit re-fermentation en bouteille dit aussi dépôt de levures, ce qui devient gênant pour une bière censée être limpide, fine et fluide, exempte de tout résidu.

Mais figurez-vous qu'il existe une technique pour extraire la lie (le dépôt de levures) ! Il « suffit » de faire régulièrement tourner les bouteilles tout au long de la phase de maturation pour qu'elles finissent à la verticale et que les levures glissent toutes dans le goulot. On passe ensuite au plus spectaculaire : la technique du dégorgement. Une opération dont le principe est de faire refroidir la bière :

– pour geler les levures dans le col de la bouteille. Elles forment alors un bouchon qui pourra être expulsé.

– pour induire une sursaturation qui maintiendra le gaz carbonique dissout à l'intérieur de la bière. L'étape du dégorgement à proprement parler est assez spectaculaire, car avec plus de 6 bars de pression, les bouteilles deviennent de véritables canons à levures ! On pose ensuite le bouchon définitif, et c'est bon ! On obtient grâce à cette méthode mixte une bière pétillante, limpide, sèche, idéale en apéritif ou en dessert, et pourquoi pas présentée dans une flûte ?

Quitte à pousser le mimétisme jusqu'au contenant, la bouteille de Deus, qui ressemblait « un peu » trop à un Dom Pérignon, a posé quelques problèmes à la brasserie Bosteels…

GAMBRINUS

On ne compte plus les auberges, bars et cafés qui portent le nom de Gambrinus, roi de la bière et grand protecteur des brasseurs. Représenté comme un fier barbu hardi coiffé d'une couronne et brandissant une énorme chope mousseuse, il est le Père Noël de la bière, le Hagrid de la binche, le bon vivant absolu : c'est ce bon vieux Gambrinus.

On le retrouve comme l'un des géants dans les carnavals, braderies et autres défilés typiques du Nord.

Sa présence étant synonyme de joie de vivre et probablement d'excès festifs, vous ne serez pas surpris d'apprendre que, quand il s'agit de trouver les origines du personnage, les témoignages restent troubles ! Ainsi, on retrouve le « roi de la bière » dans des poèmes, des chants, des œuvres graphiques et même des prières. Il en découle 4 histoires ayant probablement servi à étoffer une légende qui les dépasse !

Au XIIIème siècle, Jean Ier duc de Brabant se fait également appeler Jan Primus. Phonétiquement, on peut dire qu'on est sur une piste : c'est le premier à être assimilé à Gambrinus au travers de deux histoires. La première raconte sa prestation théâtrale lors d'un banquet organisé après une victoire. Chope à la main, juché sur une pyramide de tonneaux, il aurait tenu un discours épique en invitant tous les convives à s'enjailler comme jaja avec lui. Ravissant son auditoire, ses exploits de guerrier et son sens de la fête furent contés dans les contrées proches et lointaines !

La deuxième raconte comment il se serait fait avoir comme un bleu. Son adversaire lui aurait fait remarquer qu'à deux contre un... on prend des libertés sur la définition du duel. Jan Primus « Gambrinus », persuadé d'être tout seul dans son équipe de 1, se retourne. Grosse erreur de tourner le dos dans un pareil moment : il se fait mettre au tapis. Sur le ton de la raillerie, le vainqueur annonce que son équipier n'était que la bière qu'il avait bue avant le combat.

Le prétendant suivant au titre du Gambrinus original est Jean sans Peur, duc de Bourgogne. Pour que les brasseurs arrêtent de se faire racketter par les évêques et leur taxe sur le gruyt, il fonde l'ordre du Houblon et généralise son utilisation, ce qui lui vaudra le surnom de « roi de la bière ».

Une dernière histoire nous narre les aventures d'un jeune Cambrinus (ou Gambrinus, selon les versions), apprenti carillonneur, amoureux à sens unique de la fille de son maître. Comme ça se faisait beaucoup apparemment à l'époque : il passe un pacte avec la diable. S'ensuivront des aventures houblonnées et d'énormes quantités de bière qui le rendront « gros et heureux », au point de recevoir le titre de roi de la bière qu'il avait fait connaître à tout son village !

Quoi qu'il en soit, Gambrinus est devenu LE roi et même le saint de la bière. Une force de la nature, bienveillant et protecteur, l'essence même de la boisson qu'il représente. Finalement, n'est-ce pas la destinée du vrai dieu de la Bière que ni lui ni personne ne se souvienne de qui il était… ?

Une "gambrinade" désigne une grande beuverie !

BIÈRE, ET PRÉSIDENTS
« Avec quel candidat préféreriez-vous boire une bière ? »
Ce n'est pas pour rien si c'est l'une des questions
les plus fiables dans les sondages préélectoraux !
Au cours de l'histoire, beaucoup de Présidents ont croisé
la route de la binche, et elle le leur a bien rendu… ou pas !

THE BEER TEST

Pour la première fois en France, l'IFOP*, en association avec CorioLink**, a réalisé un *Beer Test* (rien à voir avec un éthylotest). C'est une pratique très utilisée aux États-Unis en période d'élections et qui sert d'indicateur du *likability factor*. Cela permet de jauger le capital sympathie des candidats, et donc de proposer des pronostics !

* Institut Français de l'Opinion Publique.

** Une entreprise de conseil en communication d'influence spécialisée dans les problématiques économiques, institutionnelles et politiques.

« La bière a comme vertu de rendre plus sympathique et accessible l'homme politique. Ces derniers l'ont bien compris, et les Américains bien avant nous, au point d'en faire une alliée puissante des stratégies de communication. Idéale pour casser une image vieillissante, elle permet aussi d'atteindre toutes les catégories socioprofessionnelles grâce à son universalisme. Barack Obama, lors de sa campagne face à Mitt Romney – connu pour ne pas boire d'alcool – a usé de cette stratégie. Cette dernière, reposant sur l'analyse sociologique des amateurs de bière, combinée à d'autres données statistiques, lui a permis de convaincre la *working class*, tout comme l'"homme blanc" adepte des micro-brasseries et votant traditionnellement républicain. Alain Juppé, avec moins de succès, a essayé de la dupliquer face à Nicolas Sarkozy et François Fillon durant les primaires de la droite et du centre, tout comme Jacques Chirac auparavant. » (Pierre Alibert, cofondateur de l'agence CorioLink.)

En 2017, le podium français était composé d'Emmanuel Macron (44 %), Édouard Philippe (37 %) et Jean-Luc Mélenchon (28 %) !

Je me demande quel aurait été le score de Jacques Chirac si ce test était entré en vigueur plus tôt…

JACQUES CHIRAC

> Je suis un grand amateur de bière, mais je ne dépasse jamais le coma éthylique…

CHIRAC.BEER

Chirac et la bière, c'était une grande histoire d'amour. Il ne s'en cachait pas, et ça n'a été un secret pour personne ! Lorsqu'on lui demandait pourquoi lui, Président français, préférait la bière au vin, il répondait simplement « qu'on pouvait en boire davantage ».

À l'occasion de son dernier sommet européen à Berlin en 2007, il s'est même vu offrir une magnifique chope à bière traditionnelle du XVIIIe siècle par Angela Merkel !

COURONNE ALTERNATIVE

Chirac aimait la bière, mais surtout la Corona.

Il aimait tellement cette marque, probablement découverte lors de ses voyages aux É-U, que chez Corona, au Mexique, ils le considéraient comme leur meilleur vendeur ! Il faut dire que, depuis cette photo dans *Paris Match*, toujours affichée dans le bureau de M. Valentín Díez*, il a largement contribué à développer la marque dans l'Hexagone, multipliant les ventes par 12,5, jusqu'à atteindre 25 millions d'unités vendues !

Comme le raconte Michel Sardou sur Europe 1, Bernadette n'approuvait pas vraiment qu'il boive de la bière, alors ils devaient s'en faire passer discrètement sous la table !

* Le vice-Président chargé des ventes de Corona dans les années 1990.

JUSTICIER ET CHEVALIER

Tel le « justicier de la bière », il a d'ailleurs été appelé en renfort par Bernard Gérard et Gérald Darmanin, deux députés du Nord qui s'insurgeaient de la nouvelle hausse des droits d'accise* sur la bière. Tant qu'on est dans le Nord, figurez-vous qu'en 1987, à Lille, M. Jacques René Chirac fut intronisé chevalier de la très prestigieuse confrérie du Houblon d'or. Avant d'être adoubé par le grand maître à l'aide d'un fourquet, il dû jurer fidélité à la bière, fille du houblon.

« Bien sûr que je suis de gauche, je mange de la choucroute et je bois de la bière. »

* Une sorte de taxe bonus pour reboucher le trou de la Sécu à coups de 500 millions d'euros.

LE TROLL DE LUXE

M. Chirac avait beau être le Président du swag et le dernier en date à avoir eu un double mandat, les ambiances pédantes et arrogantes de la mondanité mondaine, c'était pas trop son truc. Et justement, cette fois où il était en compagnie de Mitterrand, Helmut Kohl et Margaret Thatcher qui s'amusaient à tartiner leur culture, ça l'a agacé. Sur l'impulsion de Mitterrand, à l'aise sur ce terrain, chacun était invité à donner une date importante pour la construction de l'Europe. Mitterrand pose le baptême de Clovis, puisque la France, c'est la base. Toi-même tu sais. Thatcher répond l'adoption de la Grande Charte par Jean sans Terre, histoire de dire que les Anglais ont inventé la démocratie. Kohl lâche la signature du traité de Westphalie, qui mettait fin à la guerre de Trente Ans. Tout le monde se tourne alors vers Chirac, qui place majestueusement : 1664, KRONENBOURG…

LA REINE ÉLISABETH Ire

Eh oui, elle aimait la bière ! Mais, surtout, elle avait de la suite dans les idées. Si elle devait se déplacer, la bière locale de destination devait être testée. Si par malheur elle ne lui convenait pas, elle y faisait expédier sa bière préférée à l'avance !

GEORGE WASHINGTON

Washington aimait la bière au point d'appeler ses chiens Drunkard (« Ivrogne »), Tippler (« Poivrot ») et Tipsy (« Pompette »). Tout au long de sa vie politique, ce fut un outil de choix pour gagner la faveur des électeurs, comme en témoignent les commandes colossales passées en Angleterre. Notamment de porter, qu'il appréciait beaucoup.
Mais, à l'opposé de ces moments festifs, la bière, ça peut être quelque chose de très sérieux. Lors de la guerre révolutionnaire, elle était le carburant des soldats et officiers cherchant de quoi tenir moralement *et* physiquement. Si bien qu'on a retrouvé une lettre de l'aide de camp de Washington, Caleb Gibbs, à l'intention du commissaire adjoint John Chaloner, disant : « On a besoin de bière, et vite ! »

En tant qu'amoureux de la bière, le premier Président des États-Unis d'Amérique se devait de marquer le coup de l'indépendance ! Pour faire la promotion du local, du fait maison, du *made in USA*, la bière était toute désignée ! Dans une lettre datée du 29 janvier 1789, Washington s'adresse au marquis de La Fayette afin de lui signifier que la bière qu'il consommerait serait dorénavant américaine ! C'était loin d'être à contrecœur, puisque, au-delà d'un acte symbolique, Washington avait sa propre recette de *small beer* depuis 1754 ! Une bière simple qui permet à hommes, femmes et enfants de s'hydrater tout au long de la journée. La version originale et manuscrite est d'ailleurs visible à la Public Library de New York, au dos d'un carnet militaire que Washington avait gardé sur lui alors qu'il était colonel dans la milice de Virginie.

La brasserie de Long Island, Brewers at Blue Point Brewing, a tenté de recréer cette bière au plus proche de la recette originale. Le résultat : une bière à 3,6 %, baptisée Colonial Ale.

Plus tard, il disposa de sa brasserie perso dans son fief de Mount Vernon. Il est d'ailleurs toujours possible d'y admirer sa grande collection de verres à bière.

THOMAS JEFFERSON

> ***Beer, if drunk in moderation, softens the temper, cheers the spirit, and promotes health*.***

En Virginie, le domaine de Monticello est inscrit au patrimoine mondial de l'Unesco. Il s'agit de l'ancienne demeure de Thomas Jefferson, troisième Président des États-Unis, dont il dessina lui-même les plans. Et dÉvinez quoi ? Elle comprenait dès le début un espace de brassage et de stockage pour sa binche !

Si la bière est parfois mentionnée dans ses échanges ou ses déplacements, on apprend tout au long d'une conversation avec un certain Michael Krafft l'appétence et la considération que le Président voue à la science. En mentionnant la bière, mais pas seulement, il souligne que le confort et les plaisirs qu'elle procure sont un rappel constant de nos obligations à son égard.

Comme il l'a décrit à son successeur Madison, Jefferson s'est même fait creuser une salle de maltage sur le flanc escarpé d'une colline.

À partir de là, tout s'accélère, et ses intentions sont plutôt claires, puisqu'il fait l'acquisition d'un livre sur la théorie et la pratique du brassage ! Il demande même à son voisin de lui rendre les deux autres ouvrages sur le sujet qu'il lui avait prêtés quelque temps auparavant, annonçant par là même qu'il se lançait officiellement dans la binouze.

Dans les affaires de son père (Peter Jefferson), fut retrouvé *The London and Country Brewer*, un livre de brassage qui témoigne de la place occupée par cette boisson non seulement dans sa famille, mais aussi dans la plupart des foyers de ses compatriotes !

* « La bière, lorsqu'elle est consommée avec modération, apaise, stimule l'esprit et garde en forme » (attribué à T. Jefferson).

géniale

Si sa femme Martha brassait déjà de la petite bière de table depuis des décennies, ce n'est qu'au début du XIXe siècle, alors qu'il se retire dans son domaine, que Thomas Jefferson se lance vraiment dans le brassage.

À la fin du XVIIIe siècle, Thomas Jefferson plante du houblon dans sa propriété.

C'est avec l'aide du captain Joseph Miller, un Anglais qui en connaissait un rayon sur la bière, le maltage et le touraillage, que se font les premiers brassins. Malgré ses suggestions, Jefferson n'utilisa pas d'orge. Sa recette était basée sur le blé et le maïs… sombre écho des bières industrielles d'aujourd'hui !

Forte de son succès, la bière de Thomas Jefferson suscita de l'intérêt, y compris auprès de James Madison, quatrième Président des États-Unis en fonction.

JAMES MADISON

Tout comme Washington avant lui, il cherchait à protéger le marché intérieur en taxant les importations de bières étrangères, mais également à trouver une source de revenus pour l'État de Virginie qui patinait un peu à ses débuts financiers. C'est ainsi qu'avant d'être Président, durant son mandat à la Chambre des représentants, Madison a proposé le premier projet de loi jamais conçu pour taxer et réglementer les boissons alcoolisées aux États-Unis. Dans la foulée, et à la suite de son élection en tant que quatrième Président des États-Unis, il proposa en 1809 de créer une National Beer Brewery et de nommer un secrétaire de la bière à la présidence !

Parmi les quatre bières de leur Brewer Patriot Collection, la Boston Beer Company (Samuel Adams) a élaboré une recette pour honorer les pères fondateurs. La James Madison Dark Wheat Ale est brassée avec du malt fumé à la main à partir de chênes rouges et blancs poussant sur des terres qui appartenaient autrefois à James Madison.

THEODORE ROOSEVELT

Theodore, « Teddy » Roosevelt n'avait pas un goût prononcé pour la bière. Son truc, alors qu'il était commissaire de police à New York dans les années 1890, c'était d'aller faire le rabat-joie dans les bars, tavernes et saloons le dimanche pour réduire la consommation d'alcool et les complications qui pouvaient en découler. Ses plans tombent à l'eau lorsqu'un magistrat officialise le fait que 17 pintes pouvaient constituer un repas, du moment qu'elles étaient accompagnées ne serait-ce que d'un bretzel.

Finalement, en 1908, après avoir terminé son mandat en tant que vingt-sixième Président des États-Unis, il part en Afrique pour un an de safari. Si on peut le voir sur une affiche publicitaire marcher avec des hommes qui portent des caisses de bière Schlitz derrière lui, ce n'est pas pour sa consommation personnelle, mais plutôt parce qu'il connaît l'impact que peut avoir la boisson pour son image !

Une chope en terre cuite illustrée et peinte, fabriquée en Allemagne, le représente juché sur le dos d'un éléphant, en train de repousser un tigre.

FRANKLIN ROOSEVELT

***I think this would be a good time for beer*, dit Franklin Roosevelt, huit jours après avoir pris ses fonctions de trente-deuxième Président des États-Unis.**

Il aura fallu attendre M. Roosevelt pour mettre fin à cette connerie de prohibition, et son impact dévastateur sur toute la chaîne de l'industrie brassicole. Sans parler des bars clandestins, des *speakeasy* hors la loi et des criminels spécialisés. Ce fut une exécution en deux temps : première approche avec le Beer and Wine Revenue Act, qui a permis au gouvernement de percevoir des taxes sur l'alcool, tout en donnant aux États le droit de remettre quelques bières (3,2 % d'alcool maximum) et vins dans le circuit, puis élimination définitive le 5 décembre de la même année.

Si le crime naît de son absence,
alors la bière n'est que justice.

JIMMY CARTER

La prohibition n'est plus, mais dans l'euphorie générale, au milieu des dossiers, de la paperasse et du champagne, un détail est passé au crible : l'autorisation du brassage amateur.

Un détail ?
You're fuc[redacted] kiddin' me ?

La solution à ce problème a un nom : Jimmy Carter ! En 1978, il signe un projet de loi (HR 1337) qui envoie les taxes d'accise sur la bière aux oubliettes, du moment qu'il s'agit d'une fabrication artisanale réservée à une consommation personnelle et familiale. Ainsi, il rend héroïquement sa légalité au *homebrewing,* qui sera adopté dans presque tous les États.

Au même moment, Charlie Papazian (un des pionniers de la bière artisanale) lançait *Zymurgy*, un magazine dédié à la bière artisanale, ainsi que l'American Homebrewers Association.

Son frère Billy Carter n'était peut-être pas Président, *mais* il avait sa propre marque de bière ! La modestement nommée Billy Beer fut initialement brassée par la Falls City Brewing Company en 1977, avant de s'éteindre en 1978. Une courte vie, donc, pour une bière qui n'avait rien d'autre à proposer qu'une signature précédée d'un petit mot du personnage :

> ***I had this beer brewed up just for me. I think it's the best I ever tasted. And I've tasted a lot. I think you'll like it too.***

Une citation d'autant plus hilarante que le *The Milwaukee Journal* révèle qu'il boit de la Pabst Blue Ribbon en privé !

On retrouve même la Billy Beer à deux reprises dans les Simpson, lorsque Homer en sort une de sa veste spéciale concert qu'il n'avait pas enfilée depuis sa tendre jeunesse, ou lorsqu'il décide d'en conserver au cas où elle prendrait de la valeur. À ce propos, il ajoute : « On a élu le mauvais Carter. » D'oh !

RONALD REAGAN

En voyage en Irlande, le couple Présidentiel se pose dans un pub traditionnel pour boire une bonne bière et renouer avec les racines de M. Reagan. À sa mort, en 2004, ce même pub a été racheté puis reconstruit dans la Reagan Presidential Library. Malheureusement, il ne représente plus qu'un simple snack touristique dans lequel on ne peut même plus boire de bière… Triste témoin du passé.

BILL CLINTON

Dans l'Iowa, la brasserie Exile Brewing Co fait partager son sens de l'humour avec la Chill Clinton : une bière ambrée infusée avec des graines de chanvre !…

GEORGE H.W. BUSH

> ***Lisez sur mes lèvres : il n'y aura pas de nouvelles taxes.***

Ce sont les mots qu'a prononcés ce cher George à l'occasion de son discours d'investiture. Cool ! Sauf qu'avec l'invasion du Panama et la libération du Koweït, ça a fait un trou dans le budget. Un trou qu'il va falloir reboucher. Résultat : dès 1990, une taxe sur les articles de luxe (manteaux de fourrure, bijoux, yachts) fait son apparition, mais c'est loin d'être suffisant. Et si on taxait la bière ? Mais, genre, comme des gros sales ? Ainsi les droits d'accise ont été doublés. Bim

Une mesure qu'Abraham Lincoln avait déjà prise de son temps pour rattraper les coûts liés à la guerre civile.

GEORGE W. BUSH

En ce qui concerne la bière, au-delà de péter les scores du fameux Beer Test, le fils de l'homme aux fausses promesses a aussi ses petits secrets. En 1976, le tennisman John Newcombe a été invité à passer un week-end prolongé chez les Bush. À 32 ans, il était à peine plus âgé que le jeune George W., et ils ont naturellement fini dans le pub du coin. Les deux larrons, plutôt du genre fêtards, se sont mutuellement lancé des défis consistant principalement à boire des bières ! Au moment de rentrer, le fils Bush insiste pour prendre le volant et se fait arrêter pour conduite en état d'ivresse. Une histoire qui ressortira 24 ans plus tard durant sa période électorale et manquera de lui coûter la présidence.

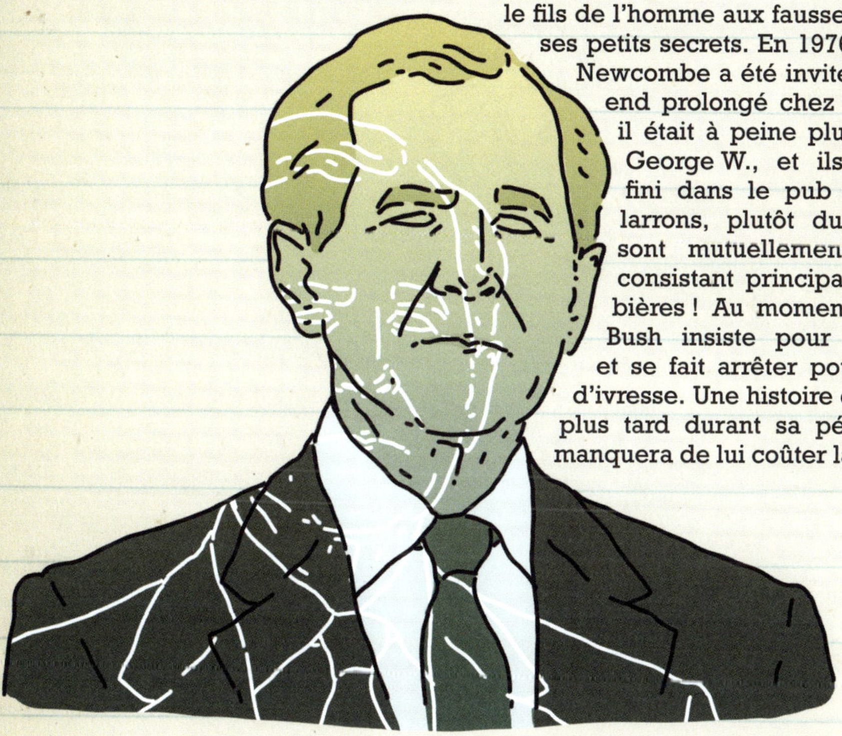

Conduire ou choisir, il faut boire !

Lucy Hayes était la femme de Rutherford B. Hayes, dix-neuvième Président des États-Unis. Elle avait décidé d'interdire la bière, et plus généralement l'alcool, le tabac et les jurons à la Maison Blanche ! Les dirigeants et tout le gratin qui y étaient invités l'ont alors surnommée « Lemonade Lucy ». À l'opposé, Warren Harding, vingt-neuvième Président des États-Unis, toujours à la Maison Blanche, baignait dans l'hypocrisie : il enfreignait la prohibition en s'autorisant des petites soirées de poker privées. Bel exemple !

BARACK OBAMA

En pleine tournée pour sa campagne Présidentielle, lorsqu'une dame âgée lui propose un smoothie, il lui répond : "Une bière, ce serait mieux."

BARACK À BIÈRE

En prenant exemple sur Washington, Obama ne s'est pas privé d'utiliser la bière à son avantage pendant sa campagne. Le message ? C'est un gars comme vous, qui aime la binche. Le genre de gars à qui beaucoup d'Américains pouvaient s'identifier. Coup de chance, la bière était l'arme idéale pour discréditer son adversaire, Romney, la plus fine gâchette tous États confondus, quand il s'agissait de se tirer une balle dans le pied :

> **« Une fois, quand j'étais jeune, j'ai goûté une bière et… essayé une cigarette, aussi. »**

Il y a aussi cette fois où, pendant sa tournée électorale, Obama a proposé de payer des bières à ses futurs électeurs. La foule a alors entonné le traditionnel « 4 more years », mais en changeant les paroles en « 4 more beers ». Du coup, il a enchaîné sur une tournée générale, sauf à un type qui portait les couleurs de… Romney. Eh, déso…

On ne change pas une équipe qui gagne, alors, pendant ses tournées Présidentielles pour sa réélection, il est passé au niveau supérieur : distribuer des bières, et pas n'importe lesquelles…

LA MAISON BLANCHE, BLONDE ET BRUNE

Un matin, Obama s'est levé, comme tous les matins j'imagine, et s'est dit : « Tiens. Je vais officiellement faire brasser de la bière à la Maison Blanche. » Et il l'a fait. Avec du miel des ruches gérées par sa femme dans les jardins de la Maison Blanche.
Là ou Chirac fut intronisé chevalier du Houblon d'or, Obama a bénéficié du statut de membre d'honneur à vie de la part de l'association nationale des brasseurs américains ! Une pétition a même été mise en place pour demander la recette de la bière de la Maison Blanche ! Et ça a marché, elle est disponible sur leur site.

LE BEER SUMMIT

Un beau jour, un flic a fait une boulette. Une boulette tellement grosse qu'elle pourrait jouer dans un remake du premier Indiana Jones. Pour résumer l'histoire en une phrase : un professeur d'université (noir) qui avait oublié ses clefs tentait simplement de rentrer chez lui avant qu'un policier (blanc) l'arrête violemment, sans écouter ses explications.
Le professeur est outré par la police qui a déconné, la police est outrée par Obama qui partage son opinion, le climat est plus que tendu, et avec les médias qui s'en mêlent, ça devient vite un joyeux bordel.

Qu'à cela ne tienne ! Aux grands maux les grands remèdes. Pour calmer le jeu, M. Barack va organiser un *beer summit*, un sommet de la bière. Ainsi se sont réunis le prof, le flic, le vice-Président Joe Biden et lui-même, pour discuter de tout ça autour d'une bonne bière en fin de journée, en bonne intelligence. Et ce fut un succès.

THE OBAMA EFFECT

Barack Obama, c'est le seul Président, à ma connaissance, à avoir engendré une pénurie de bière dans un pays par le simple fait de s'y rendre. C'est dans ses démarches pour lever l'embargo sur Cuba que ce petit bouleversement brassicole s'est produit. Une fois les interdictions assouplies, Obama fut le premier Président américain à se rendre sur l'île en 88 ans. C'était la petite secousse politique qui allait, peu de temps après, faire s'abattre sur l'île un raz de marée touristique. Résultat : le pays est à sec, et Bucanero (une marque locale) importe en urgence 3 millions de bières en provenance de la République dominicaine.

Obama est joueur ! Il faisait même des paris à coups de bières, comme pour les J.O. de Sotchi, où il avait parié une caisse de binouzes contre le Premier ministre canadien sur un match de hockey. Ou avec Elio Di Rupo, à qui il dut en envoyer une après avoir perdu son pari sur les huitièmes de finale de la Coupe du monde de football au Brésil.

DONALD TRUMP

DUMP THE TRUMP

Les bières sont partout, et, comme les t-shirts, constituent une surface publicitaire opportune. Un moyen singulier mais efficace de capter l'attention, de transmettre un message ou même des revendications. C'est ce qu'ont suscité la campagne, les discours, puis l'élection de Donald John Trump auprès de nombreux brasseurs... mais pas dans le sens qu'il espérait ! Ainsi apparaissent des « anti-Trump beers » !

Entre la Dump the Trump, de Behemot Brewing Co., la Make Earth Great Again, de Brewdog, ou encore la Fake News Ale, de Maverick Brewing Co., l'homme d'affaires qui a fait une apparition dans *L'Avocat du diable* donne au caméo une dimension dramatiquement réaliste.

ON AVAIT DIT PAS LES MOUMOUTES

Chicago, 2015, les propriétaires de la micro-brasserie 5 Rabbits, d'origine hispanique, n'ont pas vraiment aimé les propos dénigrants tenus par le candidat aux élections à propos des Mexicains. Indignés, d'autant plus qu'ils fournissaient le restaurant de la tour Trump, ils décident de réagir à leur façon. C'est ainsi qu'est née la Chinga Tu Pelo (Baise tes cheveux). qui est rapidement devenue un symbole de la résistance anti-Trump !

Les gars de chez Brewdog sortent les voiles pour prendre le vent de l'opinion publique. Friands des actualités ou des polémiques moussantes et hashtaguables, ils décident de construire un bar à cheval sur la frontière mexicaine, histoire de voir ce que ça donne lorsqu'il est question de construire un mur...

BEER FACTS

LA BIÉRAMICINE

Direction Pointe-Noire, la capitale économique du Congo. Si, sur le Vieux Continent, certaines bières d'abbaye vantent leurs origines religieuses, l'Église Louzolo Amour-OPH l'élève à un tout autre niveau. Là-bas, Guy Émile Loufoua Cetikouabo (qui porte bien son nom) s'est autoproclamé dieu et est considéré comme tel par ses fidèles, à qui il inculque le culte de la biéramicine. Mais kézako ? C'est tout simplement un cocktail de foi et de bière, qui guérirait tout et n'importe quoi du moment qu'on y croit. Pour les brasseries locales, c'est une aubaine, puisque le protocole cérémonial dure 9 heures et consiste majoritairement à ingurgiter de la bière, à se mettre en transe et crier des louanges. (Ils ont même une sorte de check spécial.) Aux alcooliques du coin, la biéramicine est probablement apparue comme un miracle, celui qui relie directement la foi à leur foie.

LES GLITTER BEERS

Pour ceux qui auraient réussi à louper ça, les *glitter beers* ou « bières scintillantes » sont, si ce n'est une mode ou une révolution, au moins un phénomène. Apparu en 2017-2018, cet additif alimentaire transforme votre bière en une tornade étincelante et colorée. Le principe est simple : ajouter des paillettes dans sa bière pour la rendre incroyablement festive, hypnotisante, irrésistible, à y perdre son regard comme dans une fractale ou un feu de cheminée. L'effet visuel s'y prêtant complètement, les spirales houblonnées envahissent rapidement les réseaux sociaux comme Instagram. Attention toutefois à bien vérifier la composition de votre *glitter*, certains ingrédients, comme le dioxyde de titane, ne font pas l'unanimité en termes de sécurité alimentaire. Ah, et non, malheureusement, les paillettes ne ressortent pas comme vous pourriez l'imaginer !

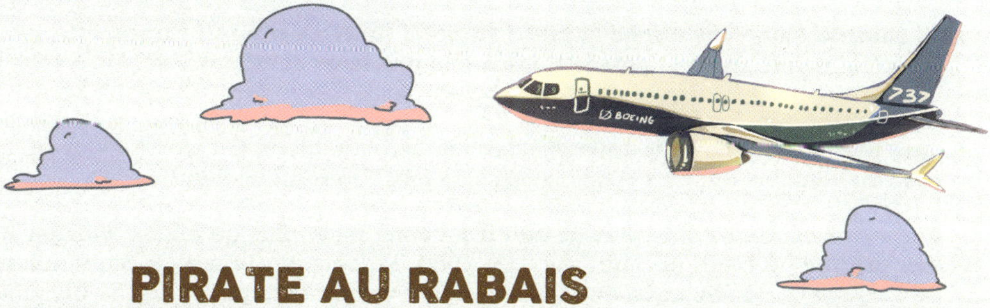

PIRATE AU RABAIS

Oslo, 21 juin 1985 : un homme dans une mauvaise situation va prendre une bonne décision. Il en a gros, il est armé et il a détourné un avion norvégien avec 115 personnes à bord. Selon la police, cet ancien détenu de 24 ans a embarqué à moitié ivre et s'est installé directement dans les toilettes, depuis lesquelles il demandait des bières aux stewards... Si l'avion a bien atterri et que les passagers ont pu être évacués, les négociations sont restées tendues à l'intérieur du Boeing 737. Face à la police qui tente de désamorcer la situation, l'homme ivre explique qu'il veut parler du mauvais traitement qu'il a pu recevoir par le passé au Premier ministre et à la ministre de la Justice. Il finit par capituler, en échangeant son arme contre... d'autres bières.

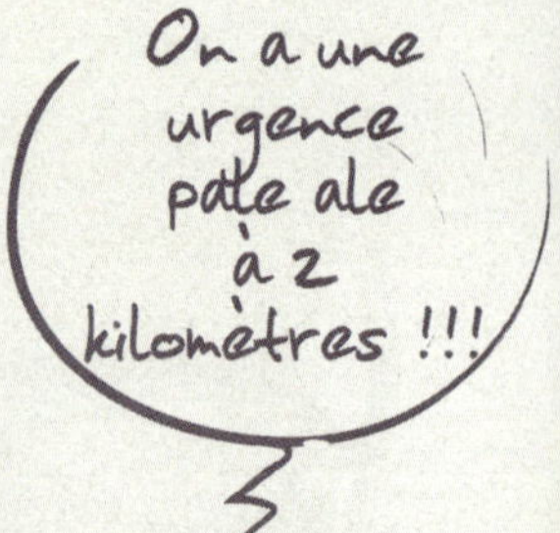

LA BEERBULANCE D'ATLANTA

La brasserie Red Brick d'Atlanta a apporté sa pierre (ou sa brique) à l'édifice des services d'urgence avec la création de la Beerbulance ! Depuis 2011, la team de l'ambulance à bière est dans les starting blocks, prête à braver les virages et à foncer dans les backstreets pour répondre aux « Beermergency » de la région. Oui, oui, c'est bien ce que vous imaginez, un service express et décalé de livraison de bière ! Pour profiter de ce service et de la sympathie des beerbulanciers, pas de panique, gardez votre calme, il suffit de tweeter votre position géographique, accompagnée du hashtag #beerbulance et de la mention @redbrickbrewing. Le plus dur, c'est d'attendre.

UN BAIN DE BIÈRE ?

Si, comme moi, vous aimez la bière au point de vouloir y faire trempette, sachez que c'est non seulement possible, mais que plusieurs solutions s'offrent à vous !

En premier lieu, les Beer Spas de la République tchèque ou du sud de l'Allemagne vous permettront de vous détendre dans un bain de bière. Ou plutôt d'eau enrichie avec du houblon, du malt et des levures, le tout légèrement chauffé.

Mais si vous aimez voir plus grand, il ne vous reste plus qu'à aller plonger dans une piscine de bière en Autriche ! En 2005, au château brasserie Starkenberger, de Tarrenz, la vieille cave de fermentation en activité depuis plus de 700 ans été quelques peu détournée de sa fonction, pour devenir un Beer Spa, mais pas comme les autres. Ce ne sont pas moins de sept petites piscines de 4 mètres de long et contenant l'équivalent de 42 000 pintes de bière chaude qui vous attendent !

De façon générale, ces hauts lieux de détente et de glandouille brassicole sont présentés comme de fabuleuses alternatives sanitaires avec le pack « riche-en-calcium-et-en-vitamines-bon-pour-la-peau-et-les-plaies-ou-la-circulation-sanguine-ou-tout-ce-que-vous-voulez-donnez-la-moula-merci ».

S'il est possible de boire une bière fraîche tout en étant immergé dans un bain de bière chaude, consommer celle du bain est plutôt déconseillé !

FAKE BENJAMIN FRANKLIN

Vous la trouverez absolument partout. Gravée dans les toilettes d'un bar, encadrée dans un couloir, peut-être même en épitaphe, la célèbre phase de Benjamin Franklin : *La bière est la preuve que Dieu nous aime et veut nous voir heureux.* Une belle citation oui, mais qu'il n'a jamais dite.

La véritable histoire se trouve dans une correspondance avec l'Abbé Morelet, vers la fin du XVIIIe siècle. Il lui écrit : *Behold the rain which descends from heaven upon our vineyards, there it enters the roots of the vines, to be changed into wine, a constant proof that God loves us, and loves to see us happy.* Autrement dit, dans la langue de Molière : « Voir la pluie descendre des cieux sur nos vignes, pénétrer leurs racines pour être changée en vin est la preuve constante que Dieu nous aime et aime nous voir heureux. » Rien à voir avec la bière donc, même si le cœur y est !

Deuxième citation que l'on attribue à l'homme des billets de 1 dollars qui, encore une fois, n'a jamais dit (ou plutôt, n'aurait jamais pu dire) : *In wine, there is wisdom, in beer there is freedom, in water there is bacteria.* « Dans le vin est la sagesse, dans la bière est la liberté, dans l'eau sont les bactéries. »

Si seulement la découverte de l'existence des bactéries n'était pas arrivée après sa mort…

DES LOIS ET DÉBOIRES

Qu'elles soient véridiques ou plutôt de l'ordre de la légende urbaine, voici un recueil de lois qui feront faire de l'exercice à vos sourcils. Bien entendu, la plupart sont maintenant obsolètes. La plupart…

Nebraska :
Vous ne pouvez pas vendre de bière sans avoir de soupe disponible.
Il est illégal de toucher un bartender ou de lui manifester publiquement de l'affection.

Ohio :
Pêcher en état d'ivresse ou faire boire de la bière à un poisson est illégal.

Maine :
La vente de bière est interdite avant 9 h du matin le dimanche. Sauf si la Saint-Patrick tombe un dimanche…

New York :
Si vous ouvrez une cave à bière, vous devez vivre à une certaine distance de celle-ci.

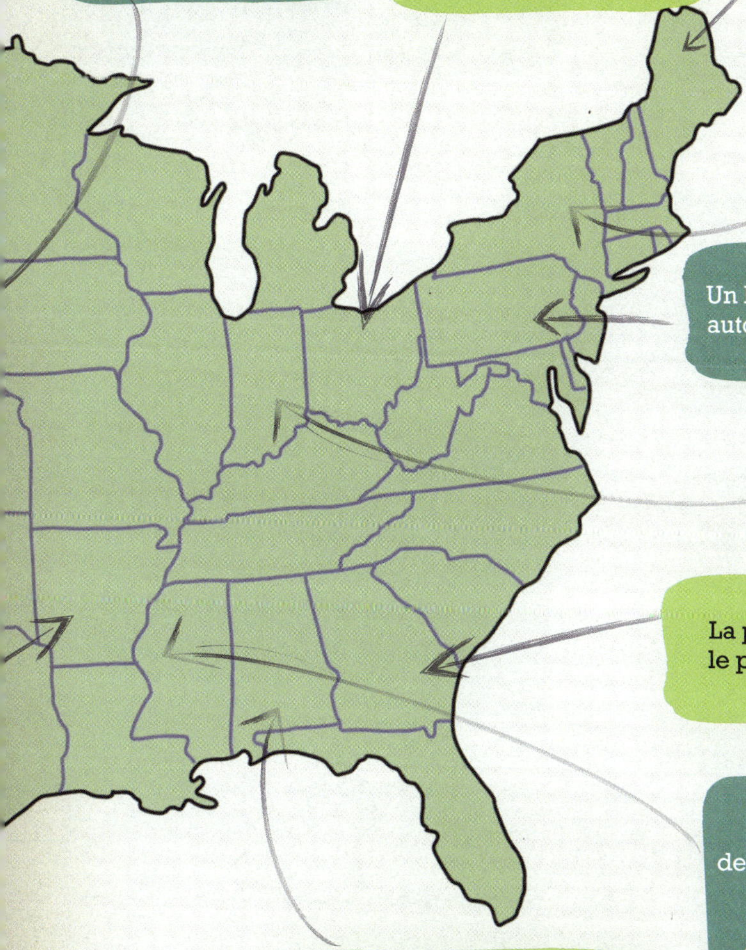

Pennsylvanie :
Un homme marié doit avoir une autorisation écrite de sa femme pour acheter des bières.

Indiana :
Seuls les magasins d'alcool ont le droit de vendre de la bière fraîche.

Géorgie :
La promotion « deux pour le prix d'une » est illégale pour les bières.

Missouri :
Il est illégal de donner de la bière à un éléphant, tout comme d'en consommer assis sur le bord d'un trottoir.

Alabama :
Jusqu'en 2012, la taille maximale des bouteilles de bière ne devait pas dépasser 47 cl.

DES LOIS ET DÉBOIRES
la suite

AUSTRALIE

Il est interdit d'écraser une canette de bière contre sa poitrine.

RUSSIE

La bière n'était pas considérée comme une boisson alcoolisée mais comme une denrée alimentaire… (voir p. 148)

ITALIE

Autrefois, il était interdit qu'un groupe de plus de 3 personnes boive de la bière dans la rue, tout comme d'en consommer à proximité d'une église.

SUÈDE

Les bouteilles et canettes de bière de plus de 3,5 % d'alcool ne peuvent être vendues que par une chaîne de magasins appartenant au gouvernement, System bolaget.

ÉCOSSE

Si vous portez des sous-vêtements sous votre kilt, cela vous coûtera deux bières !

THAÏLANDE

Si vous brassez moins de 100 000 litres, votre brasserie est illégale.
Il est aussi illégal de faire de la publicité pour une marque de bière, même par un selfie anodin (voir p. 220)

HOUSE OF CARDS BEERS

Construire une éco-house en bouteilles de bières, c'est un truc qui vous fait vibrer ? Au vu de votre conso, c'est même envisageable ? *Check this out !*

La toute première maison en bouteilles de bière a été construite en 1907 par un type paumé au Nevada. Pourquoi ? Ben, parce qu'y avait pas assez d'arbres là-bas, eh. Il a commencé à 76 printempsavec ce qu'il avait sous la main, et ça lui a pris plus de 6 mois. Si ça vous tente, on peut toujours la voir dans la ville fantôme de Rhyolite, qui se trouve dans la vallée de la Mort.

Après le papy du Nevada, voici la mamie de Californie. Installée à Simi Valley, et du haut de ses 60 balais, mamie Prisbrey a carrément construit un village entier à partir de vieilles bouteilles. À la base, c'était juste pour entreposer sa collection de 17 000 stylos (ne posez pas de questions), puis elle a continué.

En 1968 à Houston, un certain John Martin Milkovisch a été frappé par la folie de la déco. Alors qu'il contemplait son humble demeure, une idée lui vint : la décorer avec des bouteilles de bière. Vingt ans et 40 000 canettes plus tard (donc 5,5 canettes par jour, quand même), c'était chose faite. N'empêche qu'il n'a pas fait ça au lance-pierre : en découpant ou façonnant les contenants en aluminum, il a pu recouvrir les murs, créer des rideaux, pimper ses clôtures. Aujourd'hui, la maison appartient à l'Orange Show Center for Visionary Art, qui prévoit de la transformer en musée. Vous m'excuserez, mais je n'ai pas de morale en stock pour cette histoire.

STEAM BEER

Parce que c'est plus classe que condensation beer.

En bref : rafraîchissante et fruitée, un véritable style historique américain !

Entretenue et mystifiée par l'Anchor Brewing Company dont les racines historiques remontent jusqu'en 1896, cette « bière vapeur » nous ramène dans l'ouest des États-Unis à l'époque de la ruée vers l'or, le *gold rush*. Avec la Steam Beer, aussi appelée California Common, les chercheurs d'or de San Francisco ont fait preuve d'une ingéniosité au moins aussi étendue que devait l'être leur soif !

La réfrigération n'existait pas encore, et il était difficilement envisageable de brasser une lager, ces bières qui ne fermentent que sur une longue durée à des températures comprises entre 10 et 15 °C.

Mais ça… c'était compter sans l'intervention de superlevures ! Aujourd'hui appelée California Lager ou San Francisco Lager, cette souche spéciale est capable de fermenter jusqu'à 18 °C tout en conservant les caractéristiques propres aux lagers. À la manière des bassins de fermentation spontanée ou de ce qu'on appelle aujourd'hui un coolship, la bière était stockée sur le toit des brasseries dans de grands bacs aérés. Les vents frais et humides du Pacifique Nord venaient refroidir la bière et lui murmurer les mystères de la fermentation. De ces échanges de chaleur se dégageait une fumée, un brouillard à la coloration lunaire dont la bière a tiré son surnom.

BIÈRE AUJOURD'HUI, BIÈRE DEMAIN

Après avoir touché le fond de l'océan de la morosité, la bière s'apprête à remonter comme une torpille. Une poignée d'enthousiastes et d'expérimentateurs de flaveurs sont sur le point de lancer le mouvement Craft Beer : la révolution de la bière artisanale est imminente.

L'AUBE D'UNE NOUVELLE (BI)ÈRE

Il y a encore quelques dizaines d'années, les termes de *brewpub*, bière artisanale et IPA étaient inconnus du grand public. Deux étapes vont provoquer le renouveau du paysage brassicole.

La première, elle est classe,
elle est flegmatique, elle est britannique.

Oui, à l'origine, la révolution brassicole est due en grande partie à deux petits groupes d'Anglais désabusés. Les gars de la SPWB (1963) et la CAMRA (1971) – deux organisations de consommateurs dédiées à la bière – ont dit tout haut ce que l'Angleterre pensait tout bas : ras-le-bol de voir nos bonnes ales et nos casks céder du terrain à toutes ces pils et lagers insipides. Au-delà de la bière, ces mouvements mettent le doigt sur la tradition, la culture du pub et un fragment précieux de l'image britannique. Elles seront rejointes par plusieurs dizaines de milliers de personnes.

C'est comme si un groupe de Français, à force de bouffer des pains au chocolat industriels simplement réchauffés, se soulevait pour défendre la boulangerie traditionnelle.

Chaque année, la CAMRA publie le *Good Beer Guide*, une sorte de *Guide du routard* des meilleurs pubs ! Que des valeurs sûres !

La deuxième, elle est américaine.

Big up à Jimmy Carter (voir p. 193), le Président qui rafraîchit un vieux dossier poussiéreux laissé dans les placards depuis la prohibition. Quarante-cinq ans après la fin de cette période de sobriété et de criminalité, le *homebrewing* est de nouveau autorisé pour des bières dépassant les 0,5 % d'alcool, à condition que ce soit pour un usage personnel et sans avoir de taxes à payer !

Certains États comme l'Alaska feront la grimace et tarderont à adopter cette nouvelle autorisation.

Le brassage amateur reste illégal en Iran, Malaisie, ou dans les îles Feroe.

C'est un véritable top départ pour ce nouveau hobbie, qui explosera dans les décennies suivantes. Comme pour Amazon ou Apple, ce sont de belles histoires entrepreneuriales aux airs de rêve américain qui commencent dans un garage, une cuisine ou une baignoire !

Monter une brasserie artisanale, c'est un pari risqué. Le prix des installations est élevé, et à une époque sans Internet, pas facile de se procurer de la documentation ou de l'aide. Il en ressortira un produit cher, qui peine à trouver son public, ce qui causera la perte des premiers entrepreneurs brassicoles.

En 1979, 89 brasseries sont recensées aux États-Unis, dont l'Anchor Brewing et la New Albion Brewing Company qui ont servi de modèles pour celles qui ont suivi.

Aujourd'hui, la Brewers Association défend les brasseries dites « indépendantes », par opposition aux Big Beers (grands groupes industriels). Un logo représentant une bouteille à l'envers permet de les identifier.

CERTIFIED
BREWERS ASSOCIATION
INDEPENDENT CRAFT

Michael Jackson

(1942-2007)

Ses livres se sont vendus à plus de 3millions d'exemplaires, traduits dans une vingtaine de langues différentes !

« Bonjour, je suis Michael Jackson. Non… pas "Michael Jackson", même si je suis en tournée mondiale. C'est une tournée à la recherche de bières exceptionnelles. C'est pour ça qu'on m'appelle "le chasseur de bières". »

Celui qui deviendra le journaliste brassicole le plus éminent de la planète est le genre de gars qui gagne votre sympathie éternelle d'un simple bonjour. Dès les années 1970, alors que la révolution Craft Beer n'en était encore qu'à ses premières bulles, Michael Jackson prenait des notes. Curieux, passionné, il sera le tuteur d'un mouvement en manque de repères, où tout est à construire !

Visiter des brasseries, déguster des bières : quand Conan O'Brien, dans son talk-show, lui dit qu'il a le meilleur job du monde, Michael lui répond qu'il fallait bien que quelqu'un le fasse !

Armé de sa plume et de son palais, il enchaîne les voyages, les découvertes et les rencontres dont découleront plusieurs ouvrages. Le plus célèbre d'entre eux, le *World Guide to Beer*, est un condensé d'informations et de réflexions qui posera les bases de la sous-culture Craft. On y trouve, entre autres, le vocabulaire, une méthodologie spécifique comme la classification des bières par styles, une vision qui n'avait encore jamais été développée.

En 1989, Channel 4 en Angleterre et Discovery aux États-Unis diffusent l'émission « The Beer Hunter ». Il y partage de façon didactique sa vision d'un monde brassicole en mouvement, dissipant peu à peu la perplexité d'un grand public réfractaire à l'idée que l'on puisse « déguster une bière ».

Pour sa contribution au succès internationnal des bières belges (les seules auxquelles il a dédié un livre entier), il a également été nommé membre honoraire de la Ridderschap van de Roerstok der Brouwers, une reconnaissance normalement exclusivement réservée aux brasseurs !

Michael Jackson est un précurseur, un révolutionnaire, un aventurier qui aura grandement contribué à rendre à la bière ses lettres de noblesse.

UNE NOUVELLE AUBE

Le plus dur sera de briser les stéréotypes et les habitudes gustatives imposées depuis des décennies par les géants brassicoles. Autrement dit, de faire prendre conscience qu'il existe autre chose que la lager de base à 5 % très pétillante et très légèrement amère.

Si la craft américaine mettra encore quelques années à arriver sur le Vieux Continent, les bières de spécialité belges et autres importations préparent le terrain dès les années 1990.

En France, les premières graines de la révolution sont plantées par la brasserie Coreff, mais aussi par la création du premier 3 Brasseurs. Une véritable valeur ajoutée par cette chaîne de bars-restaurants, qui organise d'ailleurs des concours de brassage en interne !

Le secteur entre lentement mais sûrement en phase d'ébullition, et il faudra attendre la fin des années 2000 pour assister à l'explosion micro-brassicole française. Les 23 « usines à bière » qui se partageaient le gâteau en 1976 devront alors faire face à plus de 1 800 brasseries en 2019 !

La France est le premier pays européen en nombre de brasseries.

Faire de la bière artisanale, c'est une chose, mais encore faut-il trouver un public qui soit réceptif à ce produit dont il a oublié l'authenticité ou la diversité. Autour des nouveaux brasseurs se développe une nouvelle économie : chaîne de distribution spécialisée, cavistes aux conseils avisés, biérologues, auteurs et – eh – même des YouTubers !

Les étiquettes sont plus claires pour les consommateurs experts ou néophytes, les box mensuelles inondent les boîtes aux lettres et les kits à bière se retrouvent sous le sapin ou à l'occasion de la fête des Pères.

Ce sont les artisans qui rendent à la bière ses lettres de noblesse. Mais, en la voyant rejoindre les mouvements « conso tendance », les mastodontes industriels froncent les sourcils… Ils leur grignotent des parts de marché, ce qui les pousse à changer de stratégie.

Hmmm… de monstrueux, ils vont passer à démoniaques.

LES QUATRE CAVALIERS DE L'APOCALYPSE

> *Light beer is an invention of the Prince of Darkness*
> **(Inspecteur Morse, BBC).**

Vous ne l'aviez peut-être pas remarqué, mais, depuis la fin des années 2000, les rayons bière des grandes surfaces ont sacrément évolué ! Pourtant, même face à une telle diversité, 90 % des bières appartiennent en réalité à seulement quatre grands groupes brassicoles, les 4 « cavaliers de l'Apocalypse ».

Ce ne sont que les pantins de vos démons des temps modernes.

Ce sont eux qui, depuis les années 1970, ont favorisé la cristallisation des bières au goût standardisé dites « premium » et qui ont fait leur nid dans les rayons des supermarchés.

Ah ! Imaginez qu'on vous ait habitués à manger des pâtes nature au point d'oublier l'existence de la moindre sauce. C'est pareil.

Premium, ça se traduit dans la tête du consommateur moyen comme un gage de qualité. Tout allait bien alors pour les grandes marques, qui se contentaient de p'tites guerres de prix pas plus violentes qu'un duel de soufflets.

Du moins, jusqu'à ce que ces bières craft arrivent elles aussi dans les rayons, et un peu plus chères que ce que des millions de consommateurs considéraient comme du haut de gamme. Ça peut sembler anecdotique, mais quand vous êtes refoulé de premium à discount, votre image de marque en prend un sacré coup. Et si vous êtes une multinationale cotée en Bourse, ça peut rapidement se compter à coups de millions.

En voyant leurs parts de marché diminuer au profit des micro-brasseries et autres *brewpubs* autonomes, leur stratégie évolue, il faut racheter les entreprises qui marchent dans ce milieu en pleine croissance, à savoir :

Les brasseries indépendantes, comme la Camden de Londres, pour les faire croître rapidement. Grâce aux économies d'échelle, ils peuvent ensuite réduire les prix et donc le *gap* psychologique « bière premium-bière craft ».

Les plateformes de distribution pour mettre en avant certains produits au détriment des autres. Parfois même en achetant une présence publicitaire dissimulée dans le contenu destiné aux réseaux sociaux. Par exemple, une vidéo d'explication sur les styles de bière comportant uniquement la gamme d'un grand groupe.

Les sites de rating comme Ratebeer pour des raisons de contrôle ou de visibilité.

Grâce à leur imposant réseau de distribution et leur force de frappe commerciale, ils saturent les rayons des GMS avec leurs propres marques (natives ou récemment rachetées), limitant l'exposition des vraies bières artisanales.

En d'autres termes, les 4 cavaliers rachètent les brasseries craft indépendantes non pas par esprit de collaboration pour faire avancer le marché de la bière, mais par esprit de compétition pour faire reculer le marché du craft. Et ça, c'est très moche.

Il y a des nuances, comme avec l'élargissement de la gamme Leffe, une bière d'abbaye en réalité brassée dans une usine, qui peut néanmoins éduquer le consommateur sur la diversité des styles et constituerune porte d'entrée vers le monde de la bière artisanale.

LA BIÈRE DU FUTUR

Si vous pouviez voyager dans le temps et comparer les bières des différentes époques, vous seriez bien contents de vivre au XXIe siècle. Même pour une bière de soif *low cost*. D'une simple bouillie antique de céréales chauffées au jus de chaussette trouble moyenâgeux, nous sommes passés à des produits qui se situent à l'intersection même de l'art et de la science. Mais que nous réserve l'avenir ? Si des biocarburants enrichis aux drèches méthanisées font leur apparition, la diminution des ressources d'eau entraînera-t-elle des brassages « E10 » à base d'urine recyclée ?

En incorporant un ADN recombinant un dérivé de la menthe et du basilic, une entreprise californienne a génétiquement modifié des levures afin qu'elles soient capables de reproduire les apports amérisants ou aromatiques du houblon.

Le *Beer Fingerprinting Project* est une collaboration futuriste alliant le savoir-faire brassicole de Carslberg et les algorithmes d'intelligence artificielle de Microsoft. L'objectif ? Tenter de ~~conquérir le monde~~ créer la bière qui plaît au plus grand nombre.

RAGE AGAINST THE MACHINE

À l'ère du *toutdesuitesque* cohabitent deux philosophies : le DIFM (*Do It For Me*) et le DIY (*Do It Yourself*). Elles se déclinent dans l'univers brassicole par la généralisation des kits à bière (DIY), mais aussi plus récemment des machines de brassage plus sophistiquées, voire autonomes (DIFM). Chacun a ses raisons de préférer l'une ou l'autre de ces solutions, mais posez-vous la question : quitte à brasser sa propre bière, n'est-il pas plus satisfaisant de le faire autrement qu'en pressant sur un simple bouton ?

Les amateurs de capsules ou les pressés seront heureux d'apprendre qu'il existe des machines à bière plus ou moins élaborées, plus ou moins proches d'une machine à café, pour leur permettre de brasser de la bière sans le moindre effort.

Les curieux trouveront leur bonheur avec des kits tout grains qui leur permettront de s'essayer à la technique, au ressenti du brassage. À son odeur, sa texture, sa chaleur, le souci de réussir sa bière et l'attente excitante de la fermentation.

Les apprentis brasseurs s'essayeront aux unités de brassage plus avancées, aux cuves, à la gestion des températures de fermentation, à la chimie de l'eau.

Les malins iront directement au bar.

LA BRASSERIE MAUDITE DE LONDRES

La Horse Shoe Brewery est une brasserie londonienne aujourd'hui disparue, et dont très peu de gens se souviennent… Peut-être à cause des sombres événements qui s'y sont déroulés… comme *la* catastrophe du 17 octobre 1814. Ça s'est passé il y a bientôt 200 ans dans le quartier de St Giles, une banlieue surpeuplée par des immigrés irlandais catholiques, entassés dans des conditions sanitaires très approximatives.

Pour décrire les pires conditions de vie, une expression anglaise consiste à dire "vivre dans une cave de St Giles".

Sur Tottenham Court Road se tient le Dominion, immense théâtre où se déroulent, entre autres, les auditions de « Britain's Got Talent ». Avant cela, c'était un cinéma, et encore avant, une brasserie, la Horse Shoe Brewery. Elle a tiré son nom de la forme du bar de la taverne par laquelle tout a commencé.

ESPRIT MALÉFIQUE

Cette brasserie, elle en a vu, mais elle en a fait voir aussi. Quelques petits exemples. Au tout début du XIXe siècle, John Stephenson, le fils du précédent proprio, avait été retrouvé mort noyé au fond d'une cuve de fermentation, après qu'un des salariés avait trouvé son chapeau flottant à la surface… Plus tard, deux des enfants des Meux qui ont repris l'affaire ont été diagnostiqués fous. Et je ne vous parle même pas des coups bas et des procès entre les différents dirigeants.

LE DRAME

Mais alors, que s'est-il passé ? Comme l'a raconté George Crick, qui bossait à la brasserie ce jour-là, après avoir entendu un bruit de tôle craquer comme si le *Titanic* se faisait plier en deux, une cuve de porter a cédé. Une cuve, OK, mais de presque 600 tonnes ! Une cuve comme ça, quand ça pète, ça emporte tout sans prendre le temps de faire le tri : les employés, le stock de fûts et le mur qui va avec. Instantanément, un raz de marée mousseux de bière noire et de

Si vous aimez l'humour noir, vous pouvez enlever une lettre à l'expression "Vivre dans une cave de St Giles".

débris de 4 à 5 mètres de haut dévale et avale les rues situées à l'arrière de la brasserie, comme Great Russell Street. Sur son passage, des maisons sont détruites, des personnes emportées, assommées ou piégées dans leurs caves, pour un total de 8 victimes qui doivent encore hanter les bars du coin. Une chance qu'il n'ait été que 17 h 30, car, de nuit, ça aurait été un carnage pour tous les gens vivant en sous-sol.

LES RACONTARDS

Après un incident pareil, beaucoup de récits et d'interprétations se sont propagés. On disait que l'explosion s'était entendue à des kilomètres, que les gens se ruaient vers les vagues de binouze pour avoir de la bière gratuite jusqu'à perdre connaissance, ou encore que, pour l'identification des victimes, la foule était si dense que le plancher s'est effondré. Certains sont même allés jusqu'à raconter qu'à l'hôpital où étaient transférées les victimes, des patients se sont rebellés contre le corps médical parce qu'ils croyaient qu'on leur cachait qu'il y avait de la bière dispo quelque part !

Dans le quartier qui n'avait même pas d'égouts, personne n'avait envie de boire un « Rat & Feces Porter ».

Pour finir, la brasserie estima ses pertes à plus de 23 000 livres, une somme colossale pour l'époque. Mais, pour leur éviter de mettre la clef sous la porte, ils furent autorisés à zapper certaines taxes.

Quant aux victimes, vous pouvez lever une pinte de porter à leur ~~santé~~ mémoire, le 17 octobre.

EN THAÏLANDE, T'ES GROS OU T'ES RIEN

En exclusivité, voici un extrait d'une interaction entre un Thaïlandais et la loi :

- Bonjour, je voudrais monter une micro-brasserie !
- Non.
- Ah… Bah, dans ce cas, je vais brasser chez moi !
- Non.
- Mais je…
- Non.

Fin de la conversation.

Pour résumer la situation sur la bière en Thaïlande : t'es gros ou t'es rien. Le Liquors Act (une vieille loi moisie qui remonte à 1950) et sa mise à jour en l'an 2000 par le ministère des Finances verrouille le marché pour les barons de la bière déjà bien installés. C'est le cas de ThaiBev avec la Chang ou de Boon Rawd avec la Singha ou la Leo.

Pourquoi ? Comment ? C'est très simple : si vous voulez ouvrir une brasserie (ou même un *brewpub*), vous devez être capable d'investir environs 280 000 euros et de produire plus de 100 000 litres par an. Sinon, vous êtes dans l'illégalité. Fin de la discussion. Point barre. Bien sûr, l'argument principal est d'éviter la propagation de mauvaises bières artisanales, de garantir une certaine norme qualitative, aux dépens de la diversité et de la créativité brassicole.

Pour contourner ~~cette loi~~ ce problème, les petits thaïbrewers n'ont que peu de solutions :

- Gagner au Loto.
- Brasser illégalement en restant discrets, sans faire de vagues, sans faire d'argent non plus…
- Brasser ou faire brasser leur bière à l'étranger puis l'importer dans leur propre pays… Une aberration d'autant plus que – comme par hasard – les bières d'importation sont taxées à hauteur de 60 % !

En 2016, les sanctions envers la pratique du brassage amateur et/ou de la vente de bière illégale se sont encore durcies, pouvant aller jusqu'à la peine d'emprisonnement…

Le mouvement Craft est tué dans l'œuf, comme en témoigne l'arrestation de Taopiphop Limjittrakorn, un étudiant en droit qui brassait secrètement chez lui (ouh, le hooligan !). Ses camarades de classe furent ses premiers clients pour 150 baths (4 euros) la bouteille, mais à l'instant où il commença à en vendre, la police vint frapper à sa porte…

Avec ce genre d'interventions dissuasives, l'avenir du mouvement Craft Beer en Thaïlande est plutôt incertain… Pourtant, la résistance s'organise : Thai Craft Beer Liberation souhaite faire connaître la situation et les revendications de brasseurs désabusés !

La première brasserie thaïe est la Boon Rawd Brewery, fondée en 1933. Elle produit entre autres la Singha et la Leo.

La Thaïlande est un pays touristique attractif, mais surtout bouddhiste. Les lois sur l'alcool – et donc la bière – y sont très strictes : pas de vente certains jours de fête religieuse, fermeture des bars à minuit, et pas de publicité.

Beware ! **Une simple photo publiée sur les réseaux sociaux avec une bouteille bien en évidence pourrait vous attirer des ennuis ! C'est ce qui est arrivé aux « Cheer Beer Ladies » après avoir réalisé un live sur Facebook pour mettre en avant une promotion sur la bière. Gare aux selfies !**

LE TEMPLE EN BOUTEILLES DE BIÈRE DE THAÏLANDE

Connaissez-vous le « temple de la Grande Pagode de verre » ? Il s'agit du วัดป่ามหาเจดีย์แก้ว, un temple bouddhiste au nord-est de la Thaïlande, construit uniquement avec des bouteilles de bière ! Il était aussi connu comme le « Million Bottle Temple », et sa construction a commencé en 1984. Ce sont les moines locaux qui se sont lancés dans une grande collecte de bouteilles vertes (Heineken) et marron (Chang) pour lutter contre l'entassement des déchets. Au lieu de se la jouer à l'occidentale et de les laisser moisir dans des sacs cabas, ils ont décidé de se la jouer *upcycling* et *environnement friendly* : l'idée d'en faire un temple s'impose alors comme une solution à la fois artistique, spirituelle et écologique (et badass). On retrouve plus d'un million et demi de bouteilles – matériau principal pour sa construction –, réparties sur la structure principale et les annexes qui ont été rajoutées les années suivantes. Les capsules, quant à elles, sont réservées pour les mosaïques.

LICHTENHAINER

Bacon qui pique

En bref : une potion historique presque oubliée, qui mélange des saveurs fumées et acides très éloignées !

Les possibilités offertes par la bière sont tellement infinies qu'on se retrouve parfois avec de sympathiques ovnis !

En Allemagne, isolés derrière les immenses forêts et à l'abri de toute bienséance morale, les villageois de la région de Thuringe ont créé un monstre délicieux : le Lichtenhainer, « bière claire des bois ». Il faut être un peu fou pour oser mélanger du malt d'orge fumé, du blé, et laisser s'amuser des bactéries *Lactobacillus*. Oui, les Lichtenhainer sont des bières à la fois fumées ET acides ! Slurp.

Porté par une robe claire et trouble, une effervescence fine et prononcée, le mélange de saveurs est détonnant ! Une bière qui surprendra le palais des touristes du goût comme celui des vétérans.

Avec les Gose, elles font partie de ces styles qui ont réussi à survivre à la domination des pils de la fin du XIXe siècle, aux guerres mondiales et autres révolutions. Il reste difficile de les trouver aujourd'hui : récemment ramenées à la vie, elles sont plutôt rares.

SPACE BINCHE

Vous ne vous êtes certainement jamais demandé s'il était possible de boire une bière dans l'espace, ou même d'en brasser. Mais nous allons quand même répondre à ces questions, et c'est bien plus sérieux qu'il n'y paraît ! Vers l'infini et…

UN VÉRITABLE SYSTÈME

En 2010, un télescope belge pilotable à distance a été installé dans le désert chilien. Sa mission est de farfouiller dans l'univers afin d'y débusquer des planètes. Pour ce faire, il utilise une méthode spécifique dont découle son nom : TRAnsiting Planets and Planetesimals Small Telescope, autrement dit : « TRAPPIST ».

Les astronomes liégeois ne cachent pas que leur amour pour les bières qui bénéficient de la même appellation a « légèrement » influencé leur choix ! Mais ce n'est pas tout. Grâce à ce « petit » télescope, ils découvrent à plus de 40 années-lumière de chez nous une petite étoile et sept planètes gravitant autour. Ce système solaire a donc naturellement été baptisé « TRAPPIST-1 ».

Pour pousser le clin d'œil encore plus loin, l'équipe de chercheurs de Michaël Gillon souhaite nommer chacune de ces planètes selon les six abbayes trappistes belges : Orval, Chimay, Achel, Rochefort, Westmalle, Westvleteren. Ah oui, et la septième ? Ils l'ont mise de côté, pour la nommer selon l'abbaye Saint-Joseph-de-Spencer, la seule trappiste américaine, histoire de faire de l'œil à la communauté scientifique du colloque international !

ON VA FAIRE UN P'TIT DÉTOUR

On trouve de tout dans l'univers. Trous noirs, exoplanètes, nébuleuses, astéroïdes… Mais en 1975, un certain M. Zuckerman, de l'université de Californie, fait une drôle de découverte : il existe d'immenses « nuages d'alcool ».

Vingt ans plus tard, des chercheurs anglais découvrent un de ces nuages, le « G34.3 », se pavanant dans la constellation du Zèbre.

En 2014, une équipe d'astrophysiciens britanniques découvre une « grosse tache » alors qu'ils contemplaient l'infini avec MERLIN (leur télescope, pas le magicien). Cette grosse tache, c'est un nuage, et il va vous plaire. Flottant passivement à « seulement » 6 500 années-lumière de notre bonne vieille Terre, dans la zone W3(OH), il est composé en grande partie de molécules de méthanol et d'éthanol sur plus de 500 milliards de kilomètres.

LA VÉRITÉ EST AILLEURS

En 2015, la comète Lovejoy, découverte par un astronome australien amateur, (l)ivre ses petits secrets. Rien n'échappe au radiotélescope de l'Institut de radioastronomie millimétrique (IRAM) ! Depuis le désert de la Sierra Nevada, il fixe très attentivement le corps céleste en provenance du nuage d'Oort, jusqu'à repérer de l'alcool éthylique dans les 21 molécules détectées. On sait déjà que la glace des comètes pourrait être liée à la présence d'eau sur terre, il semblerait qu'elles nous réservent encore bien des surprises !

JE BRASSERAI LA LUNE POUR TOI

En attendant d'aller boire un verre sur la Lune, pourquoi ne pas mettre la Lune dans le verre ? C'est ce que se sont dit les gars de chez DogFish Head, une brasserie du Delaware. Et ils l'ont fait. Comment ? En s'associant avec ILC Dover, une entreprise basée dans le même État, ils ont pu se procurer de la véritable poussière de météorite lunaire. Ils l'ont ensuite incorporée dans une recette spéciale et laissée infuser durant le brassage. Ainsi est née en 2013 la Celest Jewel Ale, première bière lunaire, faisant référence à la lumière tardive qu'elle procurait aux agriculteurs lors de l'équinoxe d'automne. Un seul brassin fut réalisé, et la « potion spatiale » servie uniquement au bar de la brasserie de Rehoboth Beach.

Les bières se dégustaient avec des Koozie conçus dans les mêmes matériaux que les tenues d'astronautes : un mélange de Gore-Tex, Kevlar et Nomex.

Un Koozie est une pochette en Néoprène sur mesure dans laquelle glisser son verre ou sa canette. Il permet de limiter les échanges de chaleur et d'absorber les gouttes qui se forment avec la condensation. Inutile, donc indispensable.

Une sacré expérience et un sacré coup de com, dont l'ingrédient phare devait atteindre une somme… astronomique !

Au-delà de l'aspect expérimento-fun et marketing, c'est aussi l'occasion d'en apprendre davantage sur notre satellite naturel, ou la protection offerte par les tenues des astronautes. Chaque Koozie, entre autres, est constitué de plusieurs couches qui ont chacune leur fonction : conserver la chaleur, protéger du soleil et des micrométéorites qui pourraient la percer et la dépressuriser, résister à des températures allant de –184.4 à 149°C, etc.

ILC Dover est une entreprise spécialisée dans les matériaux flexibles hautes performances destinés aux secteurs de l'aérospatiale, et qui travaille en collaboration avec la NASA sur les tenues des astronautes.

INSPIRATION CÉLESTE

En 2008, la Midnight Sun Brewery lance une gamme de bières inspirée des noms des planètes de notre système solaire.
En 2014 et 2015, la brasserie Bell met en une gamme de bières l'œuvre musicale de Gustave Holst sur les planètes, auxquelles il avait associé une caractéristique spécifique, comme la guerre ou la joie.

En 2017, la micro-brasserie MIR, de Romainville, s'est lancée dans des bières sur la thématique spatiale, comme la Youri (Gagarine), premier astronaute russe, qui était d'ailleurs passé faire un tour chez Carlsberg.

William Lassell était un brasseur du XIXe siècle qui avait encore un peu de temps pour sa seconde passion, l'astronomie. Il devint président de la Royal Astronomical Society, et plusieurs corps célestes ou cratères portent son nom.

LÀ-HAUT

Comme ce fut la mode pendant un moment avec des objets divers et variés, deux fans de la Natural Light (une bière d'Anheuser-Bush) ont décidé de l'envoyer faire un tour dans l'espace. En novembre 2011, à l'aide d'un ballon et d'une caméra embarquée dans un caisson isolant, la « Natty » (surnom pour Natural) était donc la première bière dans l'espace. Enfin, presque… vous imaginez bien que si elle y était vraiment allée, elle ne serait pas revenue !

Même s'il n'existe pas vraiment de frontière nette, on peut considérer qu'à partir de 100 kilomètres on quitte l'atmosphère pour entrer dans l'espace véritable, avec tous les changements que cela implique (température, pression, rayonnements).

Le vol dure presque 3 heures, et la canette atteint les 90 kilomètres d'altitude. Il faudra donc se satisfaire de la « Nattmosphere », comme ils disent !

AMERICA FUCK YEAH

En 2014, la brasserie américaine Ninkasi se lance dans un plan roc(ket)ambolesque : envoyer des levures dans l'espace, puis les récupérer pour brasser une *space beer*. Cette fois, pas de simple ballon, les levures iront dans l'espace comme il se doit, à l'aide d'une fusée…

Qu'ils mettront 27 jours à retrouver… Perdues sous le soleil du Nevada, les levures ne survivront pas.

Les criminels…

Mais qu'à cela ne tienne, une deuxième tentative a lieu en octobre de la même année, cette fois-ci avec l'aide de UP Aerospace. Depuis leur base de lancement au Nouveau-Mexique, la nouvelle fusée s'élève à plus de 125 kilomètres d'altitude, et est récupérée dans les temps grâce à l'aide de l'armée !

Les petites levures n'ont pas le temps de comprendre ce qui leur est arrivé qu'elles sont ramenées aux labos de la brasserie, où elles serviront à brasser, dès 2015, la Ground Control !

BREWED IN SPACE

La Space Barley a été brassée au Japon, dans le centre de recherche Gunma de la grande firme Sapporo. Comment ? Avec de l'orge issue de la quatrième génération de graines qui ont germé et poussé pendant cinq mois dans l'espace (dans l'ISS, hein, y se sont pas fait un potager sur la Lune) ! Ce projet réunissait la brasserie Sapporo, mais aussi l'université d'Okayama et l'Académie des sciences de Russie. Ils en ont proposé 250 packs de 6 000 à 10 000 yens, le tout ayant été reversé à des œuvres caritatives.

AH, C'EST NUL, EN FAIT

L'espace, je trouvais ça assez cool… jusqu'à ce que j'apprenne que c'est vraiment compliqué d'y boire une bière… voire pas conseillé du tout. Lorsque vous ouvrez une bière dans des conditions atmosphériques et gravitationnelles normales, il se passe quoi ? L'excès de CO_2 s'échappe, les bulles remontent en emportant des protéines à la surface et la mousse se forme. Mais, dans l'espace, en apesanteur, ça se passe pas tout à fait comme ça !…

Le dioxyde de carbone s'échappe dans tous les sens et votre bière se transforme en une abominable anarchie liquide et mousseuse.

Si vous ne résistez pas à l'envie de vous jeter une mousse derrière la cravate, vous vous exposerez aux dangereux *wet burps*.

En l'absence de gravité, le CO_2 ne se libère pas de la même façon, car il n'y a pas de « surface » vers laquelle les bulles se dirigent. Il peut alors en résulter des *wet burps*, ou rots liquides, un phénomène lié à l'ingestion d'une boisson pétillante dans l'espace. Un peu comme boire la tasse à l'envers, et dans l'espace. Et personne n'en a vraiment envie.

BREWED FOR SPACE

En référence au premier vol spatial habité de 1961.

Depuis 2010, la brasserie australienne 4 Pines s'efforce de trouver une solution au « problème » des *wet burps*. Comme l'espace sans bière, c'est vachement moins bien, ils ont créé une recette sur mesure ! Ainsi est née la Vostok : un stout élaboré sur plusieurs années pour pallier la perte de sensibilité au goût que subit la langue dans l'espace, et avec beaucoup moins de gaz pour limiter les problèmes liés à la carbonatation. On l'appelle aussi Zero Gravity Beer, puisqu'il s'agit de la première bière à avoir été autorisée dans un vol en gravité zéro. Si tout se passe bien, ce sera même la première bière au monde certifiée par la NASA comme *space friendly*. Y en a qui savent où investir leur budget R & D !

VERS AU-DELÀ DE L'INFINI

(ou un truc comme ça)

Toutes ces bières et ces expérimentations sur fond de science-fiction fantasmée ou de rêveries étoilées dissimulent en réalité une grande inquiétude universelle : est-ce que l'humanité pourra s'assurer d'emporter dans les étoiles la boisson qui l'a vue grandir et qui l'accompagne depuis plus de 20 000 ans…?

Au-delà de simples bières, ces initiatives, candides ou sérieuses, font partie d'un tout beaucoup plus vaste. OK, c'est marrant d'envoyer des levures avec des fusées, de faire pousser de l'orge dans l'ISS ou de boire un coup en 0-G, mais le but *in fine* est d'étudier s'il est fondamentalement possible d'envisager une autonomie alimentaire pour les missions spatiales à venir.

C'est d'ailleurs ce qui a valu à Michal Bodzianowski, 11 ans, de remporter le concours du National Center for Earth and Space Science Education, avec sa machine à brasser dans l'espace. Brasser, dix ans avant l'âge légal de boire ? Surveillez-moi ce petit de près !

Avoir sa bière autorisée dans l'espace, c'est bénéficier du prestige du futur SpaceTourisme de Virgin Galactic, XCOR, ou de la Russie qui veut lancer un hôtel spatial. Ça vaut son pesant de space flouze.

On peut prendre l'exemple de Coors qui, d'un côté, finance des études sur la fermentation spatiale comme celles de Kirsten Sterrett, et de l'autre veut simplement s'assurer que pour le premier vol civil vers Mars, si y a un bar, il servira de la space Coors. Je le répète, comme l'a dit John Ciardi : fermentation et civilisation sont inséparables. Alors, avant que l'on puisse brasser les vraies premières bières 100 % martiennes pour les futures colonies, il faudrait envisager de ne pas flinguer notre planète. C'est la seule où on en a, et c'est pas près de changer.

LE PANTHÉON DES INGRÉDIENTS CHELOUS

ADN DE MÉDUSE

Honnêtement, vous pensiez aborder la question du bio-hacking dans un livre sur la bière ? Parce que c'est exactement ce qu'on va faire ! Les p'tites Aequorea Victoria possèdent dans leur ADN un gène codant qui explique aux cellules comment fabriquer du GFP, une protéine qui les rend fluorescentes ! Mais c'est qu'il est cool, ce gène ! Ce serait vraiment énorme de pouvoir faire un copier-coller dans un autre organisme, comme des levures, pour faire de la bière fluo. Et c'est exactement ce qu'on peut faire grâce au biohacking : le principe étant de pimper les cellules d'un organisme à l'aide d'un plasmide.

Un plasmide c'est un best-of de petits fragments d'ADN avec le ou les gènes d'intérêt qu'on veut. Il est complètement optionnel, autonome, peut provenir d'un autre organisme et va permettre à la cellule dans laquelle on le met d'apprendre à fabriquer, à répliquer, la protéine d'intérêt.

Il est donc possible de brasser une bière avec des levures qui ont appris à fabriquer la GFP grâce à l'introduction d'un plasmide contenant un fragment d'ADN de méduse. Il existe déjà pas mal de plasmides qu'on utilise depuis longtemps pour des gènes d'intérêts, comme l'insuline qu'on fait produire en masse par des bactéries, ce qui évite d'avoir à en prélever sur des porcs. Celui-ci est un peu moins orienté Santé publique, mais quand même sacrément cool pour découvrir toutes les possibilités offertes par le biohacking. Comme la révolution des objets connectés qu'on connaît aujourd'hui, la société de demain sera probablement dominée par cette technologie, alors autant l'appréhender et l'apprivoiser au plus tôt à la cool. Après, les OGM, c'est une autre histoire.

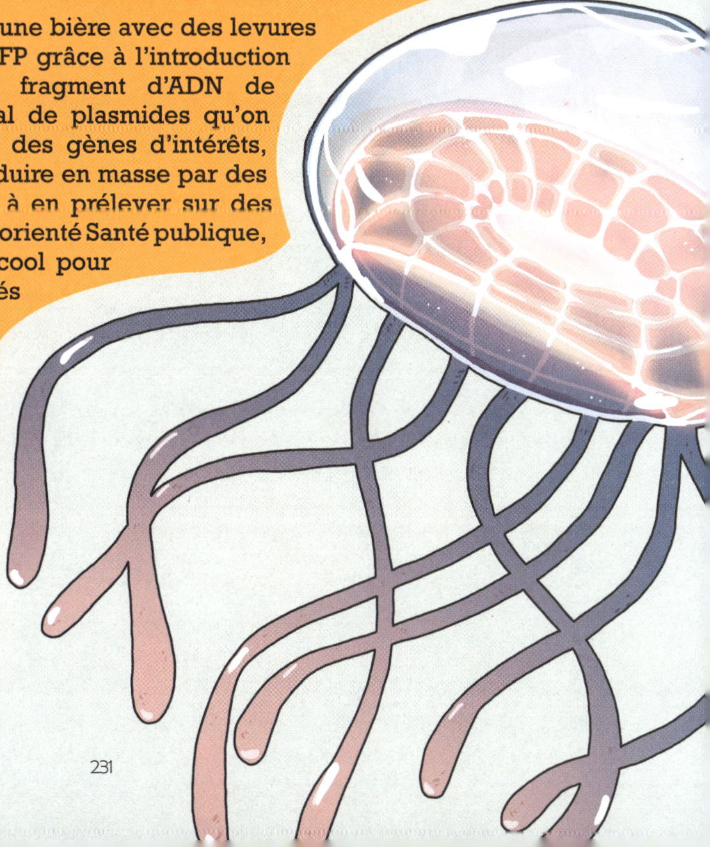

BIÈRE SANS ALCOOL

C'est pas c'que vous croivez.

En bref : des potions très légères en alcool dont le goût a tendance à nettement s'améliorer.

Grossesse, religion, intolérance, mode de vie, il y a des kilomètres de bonnes raisons pour choisir de boire une bière sans alcool et, quoi qu'on puisse vous dire, ce sera toujours un bon choix. Pourtant… elles portent mal leur nom ! En réalité, une bière sans alcool peut contenir jusqu'à 0,5 % en Belgique, et 1,2 % d'alcool en France. Une quantité qui reste anecdotique, mais contradictoire avec l'appellation, voire problématique dans certaines situations.

Dès lors, il serait plus approprié de parler de bières légères ou « dites » sans alcool, dont la fabrication résulte de deux grandes approches.

LIMITER LA PRODUCTION D'ÉTHANOL

C'est moins coûteux, mais il faut savoir maintenir un certain équilibre pour éviter un aspect « flotteux ».

Réduire l'apport en sucres en limitant la quantité de céréales.

Utiliser des levures spéciales comme la *Saccharomyces ludwigii* qui produit moins d'alcool.

Réduire le temps de fermentation en stoppant ou en réduisant l'activité des levures par le froid, ou carrément par la pasteurisation.

RETIRER L'ÉTHANOL

Efficace, mais très coûteux et parfois délétère pour le goût !

L'évaporation sous vide : jouer sur la pression atmosphérique pour réduire le point d'ébullition de l'éthanol au minimum. Comme si vous faisiez bouillir de l'eau en altitude, mais sans devoir grimper sur des sommets enneigés !

L'osmose inverse : consiste à faire passer la bière sous pression par un filtre qui va retenir les molécules d'éthanol… et pas mal d'autres.

Pour éviter les mauvaises surprises ou le dépassement de la limite de 1,2 %, on peut oublier la refermentation en bouteille ! Il faut donc, lors de l'embouteillage, veiller à ajouter le CO_2 que les levures ne pourront pas produire.

Les bières sans alcool présentent également des opportunités économiques et publicitaires : pas de taxes sur l'alcool, ni de limites imposées par la loi Évin sur ce secteur en pleine croissance. On se retrouve donc avec des absurdités comme des campagnes de distribution de bière sans alcool dans des lieux publics… Une contradiction de plus auprès des marques, qui vendent des packs de 24 et envahissent les affichages des Abribus, tout en prônant une consommation responsable…

THE CANTROLLER

En 2019, Miller Coors propose à Popular Mechanics de créer un objet cool à double usage : The Cantroller. Il s'agit tout « simplement » d'une canette qui peut servir de manette de jeu ! Les 10 touches classiques sont imprimée en relief à l'arrière, elle se connecte en bluetooth et dispose même d'une batterie rechargeable de 3 heures ! S'il vaut mieux jouer avec les canettes pleines pour ne pas risquer de les écraser dans le feu de l'action, je vous conseille d'attendre un peu après votre partie pour les ouvrir ;)

BEER FACTS BEER FACTS

MARILYN MONROE ET LE DÉTOUR DU *MAYFLOWER*

Connaissez-vous le capitaine Christopher Jones ? Il était en charge du *Mayflower*, en 1620. Son objectif ? Rejoindre une colonie déjà établie en Virginie. Sauf que voilà, l'hiver arrive, et lorsque la terre pointe enfin le bout de son nez, il s'agit d'une zone perdue de la Nouvelle-Angleterre, Cape Code. Ils y jettent l'ancre.

L'histoire raconte que ce changement de cap était volontaire : il fallait rejoindre plus rapidement la terre, car la bière commençait à manquer à bord ! Si c'est un argument qui peut sembler farfelu, dites-vous qu'à l'époque, sur un voyage de plusieurs mois, il était inconcevable de stocker de l'eau telle quelle. Elle aurait fini par tourner, virer au saumâtre et tuer tout le monde (ou pire). La solution était toute simple : stocker de la bière qui, avec le houblon et l'alcool, pouvait se conserver beaucoup plus longtemps !

Ça mouline à toute vitesse dans la tête du capitaine Jones : s'il faut passer l'hiver, lui et son équipage n'auront plus assez de bière pour le retour. En accostant, il demande aux voyageurs de descendre sur une terre inconnue, sauvage, alors que lui et son équipage restent sur le navire et profitent des réserves de bière. Grosse ambiance.

C'est en tout cas une histoire qui fut dépoussiérée au sortir de la prohibition américaine par Budweiser. Déployée lors de campagnes publicitaires, elle apporte une valeur ajoutée considérable en termes de story-telling et d'image de marque, et, quoique potentiellement exagérée, elle n'en demeure pas moins vraie.

En extrapolant, les descendants directs des pèlerins fondateurs comme Marilyn Monroe, Clint Eastwood ou Orson Welles n'auraient peut-être jamais existés, si la bière n'avait pas été un élément décisif du destin du *Mayflower* !

BIÈRE ET MUSIQUE

Même Zappa a son mot à dire.

Les étiquettes des bières d'aujourd'hui sont les pochettes de vinyles d'autrefois. Elles revendiquent, dénoncent, attaquent. Des causes qui se crient se boivent aussi.
Il y a beaucoup de points communs entre la bière et la musique. Procédés créatifs soumis aux sens, elles s'enrichissent l'une l'autre. Leurs notes ont beau être de natures différentes, elles se côtoient depuis la nuit des temps au rythme de festins, banquets, concerts et autres célébrations ou moments de convivialité.

SOUND PAIRING

Le *food pairing*, à savoir combiner des saveurs qui s'accompagnent et s'élèvent dans une délicieuse harmonie, c'est plutôt tendance. Curry relevé avec sa petite IPA, dessert à la framboise et son porter détonnant, on va pas se mentir, y a pas de mal à se faire du bien. Mais avez-vous déjà essayé d'associer une bière avec une *musique* ?

Ce bon vieux morceau de punk californien accompagne comme un coup de tonnerre l'explosion de la première gorgée de cette West Coast IPA.

Cette ligne de basse insolente qui s'aligne parfaitement sur la densité de ce stout aussi épais que du pétrole.

Les sonorités funk qui éclaboussent vos oreilles avec une intensité similaire à l'effervescence de votre pils tchèque sèche et croustillante.

Du Justin Bieber et une bonne HK, adossé contre une poubelle.

Comme le dit si bien Garrett Oliver, dont le savoir-faire brassicole est talonné par sa culture musicale : certaines bières sont des hits qui résistent au temps.

Selon Brewdog, leur *Tactical Nuclear Pinguin* se déguste tel un album de Frank Zappa.

LA DUFF ET DUFF MCKAGAN

Vous connaissez sans doute la fameuse bière Duff des Simpsons ? Mais savez-vous pourquoi ce nom a été choisi ? La légende raconte qu'il viendrait de Michael Andrew McKagan, bassiste de Guns N' Roses, plus connu sous le nom de « Duff » McKagan. Un surnom que sa famille lui a donné quand il était gamin et qui est resté. Au-delà de ça, c'était un alcoolique notoire, présenté comme Duff « The King of Beers » McKagan par Axel Rose lors de certains concerts. Il explique que, en 1988, les gars des Simpson l'ont appelé pour lui demander la permission d'utiliser son nom pour une marque de bière dans un dessin animé, ça l'a fait marrer, alors il a dit oui ! MAIS. Mike Reiss, un des scénaristes de la série, explique dans son livre *Springfield Confidential* que cette histoire est un gros fake que McKagan raconte dans son autobiographie *It's So Easy And Other Lies* (« C'est si facile, et autres mensonges »). Et, vu le titre du livre, on aurait tendance à lui donner raison. La véritable histoire, c'est que Jay Kogen, un autre scénariste, a tout simplement proposé Duff. C'est pas ouf comme anecdote, mais… c'est comme ça. Duff, c'est du slang, de l'argot anglais difficilement traduisible, mais dans l'idée ça se rapproche un peu de « bof », et c'est exactement ce que qu'était censée représenter cette bière, une bière bof.

Et puis, ça permettait de faire un super slogan : « *Can't get enough of this wonderful duff !* »

DES CONTENANTS DÉCONTENUS

Chris Mufalli et Matt Braun sont deux inventeurs dont le génie réside dans la simplicité. En imprimant une étiquette graduée, ils permettent de transformer leur bouteille de bière en véritable instrument de musique ! En soufflant sur le goulot de votre Tuned Pale Ale, vous pourrez savoir quelle note vous produisez. Et comme ils ont pensé à tout, l'emballage du pack se transforme en mini-batterie. Il ne vous manquera plus qu'un chanteur, mais, pour ça, je ne me fais pas de soucis !
Chez Beck's aussi, on a le sens du rythme avec la toute première Bouteille Edison, spécialement conçue en s'inspirant de l'invention originale du phonographe (1877, quand même). C'était le premier appareil d'enregistrement et de lecture au monde, qui utilisait l'ancêtre du disque : des cylindres d'acier avec une fine couche d'étain sur laquelle étaient gravés les sons enregistrés. Vous savez ce qui est cylindrique aussi ? Ben, une bouteille.

La brasserie a donc créé, en hommage à l'un des plus grands inventeurs du monde, la première « bouteille musicale » ! En revanche, je vous cache pas qu'il faudra sans doute pimper votre lecteur vinyle.

SMACK MY YEAST UP

J'aime travailler en écoutant de la musique. Pourquoi les levures n'y auraient pas droit, elles aussi ? C'est justement ce genre d'injustice qu'a permis de rectifier une collaboration entre Mikkeller et Bang & Olufsen. Pour 10 euros, vous pouviez (oui, elle est malheureusement épuisée) vous procurer une bière spécialement fermentée au rythme de la musique générée par une enceinte immergée ! Avec des groupes comme Balvig, KIKOS, Louis Petri, Moody et October Dance, la Beobrew est donc une IPA infusée à la musique danoise, en quelque sorte !

Au-delà de la mise en avant astucieuse de l'enceinte B & O PLAY, le brasseur explique que, pour cette bière, la musique est comme un « cinquième ingrédient ». Les levures sont sensibles aux vibrations répétées et produisent des flaveurs légèrement différentes.

DES BIÈRES ET DES GROUPES

La brasserie anglaise Beavertown, récemment rachetée par Heineken, a été fondée par Logan Plant, le fils de Robert Plant. Vous savez, le chanteur de Led Zeppelin !

Quand l'univers de la binche croise celui des concerts et des festivals, c'est tout un monde de possibles qui s'ouvre. Alors que des quilles brassées à façon et sans valeur ajoutée ne font pas long feu, d'autres prennent le parti du Craft….

IRON MAIDEN & ROBINSON'S

C'est la Trooper, leur English Bitter à 4,7 %, qui s'impose et s'installe comme *la* bière de groupe ultime. Lorsqu'il s'est associé avec la brasserie Robinson's en 2013, le groupe Iron Maiden n'a pas seulement créé une bière, ils ont ridiculisé les produit dérivés liquides sans intérêt comme la Destroyer de Kiss. Rapidement, la famille Trooper s'agrandit avec d'autres itérations comme la Light Brigade, dont une partie des fonds est reversée à Help for Heroes, une organisation de soutien aux vétérans.

Et ça fait sens, quand on sait que la chanson « Trooper » est inspirée d'un poème qui décrit l'une des pires charges de la cavalerie de l'histoire, devenue un symbole de courage !

Après cette première création 100 % britannique, Iron Maiden s'ouvre tout de même à une collaboration avec une autre île : les Japonais d'Okunomatsu Saké à Fukushima. Ainsi naîtra la Sun and Steel, du nom de leur chanson inspirée du samouraï Miyamoto Musashi. Elle fut produite avec une souche de levures hybrides provenant du saké, et avec l'accord du gouvernement japonais !

DOGFISH HEAD

La brasserie du Delaware aime tellement lier la musique et la bière qu'ils en ont fait une gamme ! Avec des débuts plutôt jazzy qui changent de l'hégémonie des binches rock-métal, vous pourrez retrouver la Bitches Brew (inspirée par l'album éponyme de Miles Davis) ou la Hellhound On My Ale (inspirée par Robert Johnson). Plus récemment (enfin, en 2011…), pour célébrer les 20 ans du groupe Pearl Jam, ils ont créé la Faithfull Ale. Gardez un œil sur l'année 2021 !

Ce n'est pas pour rien qu'ils ont commencé par la Bitches Brew en 2010 ! C'était l'album qu'écoutait Sam Calaglione, le fondateur, alors qu'il brassait dans son appartement à New York, en peaufinant le business plan de sa future brasserie !

NILS OSCAR

Nils Oscar, c'est une grosse machine. Dans leur catalogue, dont la meilleure note ne dépasse pas les 3,70, sur le site BeerAdvocate, on va retrouver les bières de groupes iconiques comme l'un des big four du thrash metal : Slayer (666 Red Ale), mais aussi Ghost (Grale et Grale Lincopia) ou Motörhead.

La 666 de Slayer pouvait même se trouver dans un coffret cercueil !

Si la Slayer est oubliable, que celle de Ghost n'est pas à la hauteur des performances musicales ou scéniques du groupe, il reste le cas Motörhead. *Les* cas Motörhead. Car si l'Imperial Pale Lager ne casse pas trois pattes à un canard, d'autres brasseries ont essayé de mettre en bouteille l'essence du dieu Lemmy.

MOTÖRHEAD

À la base, on retrouve une bière blonde idéale pour n'importe quel concert : la Bastards Lager. Nommée d'après l'album de 1993, elle est brassée par les Suédois de la Krönleins Brewery. Plus récemment, une collaboration avec la Camerons Brewery donne naissance à la Road Crew, tirée de la chanson du même nom. Alors qu'il était roadie pour Jimi Hendrix, Lemmy écrivit cette chanson en 10 minutes dans les toilettes d'un studio anglais à Rickmansworth. Elle était dédiée au meilleur crew du monde : le sien !

« But I just love the life I lead, another beer is what I need. »

GWAR

Oderus Urungus, Balsac the Jaws of Death, Beefcake the Mighty. Non, ce ne sont pas des noms de bières, mais les pseudonymes scéniques des monstro-musiciens de GWAR ! Mais qu'est-ce que ça va bien pouvoir donner, si un groupe de thrash metal parodique inspiré des pires space nanards gore se met à faire de la bière ? De bonnes surprises ! À l'occasion du Gwar BQ (un festival qu'ils organisent eux-mêmes en leur horreur), d'excellentes bières brassées par Cigar City Brewing viennent satisfaire le gosier de milliers de fans ! À grands coups de Killsner ou d'Impaled Ale, Gwar est un groupe à voir, un groupe à boire.

CYPRESS HILL

Vous n'en avez peut-être pas conscience, mais dans votre vie vous avez tous entendu au moins *une* fois « Insane in the Membrane », de Cypress Hill. Le groupe de hip-hop californien est passé par de nombreuses phases, feats et festivals, tout en défendant dur comme fer l'usage médical du cannabis. Rien d'étonnant alors à ce que la bière présentée par B-Real soit une lager mexicaine infusée avec cette plante cousine du houblon ! Une collaboration brassico-musicale avec la brasserie SweetWater d'Atlanta, qui promet de vivre une *insane experience* !

MASTODON

Tant qu'on est à Atlanta, le groupe de metal Mastodon, qui en est originaire, n'en est plus à son coup d'essai ! Sous les suggestions du batteur Brann Dailor, des pépites ont pu voir le jour comme la Black Tongue (double black IPA) en collaboration avec Signature Brew, ou la Crack The Skye, un coffee stout issu de la triple collaboration Three Floyds, Dark Matter et Mastodon, et dont les bénéfices soutiennent l'association Hope for the Day luttant contre les suicides. Plus récemment, ils se sont associés avec les Danois de chez Mikkeller pour nous offrir la Mother Puncher (American IPA) et l'Ancient Kingdom (pils tchèque), des créations brassicoles intercontinentales aussi explosives que leur musique est détonnante !

AH, MAIS OUI, J'ME SOUVIENS !

La Hanson Brothers Beer Company est une petite brasserie artisanale fondée par trois frangins à Tulsa, dans l'Oklahoma. Le rapport avec la musique ? Si vous êtes né dans les années 1980, vous vous souvenez o-bli-ga-toir-ement de cette chanson « MMMbop », sortie en 1997. Ben, c'est eux. Les minots qui vous expliquent dans leur chanson que le temps passe vite ont grandi, et sortent même une bière en référence à leur succès international : la « Mmmhops » Pale Ale ! Au-delà du clin d'œil, une partie des bénéfices sont reversés à des organismes œuvrant pour fournir de l'eau potable aux nécessiteux.

MEGADETH

Dave Mustaine n'est pas seulement le héros d'Hubert de la chaîne Metalliquoi, c'est aussi un éminent chanteur, guitariste et compositeur qui, après avoir levé le pied sur la débauche, s'est intéressé aux richesses du vin et de la bière. C'est à son initiative qu'une collaboration avec Unibroue donnera naissance à la À tout le monde, une ale blonde qui affiche le plus bas taux d'alcool de toute la gamme de la brasserie ! Pourquoi ? Pour garder la pêche dans les pogos et éviter de générer une horde de zombies comateux en concert !

STATUS QUO

De retour en Angleterre et avec la Wychwood Brewery aux commandes, Rick Parfitt et Francis Rossi s'y mettent aussi ! Les papys du rock inondent les bars et la chaîne de pubs Wetherspoon avec leur Piledriver nommée d'après leur album de 1972, une Classic English Ale qui vous pilonne gentiment du haut de ses 4,3°.

Certains font juste des clins d'œil, comme la Smells Like Bean Spirit, de Mikerphone Brewing.

DE LA MUSIQUE À LA BIÈRE, DE LA BIÈRE À LA MUSIQUE

Si beaucoup de groupes aiment brasser leur propre métaphore liquide, d'autres en font directement le thème de tout un album ! C'est le cas du groupe Trappist et de leur album *Ancient Brewing Tactics* sorti en 2014. Vous distinguerez au milieu d'un torrent instrumental des titres comme « This Means Wort », « To the Pint » ou encore « Wolves in the Taproom », hurlés dans un sous-genre de punk hardcore réservé aux connaisseurs !

La bière aura inspiré bien d'autres artistes comme DJ Cash Flow & MiceThrow avec « Belgian Beer », ou encore le groupe de comédie rap Naouack avec « Mise en bière » !

HORS CONTEXTE

Après Benjamin Franklin, c'est au tour de Frank Zappa de voir ses paroles détournées de leur sens premier. C'est grâce à l'œil aiguisé de Franck Morel, rédacteur sur le site « Bières et plaisir », que je vous encourage à aller découvrir, que j'ai appris ce qu'un de mes compositeurs préférés avait vraiment voulu dire par :

> ***You can't be a real country unless you have a beer and an airline. It helps if you have some kind of football team or some nuclear weapons, but at the very least you need a beer* (Frank Zappa).**

Zappa avait une conception bien singulière de la société et de ses dérives qu'il ne se privait pas de pointer d'un doigt mollement désabusé.

La citation ci-dessus se trouve dans le 12e chapitre du *Real Frank Zappa Book*, où il dénonce sèchement la bière et son aspect quantitatif, les dérives de violences grégaires et le comportement quasi militaire lié à sa consommation. Du moins à une époque et dans un contexte où dominent les Big Beers industrielles, bien éloignées de l'esprit craft d'aujourd'hui qui lui aurait probablement fait reconsidérer son aversion pour le *Mr. Beer Guy* qu'il caricature et généralise.

"I've only been in love with a beer bottle and a mirror" (Sid Vicious, Sex Pistols.)

"Well I woke up this mornin' and got myself a beer" (Jim Morrison; "Roadhouse Blues", The Doors.)

"Thought of giving it all away, to a registered charity. All I need is a pint a day" (Paul McCartney.)

Codex de l'ordre du Poing houblonné

Que faire face à un hérétique

Parent, ami, frère d'armes, quidam inconnu. En présence du mal, deux voies s'offrent au vertueux : l'absolution ou le châtiment.

Première situation : si le péché est reconnu, que la coopération est possible, que la corruption n'est pas totale. Suivez les 3 paliers.

1. **Miséricorde** : main apposée sur épaule. « Par Ninkasi et Gambrinus, tu es pardonné. »
2. **Expiation** : dire à haute voix « Je reconnais avoir été dupé par les démons de mon époque. »
3. **Assentiment** : boire une potion digne et prononcer « Par la sainte potion, force et houblon. »

Ceux qui suivent le sentier de la rédemption rejoindront le chemin menant au pinacle des saveurs.

Deuxième situation : si le péché n'est pas reconnu, que l'hérésie a atteint le cœur, que tout acte entrepris n'est que déchéance. Car nul n'est censé ignorer la souveraineté de la bière, référez-vous à l'édit d'oblitération.

Vires et humulus

BIÈRE ET FOOTBALLEURS

Pour ceux qui sont encore coincés dans les années 2000, bière rime automatiquement avec pizza, et, bien sûr, avec foot.

Bravo Ronaldo

À 41 ans, Ronaldo explique à un journal brésilien qu'il a toujours eu un faible pour la bière... Lorsqu'on est un joueur de son calibre, c'est le genre de cheat-drink qui peut poser un problème. Mais si la boisson n'était pas vraiment incluse dans son entraînement sportif ni dans son programme diététique, il réussissait toujours à lui trouver un petit créneau dans son planning chargé. Pour passer sous les radars des coachs attentifs, l'inventivité était de rigueur. Il ne compte plus les fois où le contenu des canettes de soda n'avait de soda que le contenant !

Bravo Cristiano

Contrairement à son homonyme, Cristiano Ronaldo reste discret sur son rapport à la bière. Cela n'empêche pas certaines brasseries de lui faire de gros clins d'œil, comme chez Three Floyds, non loin de Chicago, dans l'Indiana. Une de leurs Milk stouts, présentée comme « intense et sexy », est vieillie dans des fûts portugais pendant plus de un an. Son nom ? La Ronaldo. Bon, oui, d'accord c'est un très, *très* gros clin d'œil.

Cela n'empêche pas non plus certaines propositions farfelues, comme celle du Fortuna Köln. Les dirigeants de ce club allemand de 3e division lui adressent un tweet dans lequel ils expliquent que s'ils n'ont pas d'argent pour un attaquant, ils peuvent lui offrir de la Kölsch à vie. S'il n'a pas accepté l'offre, il ne l'a pas refusée non plus !

Sisi Drogba

Depuis le 12 janvier 2018, la star du football Didier T. Drogba est aussi une bière ! C'est en signant avec la SOciété de LImonaderies et BRAsseries de Côte d'Ivoire (SOLIBRA) qu'il est devenu l'égérie de la Bock, allant même visiter la brasserie pour le plus grand plaisir des salariés. Celle que l'on appelait autrefois la « grosse bière » de par son format généreux d'un litre est aujourd'hui associée au footballeur ivoirien dont on trouve la signature apposée sous le nom d'origine. Cet engagement suscite des réactions plus ou moins vives, poussant l'ancien capitaine de la sélection ivoirienne à rappeler que ce contrat permet de mener des actions sociales sur sa terre natale, et que ça, en plus du chèque, c'est cool.

Cantona les Kro

Avec l'arrivée de leur nouveau slogan « *A taste supreme* » en 2012, la marque Kronenbourg 1664 (d'Angleterre, qui appartient à Heineken, oui, c'est tordu) devait trouver l'incarnation parfaite pour ses futures campagnes de pub. C'est tombé sur Éric Cantona, l'ancien footballeur, qui est donc devenu l'égérie d'une marque de bière française en Angleterre. Au travers de plusieurs spots publicitaires, on le retrouve emmitouflé dans son flegme sympathique et son stoïcisme désinvolte ; il enverra ses « alsachiens » secourir les malchanceux, aura – presque – traversé la Manche à la nage pour une mousse, et prévoit de partir dans l'espace ! Les publicités sont drôles, bien réalisées et presque « sur mesure » pour l'acteur qui leur insuffle une *french touch* palpable. Et puis, rien que le slogan « *Le taste supreme* », prononcé dans un franglais marseillais des plus bruts, ça vaut de l'or.

En revanche, les houblonniers alsaciens n'ont pas trop apprécié d'être comparés aux footballeurs britanniques, avec les biatchs, les voitures de luxe et tout le bling-bling qui s'ensuit.

LE POTEAU DE STRASBOURG

Vous connaissez peut-être le Büchmesser, ou « mesureur de bidou » ? C'est une discrète colonne de grès qui, malgré son aspect longiligne et chétif (comparé à la cathédrale de Strasbourg qui lui fait face), est classée monument historique ! L'usage voulait que ce pilier, situé à une trentaine de centimètres de l'angle de l'une des plus vieilles pharmacies d'Europe, serve à mesurer l'embonpoint de ceux qui se risquaient à s'y glisser.

Mais, surtout, il était l'élément clé d'un bizutage traditionnel pour les jeunes recrues des brasseries strasbourgeoises ! Une fois ivre, et parmi d'autres épreuves, le p'tit nouveau devait réussir à passer sans toucher ni l'angle du mur ni la colonne. Mission quasi impossible. Les éclats de rire résonnent encore dans les rues encerclant la place de la cathédrale.

BEER FACTS BEER FACTS

ADIDAS ET L'INNOVATION

En 2017, l'entreprise allemande Adidas a décidé d'insuffler un peu de tradition dans sa gamme. Ainsi sont nées les « München made in Germany », des chaussures inspirées de la tenue traditionnelle portée par les Bavarois lors de l'Oktoberfest.

Outre le rappel des couleurs et l'inscription *Prost* (« Santé ! », en allemand) sur les côtés, c'est un tout autre détail qui capte l'attention. Au-delà du design, leur prix de 200 euros serait justifié par un revêtement spécial, le DPBR (*Durable Puke and Beer Repellent*). Dans la langue de Molière, comprenez un « revêtement durable antibière et vomi ». Une belle image, qui ne représente pourtant pas l'ambiance du plus grand festival de bière du monde !

UNE STRIP MICRO-BRASSERIE

Allons bon, v'là autre chose. Pour attirer des clients dans son établissement, il existe des milliers de solutions. De la bonne bière, c'est déjà un bon début, mais aussi des quiz, des happy hours, des concerts ou conférences, la diffusion d'un match, des soirées à thème, c'est pas le choix qui manque ! POURTANT, comme en témoigne le nom dont transpire un concept qui ne vous aura pas échappé, ce ne sont pas ces solutions qui ont été retenues par Pinups and Pints.

Perdu en périphérie de Medway, au fin fond de l'Ohio, aux États-Unis, un certain Scott Conrad, copropriétaire de plusieurs affaires dans la même branche (et pas celle de la bière…), s'est dit qu'en joignant l'agréable à l'agréable, il aurait deux fois plus de chances de ne pas être perdant. Alors il a ajouté un côté *brewpub* à l'un de ses établissements.

Sans s'encombrer d'une grande expérience en brassage, il s'est lui-même lancé en faisant l'acquisition d'un système informatisé SABCO pas dégueulasse, comme le rapporte Kevin J. Gray, un journaliste local qui a eu la *chance* de s'y rendre dès le début. Avec un engin pareil, il pouvait faire tourner des petits brassins de 60 litres, dont sa toute première création (roulements de tambour) : la Pinup Pale Ale… Quoi qu'il en soit, ce côté craft beer a su séduire une clientèle qui a relancé le bar ! Comme quoi. Si le métier de brasseur est intense, Pinups and Pints donne un double sens au coup de cravache de fin de journée !

BEER FACTS

LE ROBOT SERVEUR JAPONAIS

Au Japon, alors que la population de l'archipel vieillit, le gouvernement assouplit les restrictions pour attirer des travailleurs étrangers. Pour pallier le manque de main-d'œuvre, particulièrement dans le service, l'entreprise QBIT Robotics a frappé fort. Actuellement en phase de test, un robot serveur a été installé dans un bar. Toujours souriant et sans états d'âme, le bougre peut vous préparer une bière en 40 secondes et fait même la conversation. Avec un coût avoisinant les 3 ans de salaire d'un serveur humain, la bestiole a intérêt à faire ses preuves !

BRUT IPA

AOC :
"Appellation d'Origine Californienne"

En bref : une IPA sèche et croustillante, une pétillance démoniaque, un cataclysme buccal !

Vous savez, quand vous choisissez un cidre, que vous avez le choix entre doux, sec, brut, extra-brut, etc. Cela sert simplement à indiquer la quantité de sucre qu'il reste dans le produit fini. Doux, il y en a beaucoup, et brut, il y en a moins, voire pas du tout pour les extra-brut. C'est la même chose pour les Extra Brut IPA, dont le nom a rapidement été condensé en BRUT IPA.

Tout est parti (sans grosse surprise) des États-Unis, et plus exactement de la Social Kitchen & Brewery à San Francisco. Le brasseur, un certain Kim Sturdavant, a voulu faire une petite expérience, réduire autant que possible la quantité de sucres résiduels (responsables du corps et de la rondeur des bières) en ajoutant des enzymes spéciales, les glucoamylases.

Le résultat a dépassé ses espérances, et ainsi est né le nouveau style des Brut IPA ! Des bières *bone-dry* sèches et croustillantes avec un corps très léger, sublimé par une pétillance aussi intense que les bulles sont fines. Elles ont été rapidement comparées à du champagne et associées à des moments festifs, mais pour le petit doigt en l'air et l'air snob, ça reste à votre discrétion !

Personnellement, j'appelle ces bières des "DryPA".

HOUBLONNEZ-VOUS !

Laissez-moi vous présenter le petit loup, Humulus lupulus, artichaut voltigeur, vigne du Nord, bois du diable, la salsepareille septentrionale : le houblon ! On ne parle pas de bière sans le mentionner, il envahit les logos et permet aux caves à bière de talonner les salons de coiffure sur le terrain concurrentiel du jeu de mots douteux. Mais comment une plante grimpante sauvage aussi peu connue a-t-elle pu devenir un des ingrédients iconiques et essentiels de la bière ? Pourquoi les IPA très houblonnées me répugnent alors que mon pote a les yeux révulsés de plaisir à chaque gorgée ? Si McGyver était une plante, ce serait le houblon. Pas de doute. Vous pouvez tout faire avec : amertume, protection, conservation, flaveurs, soins, et ce n'est que le début !

SALUT, BELLE PLANTE !

CARTE D'IDENTITÉ

Nom : Houblon (*Humulus lupulus*)

Sexe : dioïque (plants mâles, plants femelles)

Âge : selon la variété

Ordre : *Urticales*

Famille : Cannabinacées

Super-pouvoirs : bactériostatique, protecteur, conservateur, amérisant, aromatique, hipsterisant

Taille : jusqu'à 10-12 mètres, croissance jusqu'à 20 cm par jour

Groupe sanguin : lupuline positif

FRAA63666 <<<<<<<<<<<<<<<<<<<<<<<<91111
777AAAC777AAAC J477 <<J4777AAAC777A

Vous l'aurez peut être remarqué sur sa carte d'identité, le houblon fait partie de la famille des Cannabaceae, tout comme le cannabis ! THC ou lupuline, l'une comme l'autre facilitent le relâchement et la détente, avec un bonus anti-inflammatoire.

Il est d'ailleurs possible de greffer du cannabis sur un pied de houblon !

Dans le décret n° 92-307 du 31 mars 1992, la définition de la bière implique l'utilisation de houblon. Une boisson sans houblon ne peut donc plus être juridiquement considérée comme une bière en France.

Quand on parle de houblon, on parle d'une plante grimpante, d'une liane à laquelle Tarzan ne pourrait pas résister, mais qui ne supporterait pas son poids… Il pousse principalement et de façon naturelle dans les zones tempérées de l'hémisphère Nord (au bord des rivières, sur des sols riches et humides), mais on en trouve aussi cultivé de façon artificielle dans d'immenses hangars high-tech paumés au milieu de la neige canadienne.

Se réveillant peu avant le printemps, un rhizome de houblon va projeter plusieurs lianes. Pour que la plante ne divise pas ses ressources, il faut sélectionner les plus vigoureuses ! Les autres seront coupées et peuvent se consommer comme des asperges. Rare et délicieux !

DES MINI-ARTICHAUTS ?

Ce qui nous intéresse, ce sont les cônes des plantes femelles : ils poussent en petites grappes et sont facilement reconnaissables à leur forme d'artichaut miniature dodu ou étiré.

On va les récupérer en septembre (période de récolte universelle) pour le trésor qu'ils renferment : la lupuline ! C'est une poudre résineuse jaune orangé qui contient tout ce dont le brasseur a besoin pour protéger, amériser et aromatiser sa bière : un mélange d'acides alpha, bêta, et d'huiles essentielles.

J'aurais plutôt dit œuf de dragon écaillé.

PIMP MY LUPU

Chaque variété de houblon produira sa propre version de lupuline avec des caractéristiques uniques ; certains seront plus orientés vers l'amertume aux dépens de leur puissance aromatique, et *vice versa*. Vu qu'il existe plus de 250 cultivars et que toutes les combinaisons sont permises, le potentiel est quasi infini ! Sans compter que le houblon n'est qu'une variable en plus de l'eau, des levures, des céréales et des ajouts divers. On comprend mieux pourquoi le vin commence à frémir devant une telle richesse et de telles possibilités organoleptiques !

PORTRAITS DE HOUBLONS

Nelson sauvin : le gentleman

Utilisation : amérisant et aromatique

Origine : développé en 2000 en Nouvelle-Zélande

Spécialité : flaveurs de fruits exotiques, de groseilles fraîchement écrasées, de sauvignon blanc

Le simcoe : le punk

Utilisation : amérisant et aromatique

Origine : développé en 2000 aux États-Unis

Spécialité : flaveurs de fruit de la passion, d'abricot et de résine de pin, terreux

Sorachi ace : le jeune ninja

Utilisation : amérisant et aromatique

Origine : développé en 1984 au Japon pour la brasserie Sapporo

Spécialité : flaveurs de citron, citron vert et aneth, mais aussi d'agrumes et de fruits comme la noix de coco ou le litchi

Saaz : le noble

Utilisation : peu amérisant, aromatique

Origine : République tchèque

Spécialité : c'est *le* houblon à pils, terreux, herbacé, floral et doux

Cascade : le vétéran

Utilisation : peu amérisant, aromatique (finish)

Origine : programme de sélection USDA-ARA, élaboré en 1956 et disponible depuis 1972

Spécialité : mélange floral, épicé avec quelques notes d'agrumes (pamplemousse)

Barbe rouge : le frenchy

Utilisation : amérisant et aromatique

Origine : développé en France (Alsace)

Spécialité : baffe de fruits rouges (fraise, cerise) avec des notes herbeuses et épicées

En croisant les houblons Zeus et Nugget, deux houblons très amérisants, le houblon Summit est né. Il est à ce jour le champion du monde de l'amertume, avec un taux d'acides alpha de plus de 20 % !

Le houblon est plus que jamais concerné par la notion de terroir ! Alors que des prédispositions continentales se confirment, une même variété ne produira pas les mêmes composés selon sa situation géographique, les conditions climatiques et météorologiques !

Pour vous familiariser avec les différents types de houblons, essayez les SMASH ! Ce sont des bières brassées avec une seule variété de malt et de houblon que vous pourrez plus facilement apprendre à reconnaître (voir p. 60).

Tout de suite après la récolte, pas de temps à perdre : le houblon est sensible, il faut le conditionner au plus vite afin de conserver toute sa fraîcheur et ses propriétés ! On emballe alors les cônes sous vide tels quels ou en pellets (granulés). La pelletisation est bien pratique, car elle permet de réduire le volume, de faciliter la pesée et l'intégration. Parfait pour suivre une recette avec précision !

Certaines bières comme les lambics utilisent principalement le houblon pour ses propriétés bactériostatiques. On utilise donc du houblon vieilli, suranné, inoffensif, qui n'influence pas le produit fini de façon significative.

Sur les toits de l'Opéra Bastille pousse du houblon qui sera utilisé par la micro-brasserie installée juste au-dessus, dans les greniers !

Avec les dernières tendances américaines, le houblon ne sert pas qu'à faire de la bière, on l'utilise aussi pour produire de l'eau pétillante houblonnée ! C'est le cas de la Primo, d'Indiana City Brewing Co. À quand les chewing-gums ?

Il existe plus de 230 cultivars de houblon différents, mais qu'à cela ne tienne, des variétés expérimentales sont en développement, comme l'ont été le barbe rouge ou le triskel en France !

En vieil argot alsacien, les grands minces se faisaient appeler hopfestang : « perche » à houblon. L'équivalent péjoratif de la grande gigue ou du coton-tige d'aujourd'hui !

UN INGRÉDIENT À DEUX TEMPS

Notre cher houblon va être utilisé à deux moments clés durant le brassage : d'abord pour son *kick* d'amertume, puis pour ses délicieux arômes.

L'AMERTUME, FEAT. :

Les acides alpha

Humulone	cohumulone	adhumulone

Les acides bêta

lupulone	colupulone	adlupulone

Tout va principalement se jouer lors de la phase d'ébullition, où les acides alpha vont se dissoudre, se mélanger par isomérisation (changement de structure) dans le moût et conférer leur amertume à la bière. L'amertume communiquée par les acides bêta s'altère en s'oxydant. C'est pourquoi, entre autres, une bière houblonnée aura une amertume différente selon qu'elle sera consommée rapidement ou tardivement après avoir été brassée !

L'amertume peut se mesurer !
Si, comme pour le froid, on distingue l'amertume relative et ressentie, l'International Bitterness Unit (IBU) indique sa puissance sur une échelle allant de 0 à… l'infini. Mais, globalement, on considère 120 IBU comme étant le seuil de saturation maximal. Après, vos lèvres s'enroulent sur elles-mêmes. Cet indice d'amertume représente le PPM (le millionième) de la quantité d'acides iso-alpha présents.

Eh, tu t'es vu quand t'IBU ?

Les arômes, feat. :

Hydrocarbures terpéniques				Dérivés oxy		
Caryophyllène	**Farnésène**	**Humulène**	**Myrcène**	**Aldéhydes**	**Cétones**	
(sesquiter-pènes) Notes épicées ou boisées Aussi présent dans le giroflier, l'origan, le poivre, le romarin.	(sesquiter-pènes) Notes florales Aussi présent dans plusieurs fruits (les poires, le raisin).	(sesquiter-pènes) Notes épicées ou boisées Aussi présent dans le gi-roflier, l'ori-gan, le poivre.	(monoter-pènes) Notes de fruits (pêche, raisin, citron). Aussi présent dans le persil, le fenouil et le cannabis.			

Ils sont contenus dans les huiles essentielles très volatiles et s'évaporent en un battement de cils lors du premier ajout de houblon à l'ébullition. C'est pourquoi il faut attendre la fin de la phase de fermentation, lorsque le moût est froid, pour y ajouter de nouveau du houblon. Cette fois-ci, les huiles essentielles apporteront toute leur puissance aromatique. On appelle cette phase le *dry hopping*, ou houblonnage à cru. C'est là que la bière se teinte de notes rappelant des fruits exotiques, des forêts de pins crépusculaires ou votre grand-mère.

Dans ces huiles végétales se dissimulent plus d'un millier de substances aromatiques, dont moins de la moitié seulement ont été identifiées !

Il n'existe pas d'indice international pour les arômes. À la place, on utilise des mots appelés a-djec-tifs : fruité, épicé, résineux, etc. Mais attention, contrairement aux bières brassées avec de vrais fruits, ils ne font que rappeler leurs arômes !

ET L'AMERTUME, DANS TOUT ÇA ?

Eewww, mais elle est dégueulasse, ta bière ! Trop amère, erk !
Et pourtant, à midi, t'as bien mangé une salade d'endives et un carré de chocolat noir avec ton café, non ?

L'amertume a beau faire partie des cinq grandes saveurs, elle suscite davantage de grimaces que de sourires, et ce n'est pas pour rien : nos ancêtres curieux et téméraires ont fini par associer ce ressenti aux plantes dangereuses, empoisonnées, toxiques. Comme la couleur rouge, symbole universel du danger, l'amertume fut acquise comme une alerte. Mais si l'humain n'est pas fait pour aimer cette sensation, alors pourquoi les IPA et leur amertume coup de poing ont-elles pu conquérir le monde ? Vous ne serez pas surpris d'apprendre qu'il ne s'agit que de phénomènes de mode, qui vont et viennent avec leur époque.

La bière n'est pas une mode, ...

Si l'amertume pouvait être appréciée à différentes périodes et grâce à différents produits comme le gin londonien, les goûts ont progressivement évolué vers ce bon vieux sucre addictif. Même les Belges sont allés jusqu'à sucrer leurs krieks après le passage des Américains mâchouilleurs de chewing-gum et buveurs de Coca-Cola. À l'ère du sucré, l'amertume n'était pas vraiment la bienvenue. Comme les industriels ne voyaient pas d'intérêt à le mettre en avant, le houblon servait simplement à protéger avec un léger assaisonnement leurs bières de masse aseptisées.

Dans les années 1970, des variétés de houblon comme le comet et le cascade furent abandonnées, car trop aromatiques ! Personne n'en voudrait, pensait-on. Ah ? Elles sont revenues en force avec le mouvement de la bière artisanale et l'affranchissement de la pauvreté gustative industrielle !

Les pionniers du mouvement Craft Beer ont su redorer l'image de l'amertume. En proposant une nouvelle vision plus travaillée, plus recherchée et surtout plus libre de la bière, vaisseau au travers duquel le monde entier va pouvoir découvrir les subtilités amérisantes et aromatiques de la plante.

Une autre possibilité dans cet attrait pour l'amertume : une prédisposition à être psychopathe. Oui. C'est tout du moins ce qui est mis en avant par une étude (à prendre avec des pincettes, comme toujours) de l'université d'Innsbruck. Les personnes ayant une attirance prononcée pour l'amertume étaient plus enclines à présenter des signes de machiavélisme, psychopathie ou narcissisme !

Alerte à l'IBU ! Avec l'engouement et la surenchère des IPA, NEIPA et autres Impérial IPA, un phénomène s'est répandu dans les jus de houblon trop ambitieux. Défaut véritable ou dévotion absolue pour l'amertume, certaines potions peuvent causer au bout de quelques gorgées une sensation de brûlure : c'est le *hop burn*, ou *hop bite* (la brûlure ou morsure de houblon), qui sursature vos papilles. Brasseur à la main leste ou période de houblonnage trop étendue peuvent en être des causes.

LE RANDALL

100 IBU, ça vous suffit pas ? Y a pas assez d'arômes dans votre bière ? Vous êtes là pour vous torpiller les papilles ? Pas de problème ! Avez-vous pensé au Randall ?
C'est un système diablement malin mis au point par la brasserie DogFish Head. Le principe ? Infuser votre bière pression au dernier moment, en la faisant passer dans un tube qui peut contenir tout ce que vous voulez ! Du houblon ultra frais pour les *hop junkies*, des fruits, des copeaux de chêne, des branches de pin ou votre slip, histoire de faire une mauvaise blague à votre coloc.

Tout est parti d'un concours en 2002 pour savoir qui a la plus grosse b… ière houblonnée : le « lupulin slam » ! Le Randall, dont le nom complet est *Randall, the enamel animal* (« Randall, la bestiole à écailles ») a permis à la brasserie de proposer une bière juteuse à la fraîcheur imbattable ! À la demande générale des brasseurs et bars qui fantasmaient sur toutes les possibilités qu'offrait ce petit appareil, la brasserie a amélioré et commercialisé la version 3.0, qui fonctionne même avec un système de réduction de mousse !

MÉDIC !

Tout au long de l'histoire, le houblon a été affublé de vices et de vertus. Tôt dans le Moyen Âge, il figurait déjà dans les recettes comme calmant pour l'hystérie ou les organes sexuels masculins un peu trop sensibles.

Un sirop de houblon est indiqué contre les problèmes de digestion par Mésué le Jeune, dans son *Antidotarium*.

La médecine traditionnelle chinoise en fait usage pour une grande variété de maux, et si 99 % de sa production est destinée au monde brassicole, l'industrie alimentaire (thé, compléments), pharmaceutique (huiles essentielles, somnifères) et cosmétique (crèmes à base d'élastine) lui font les yeux doux. Il faut dire que l'engouement général pour la révolution Craft Beer (et plus précisément pour la bière houblonnée) a engendré une ~~ch...~~ flopée d'études, notamment en microbiologie et pharmacologie, qui s'intéressent à ses composants et questionnent ses effets.

S'il est vrai que l'amertume permet de stimuler les glandes salivaires et la production de bile, on lui prête de nombreuses autres fonctions : sédative, spasmolytique, hypnogène, antibiotique, antifongique et bactériostatique, hormonale, anti-inflammatoire, antimites, porte-bonheur, et j'en passe !

Le xanthohumol

Aujourd'hui, les projecteurs sont braqués sur le xanthohumol issu des résines du houblon. Si la quantité finale présente dans une bière est négligeable, les recherches sur les variétés expérimentales en développement tentent d'en augmenter le taux. Avec des effets prouvés comme la suppression de la protéine PSA (responsable de la propagation du cancer de la prostate) ou l'amélioration des fonctions cognitives chez les souris qui en consomment beaucoup, on peut commencer à espérer l'arrivée du jour où une bière houblonnée sans alcool sera remboursée par la Sécu…

Un effet œstrogénique

Sans rentrer dans les détails, il existe dans le corps des hormones mâles (androgènes, comme la testostérone) et femelles (œstrogènes, comme la progestérone). Figurez-vous qu'on reconnaît au houblon des effets œstrogéniques ! L'histoire nous a laissé de gros indices, comme les retards menstruels chez les cueilleuses de houblon qu'on n'a su expliquer que bien plus tard. On conseillait d'ailleurs des bains de houblon pour limiter les symptômes post-ménopause comme les bouffées de chaleur.

Avec la montée des IPA sur le podium des tendances brassicoles, les études sur le houblon ont été relayées, télescopées, téléphonées. Difficile pour la presse à buzz de se retenir de s'emparer de titres attrayants comme sur les présupposés *man boobs*. Sur le banc des accusés, un phyto-estrogène* issu des résines du houblon a été hâtivement accusé d'une potentielle prise de poitrine chez l'homme. Mais rassurez-vous, au vu des quantités requises, même Gérard Depardieu n'a pas à se sentir concerné !

* La 8-prénylnaringinine ou hopéine, qui mime les effets de l'agoniste naturel qu'est le 17 bêta-estradiol.

Narcos

Vous aimez les vieux remèdes de grand-mère ? Alors, si vous avez du mal à vous endormir, mettez un peu de houblon dans votre oreiller ! Déjà, autrefois, avant que les machines s'en chargent, on chantait lors du tri d'une récolte de houblon. Pour l'ambiance, bien sûr, mais principalement pour lutter contre la somnolence ! D'ailleurs, figurez-vous que la hopéine dont on parlait plus tôt est également utilisée par l'industrie pharmaceutique pour la production de somnifères !

"La bière me rend paresseux, mais l'eau me rend grincheux", comme le dit une vieille expression alsacienne !

Attention aux animaux !

Si le houblon est, comme le chocolat, déconseillé pour nos amis canins et félins, il est en revanche recommandé pour les poules ! Une étude du *Journal of Antimicrobial Chemotherapy* a démontré que la lupuline est une excellente alternative aux antibiotiques pour réduire la présence de *Clostridium perfringens*, une bactérie nocive, dans leur estomac.

DU HOUBLON DANS MA VILLE ?

Le houblon, c'est bon, mais avec l'explosion micro-brassicole, on en manque… C'est alors que des projets comme Parisculteurs, City Farmers ou Montréal Houblonnière (pas très inspirés, là, quand même…) voient le jour ! La ville est un terrain de jeu pour le houblon, qui peut s'y développer verticalement, depuis les toits ou en recouvrant les murs. Tout en réduisant la chaleur urbaine estivale excessive, ces city-houblonnières sont un lieu d'échange, de rencontre, qui inscrit un quartier dans une démarche écologique et environnementale.

BEER GRYLLS MUSEUM

Entrez, entrez ! Faites pas les coinços ! 'Savez, j'ai pas mal bourlingué pour la trouver, l'ultime leuleu, et j'en ai croisé des sacrés spécimens en cours de route ! Ici, vous trouverez un aperçu des spécimens les plus curieux que j'ai capturés, ou ceux qui me rappellent les meilleurs souvenirs. Évidemment, tous ne sont pas optimisés ni même conseillés pour la bière… à moins de faire une bonne saillie ! Et attention, y en a qui mordent. HA !

Nom : *Super High Gravity Ale Yeast*

Surnom : Rambo

Origine : Angleterre

Spécificité : grosse atténuation, peut fermenter jusqu'à 25° d'alcool.

Nom : *Conan*

Surnom : Juicy Juice

Origine : Vermont

Spécificité : souche unique de *Saccharomyces cerevisiae* à l'origine de la célèbre Heady Topper.

Nom : *Brettanomyces bruxellensis*

Surnom : Dekkera

Origine : région du Pajottenland

Spécificité : utilisée pour la confection des bières de fermentation spontanée comme les lambics, faros, gueuzes.

Nom : *Saccharomycodes ludwigii*

Surnom : Pataude

Origine : arbres caduques européens

Spécificité : fermente moins bien certains sucres, donc moins d'alcool et plus de sucres résiduels.

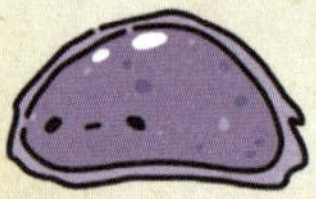

Nom : *Candida fluviatilis*

Surnom : Tête brûlée

Origine : rivière Yukawa, volcan Kusatu-Shirane Japon

Spécificité : meilleure tolérance à l'acidité.

Nom : *Holtermanniella watticus*

Surnom : Titanium

Origine : volcan Sairecabur, désert d'Atacama

Spécificité : tolérance aux conditions extrêmes (UV, températures négatives, salinité), prédisposée aux études en astrobiologie.

Nom : *Candida carvajalis*

Surnom : Jungle Juice

Origine : bois pourri d'Amazonie équatorienne centrale

Spécificité : encore inconnues, trop féroce pour pouvoir l'approcher.

Nom : *New Dekkera bruxellensis*

Surnom : Princess Peach

Origine : vigne sauvage

Spécificité : dispose d'une enzyme unique qui en fait une solution prometteuse face à l'augmentation des édulcorants artificiels.

Nom : *Muri*

Surnom : Memento muri

Origine : ferme norvégienne isolée

Spécificité : tolérance aux températures élevées et à l'éthanol, bonne conversion des glucides. Peut être utilisée pour la production de biofuel.

Nom : *Kluyveromyces marxianus*

Surnom : Mete Sempai

Origine : lait de chèvre de la vallée Yaghnob, Tadjikistan

Spécificité : tolérance aux températures élevées, au pH bas, à l'acidité.

Nom : *Rhodotorula mucilaginosa AN5*

Surnom : Sonata Arctica

Origine : environnement polaire, eaux antarctiques

Spécificité : grande résistance cellulaire aux métaux lourds ; utile pour la biorestauration des environnements contaminés par ces derniers.

Nom : *Vishniacozyma ellesmerensis*

Surnom : Alien

Origine : glacier isolé vers l'île d'Ellesmere, archipel arctique canadien.

Spécificité : développement possible sous températures négatives et en milieu oligotrophe, sans vitamines.

DES STATUES CONTRE UNE BIÈRE PLUS CHÈRE

Tout ce qui est fait en Géorgie, « c'est de la merde ». Ce sont les propos tenus par la brasserie géorgienne 34, qui a décidé de vendre ses bières vingt fois plus cher que la moyenne. Si critiquer son pays et multiplier démesurément ses prix peut sembler assez suicidaire en termes de marketing, il s'agit en fait d'une stratégie (si, si) promotionnelle plutôt rusée et osée.

Sortie de nulle part, et à 17 dollars la bouteille, tout le monde en parle, des journaux jusqu'à la télévision. Avant que le prix exorbitant redescende aux conventionnels 2 dollars, quelques curieux ont tout de même décidé de sortir la CB et d'y goûter. C'est là que la phase 2 de leur plan génial s'enclenche. Rapidement, de mystérieuses structures recouvertes d'un voile aux couleurs de la brasserie apparaissent en ville. Il s'agit en fait de statues à l'effigie – ou au moins avec une vague ressemblance – des premiers acheteurs ! Résultat : du buzz, de la publicité gratuite sur les médias, et un départ fulgurant avec plus de 230 % de ventes comparé à leurs prévisions !

BIÈRE ET MOUSTIQUES

Mauvaise nouvelle : la bière vous rend plus sexy auprès des moustiques. Non, l'alcoolisme n'existe pas chez ces ~~petites merdes~~ insectes, et non, l'alcool que vous avez dans le sang ne peut pas les rendre ivres au point de vous trouver irrésistible, puisqu'ils vous ont déjà piqué ! Alors pourquoi, comment ?

La chaleur attire les moustiques. Et l'alcool augmente votre température corporelle. La transpiration attire les moustiques, et l'alcool vous fait transpirer davantage. Le dioxyde de carbone, de votre respiration par exemple, attire les moustiques. Une bière contient du CO_2, c'est ce qui la fait pétiller, et ce qui attire aussi davantage les suceurs de sang.

Ces éléments ont été mis en relief par plusieurs études internationales, dont une, publiée en 2002 par l'American Mosquito Control Association, qui précise qu'une simple bouteille de 33 centilitres pouvait augmenter l'appétence pour vous de l'insecte le plus agaçant de la planète.

Bien sûr, d'autres facteurs sont à prendre en compte, comme la corpulence, le groupe sanguin ou même la couleur des vêtements (évitez le noir !).

DES BIÈRES EN POUDRE... ?

On ne va pas se mentir, la petite bière au coucher du soleil après une rando, c'est une esquisse du nirvana. Sauf qu'à moins d'avoir un très bon ami sherpa, ça peut vite peser très lourd dans un sac à dos ! Conscient du problème, un certain Pat Tatera mettra plus de 16 ans à trouver une solution. En 2013, *via* son entreprise Pat's Backcountry Beverages, il développe une technologie, la HBT : Hybrid Brewing Technology. L'idée ? Proposer des petits sachets de « concentré de bière » à diluer avec de l'eau (le principal – et le plus lourd – de ses composants) et un activateur. Le tout dans une bouteille spécialement conçue pour la gazéification.

Chez les Danois, la brasserie To Øl a opté pour une autre solution : la lyophilisation. En s'associant avec le groupe allemand Global Engineering Alliance (GEA) spécialisé dans l'industrie agroalimentaire, ils proposent leur « Instant Craft Beer » sous la forme de petits sachets à mélanger avec de l'eau et de l'alcool.

THE BEER DRESS

Bon, *beer dress*, qu'est-ce que ça va bien pouvoir être encore ? Une robe hydrofuge anti bière ? Une robe faite de milliers de languettes de canettes ? AH ! Vous êtes tellement loin ! Il s'agit bien d'une robe, mais faite à partir de bière ! Mais comment ? Direction l'Australie, où le labo Nanollose tisse une magnifique robe d'un blanc perlé étincelant inspirée d'une fleur de houblon. Si l'opération avait déjà été réalisée avec du vin rouge pour un résultat qui fait de l'œil aux convives de Dracula, ce tissu d'un nouveau genre, le « Nanollose Microbial Cellulose », est dérivé du processus de fermentation d'une bière.

Tout ça pour la science et le fun, mais aussi pour attirer l'attention d'éventuels investisseurs. L'idée étant de proposer un tissu écologique plus respectueux de l'environnement, vis-à-vis des matériaux utilisés aujourd'hui dans l'industrie textile. La robe fut exposée lors de l'exposition universelle de Milan en 2015.

LES FLYING PUBS

'Sont fous, ces Anglais ! Imaginez : la nuit du 5 au 6 juin 1944, c'est l'opération Neptune, plus connue comme le « Débarquement », ou D-Day pour les Anglophones. En pleine Seconde Guerre mondiale, cette phase d'assaut consistait à créer une tête de pont au nord-ouest et à préparer l'arrivée de nouvelles troupes.

L'opération est un succès, mais pas sur tous les points. Dans les bars, les Anglais buveurs de stout doivent se satisfaire d'une boisson qui ne les fait définitivement pas vibrer : du cidre (à prononcer avec dégoût). Pour un Anglais, fêter une victoire avec du cidre, c'est comme enterrer sa vie de jeune homme avec du Champomy. C'est inconcevable, et ça va même jouer sur le moral des troupes.

À situation désespérée, solution désespérée : depuis l'Angleterre, on charge d'ales des réservoirs de Spitfire ou de Typhoon ! Ces *flying pubs* livrent donc de la bière – rafraîchie par l'altitude, s'il vous plaît – aux troupes britanniques en traversant la Manche façon express ! Si les premières livraisons sentent un peu trop l'essence, le problème est rapidement réglé, pour le plus grand plaisir des soldats. Certains iront même jusqu'à bricoler des « beer bombs » : modifier des fûts ou des casks pour les accrocher à la place des compartiments réservés aux bombes ! Parfois confondus avec des avions allemands et attaqués à tort, ces « bars volants » sont encore une fois une preuve de l'amour qu'ont les Anglais pour leurs *real ales* !

BEER DRONE

Depuis l'arrivée des drones sur le marché, les opérations marketing se multiplient. Le monde de la bière n'y échappe pas, comme en témoigne le festival Oppikoppi en Afrique du Sud. Déjà en 2013, il proposait un service de livraison de bière pour ses festivaliers.

Peu de temps après, dans le Minnesota, le nord glacé des États-Unis, il était possible de se faire livrer un pack de bière en communiquant sa position GPS. À l'origine de cette initiative ? La Lakemaid Beer Company, qui souhaite proposer aux pêcheurs sur glace une solution pratique en cas de panne de binouze.

Sous un climat plus chaleureux, la brasserie taïwanaise Taiwan Beer s'est associée avec une agence de communication pour développer une campagne un peu plus originale que son nom. Ainsi, des drones déguisés en abeilles envahissent plusieurs villes en livrant gratuitement et de façon aléatoire leur nouvelle bière aromatisée au miel pour en faire la promotion. Une aubaine, pour les habitants de Denver, que les gars de la Wynkoop Brewing Company n'aient pas eu la même idée (voir p. 135).

BEER FACTS

LES SOLDATS US DRAINENT TOUTE LA BIÈRE D'ISLANDE

Trident Juncture 18, le plus grand exercice militaire de l'OTAN depuis la guerre froide, s'est déroulé en Norvège du 25 octobre au 7 novembre 2018. Au programme, presque 50 000 soldats de plus d'une trentaine de pays membres avec des manœuvres terrestres, maritimes et aériennes. La totale. C'est dans ce contexte que plusieurs milliers de soldats américains font une halte en Islande. Résultat, en moins d'un week-end, Reykjavík, qui réunit plus de la moitié de la population islandaise, était à court de bières locales. Les Yankees préféraient goûter le terroir que de se satisfaire de bières importées ! Face à une telle situation, la brasserie Ölgerð Egils Skallagrímssonar a dû envoyer ses toutes dernières en urgence aux bars de la ville ! Un sacré choc des cultures, quand on sait que l'île de glace n'a renoué avec la bière qu'à la fin du XXe siècle ! (Voir aussi la prohibition en Islande p. 180)

NEIPA

Une tornade aromatique

En bref : des potions qui se font passer pour des jus de fruits, très troubles (cloudy, hazy), avec des houblons très aromatiques.

Dans NEIPA, il y a IPA (pour India Pale Ale), mais il y a surtout NE (pour New England).

POURQUOI ?

Si les IPA ont été « inventées » en Angleterre au XVIIe siècle, celles qu'on boit aujourd'hui sont plutôt d'inspiration américaine contemporaine. Là-bas, il y a une sorte de clivage, de rivalité : les West Coast IPA contre les East Coast IPA. L'East Coast, c'est la Nouvelle-Angleterre (New England), et c'est donc de là que nous viennent les NEIPA : New England India Pale Ale.

D'abord appelées Juicy IPA, elles ont fini par devenir un vrai style à part entière grâce à leur créateur, John Kimmich. Padawan du regretté Greg Noonan, il quitte la brasserie de son mentor et part dans le Vermont pour fonder The Alchemist. John tenait à ce que ses bières soient « brutes de décoffrage », authentiques, sans pertes d'aucune sorte pouvant être liées à des procédés facultatifs et délétères comme la pasteurisation ou la filtration. Elles étaient donc particulièrement fraîches et pleines de vitalité.

S'il y a bien une potion qui a lancé le phénomène des NEIPA, c'est sa légendaire Heady Topper : trouble comme un jus de fruits, suintant d'aromes exotiques et obtenue grâce à l'utilisation des célèbres levures Conan. Disponible en quantité limitée à la brasserie ou lors de certains festivals, on raconte, croyez-le ou pas, que des amateurs téméraires allaient se planquer dans les toilettes pour en récupérer dans un *growler* !

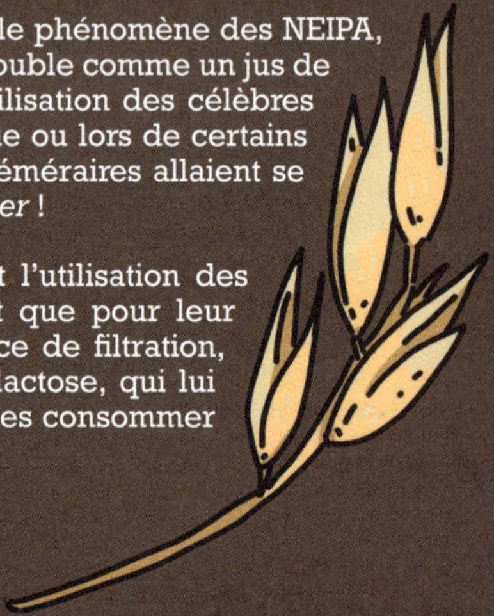

Les NEIPA se démarquent des autres IPA par le choix et l'utilisation des houblons, qui sont sélectionnés pour leurs arômes plutôt que pour leur amertume. Leur aspect trouble et coloré est dû à l'absence de filtration, à l'utilisation de céréales comme l'avoine ou à l'ajout de lactose, qui lui donnent du corps. Les arômes étant fragiles, il vaut mieux les consommer rapidement et près de la source !

Non, la levure Conan ne se trouve pas sous les aisselles d'Arnold Schwarzenegger.

BIBLIOGRAPHIE

Quelques sources pour ceux qui ont encore soif !

LIVRES, PUBLICATIONS, RECEUILS, ÉTUDES

Beeronomics
Johan Swinnen, Devin Briski

A history of beer and brewing
Ian S. Hornsey

Bière et Alchimie
Bertrand Hell

Biérographie
Elisabeth Pierre, Anne-Laure Pham, Mélody Denturck

La bière, c'est pas sorcier
Guirec Aubert

Barbarian's beverage
Max Nelson

La Pirogue ivre
Philippe Erikson

La Bière en Gaule. Sa fabrication, les mots pour le dire, les vestiges archéologiques : première approche.
Fanette Laubenheimer, Pierre Ouzoulias, Paul Van Ossel

Les Saveurs gastronomiques de la bière
David Lévesque Gendron et Martin Thibault

INTERNET

Beer Studies
http://www.beer-studies.com/

National Center for Biotechnology Information
https://www.ncbi.nlm.nih.gov/

Zythophile
http://zythophile.co.uk/

Lars Blog
http://www.garshol.priv.no/blog/

The mad fermentationist
https://www.themadfermentationist.com/

Happy Beer Time
https://www.happybeertime.com/

Bières et plaisirs
https://bieresetplaisirs.com/

Et d'innombrables échanges avec des acteurs du milieu brassicole du monde entier, que je ne remercierai jamais assez pour leur accueil et leur gentillesse !

QUELQUES COPAINS

La bière ça se partage !
Si ce livre a ouvert votre soif de connaissances et que vous avez envie d'aller plus loin, n'hésitez pas à rendre visite à ces vrais amoureux de la binche !

Alice Mazel (MZL)

C'est l'illustratrice du livre que vous tenez entre les mains !
La bière n'est pas son seul domaine, jetez un œil sur son site pour découvrir ses autres travaux, son univers et son style !

alicemazel.com

Happy beer time

Tout simplement le meilleur site d'information francophone sur la bière.
Réactif à l'actualité, présent depuis longtemps,
il est tenu par Thomas et les beermens !

https://www.happybeertime.com/

Le sous-bock

Un très bon blog sur la bière, des articles approfondis,
une présentation soignée sur des thèmes variés.

https://lesousbock.com/

Top Beer

Depuis 2016, la revue bière sans pression alterne entre articles d'actu, interviews et revues de bières.
Du craft à l'indus, tout est analysé avec humour, légèreté et précision !

https://www.topbeer.fr/

Bière et le loup

Rejoignez la meute ! Sous ses airs timides,
l'instinct féral de la petite peluche au regard fuyant est aux aguets quand il s'agit de chasser l'info !

https://biereetleloup.com/

Podcapsuleur

Vous ne résisterez pas à la voix envoutante d'Olivier Malcurat, un journaliste qui met son talent au service de la bière et des brasseurs dans un excellent podcast !

https://podcast.ausha.co/podcapsuleur

Binouze USA

Expatriés en Louisiane, suivez les aventures brassicoles de Patrice et Stéphan, deux Français qui aiment la binouze !

https://podcast.ausha.co/binouze-usa

Beer Lantern

Greg à beau être marseillais, c'est un blog sur la bière qu'il tient depuis 2013, et pas sur le pastis ! Une véritable mine d'or dans laquelle vous prendrez un plaisir fou à farfouiller !

http://thebeerlantern.com/

Hoppy Hours

Conférences, articles, billets d'humeur, Carol-Ann partage son amour pour la bière artisanale de bien des façons, que vous retrouverez entre autres, sur son blog.

https://hoppyhours.net/

Bricole brassicole

Sur sa chaîne, Max vous apprend les bases (et même carrément plus) du brassage !

Sur Youtube

Hops & bros

Max et Chris vous régalent régulièrement de vidéos sur des thèmes très variés de l'univers brassicole !

Sur Youtube

Craft Beer Channel

Présentée par Jonny Garrett et Brad Evans, c'est la chaîne de référence anglophone pour les amoureux de la bière. *Cheers !*

Sur Youtube

Tasting Nitch

Depuis Portland qu'elle appelle le « beervana », Nitch vous propose des vidéos légères pleines d'informations et de bonne humeur !

Sur Youtube

Imprimé en Espagne
Dépôt légal : septembre 2020
ISBN 978-2-7499-4392-3
LAF 2943 M